比较

总第112辑

2021年第1辑

COMPARATIVE STUDIES

吴敬琏 主编

中信出版集团 · 北京

比较

COMPARATIVE STUDIES

主管 中信集团

主办 中信出版集团股份有限公司

出版 中信出版集团股份有限公司

主编 吴敬琏

副主编 肖梦 吴素萍

编辑部主任 孟凡玲

编辑 包敏丹　马媛媛

封面设计 李晓军 / **美编** 杨爱华

经营部

总经理 张立晖

副总经理 傅继红

发行总监 周广宇

品牌传播部高级总监 马玲

独家代理：财新传媒有限公司

电话：（8610）85905000 **传真**：（8610）85905288

广告热线：（8610）85905088 85905099 **传真**：（8610）85905101

电邮：ad@ caixin. com

订阅及客服热线：400-696-0110（8610）56592288 **传真**：（8610）85905190

订阅电邮：circ@ caixin. com **客服电邮**：service@ caixin. com

地址：北京市朝阳区工体北路 8 号院三里屯 SOHO 6 号楼 5 层（**邮编**：100027）

目 录

Contents

第112辑

把全球治理放对地方

丹尼·罗德里克

人们经常认为更紧密的相互依赖要求更多的全球治理，但这一逻辑值得推敲，跨境溢出效应并不总是需要国际规则。呼吁全球治理的经典理由基于如下两类情形：全球公域问题（global commons），以及以邻为壑型政策（beggar-thy-neighbor policies）。但除气候变化以外，世界经济并不是全球公域问题，而我们当前讨论的许多政策也并非真正以邻为壑的性质。某些政策属于自食恶果，某些则是针对现实的市场扭曲，或服务于正当的社会目标，会产生国内收益。我将指出，此类政策要求全球治理的理由很孱弱，或许不足以抵消全球监督或规制可能引发的反弹风险。这些政策领域尽管充满失败，却不是因全球治理薄弱所致，而源于国内治理失败，因此不能通过国际协议或多边协作予以纠正。我将提出一种有别于“全球化促进型全球治理”（globalization-enhancing global governance）的新模式，称之为“民主促进型全球治理”（democracy-enhancing global governance）。

---

* Dani Rodrik，哈佛大学肯尼迪政府学院国际政治经济学福特基金会讲席教授。本文为 2019 年 6 月 17—18 日提交给世界银行 ABCDE 华盛顿特区会议（World Bank ABCDE Conference）的一篇论文的修订版。作者对三位审阅人 Robert Cook、Robert Keohane 和 Robert Staiger，以及 Harlan Grant Cohen 的宝贵反馈深表感谢。原文“Putting Global Governance in Its Place”发表于 *The World Bank Research Observer*。

引言

在高度一体化的世界经济中，许多问题似乎总是要求更多的国际合作和更好的全球治理。民粹主义逆流，如美国总统特朗普的贸易政策，促使经济学家、技术官员和时事评论员更积极地呼吁拥抱国际主义。《纽约时报》专栏作家托马斯·弗里德曼（Thomas Friedman，2019）最近写道："在这一可塑时刻引发世界动荡的几乎每个问题都是全球性的，只能通过一个全球性联盟来解决。"或者如时任国际货币基金组织副总裁奈马特·沙菲克（Nemat Shafik，2013）所言："在其他地方发生的事情正在影响每个人，而且日益如此，因此显而易见的是，世界需要更多的国际协调和合作，而非相反。"当欧洲经济学界的研究网络 VoxEU. org 在 2008 年危机后向顶尖经济学家请教如何应对全球金融体系的脆弱性时，收到的建议通常是，由某种类型的技术官僚机构负责强化国际规则的约束：一个国际破产法庭、一家世界金融组织、一种国际银行执照，或者一个国际最后贷款人（Eichengreen and Baldwin，2008）。民族主义或许在政治上甚嚣尘上，但经济领域仍由全球治理思潮主导。

人们容易想到，相互依赖增强必然要求更多的全球治理，但这一逻辑有待商榷。一方面，相互依赖模糊了国内与国际的界限。另一方面，各国之间存在巨大的制度差异，源于不同的历史、文化与发展路径。这种差异既体现于不同的偏好（目标函数），也涉及对世界如何运行的迥异看法。它们又导致各国难以就共同的政策或规则达成一致。如今的中美贸易冲突就是典型案例：由于缺乏对这一两难的理想解决方案而造成紧张关系。① 那么，全球规则应该在什么情况下超越国家间分歧并实施统一解决方案？

我们看看如下一些政策：教育政策、高速公路限速、汽油税、农业补贴、汽车进口税，以及税收天堂。

在经济上相互依赖的世界里，上述每项政策都会给其他国家带来溢出效应，或者说跨境外部效应。后三项政策通常被认为具有国际性，属于全球治理范围。前三项则通常被视为"国内"政策，其实也具有全球效应。教育政策会影响一个国家的比较优势，从而改变该国（及其他国家）的贸易条件。高速公路限速与汽油税会影响对石油的国内需求，以及世界市场的石油价格。可

① 对此观点的陈述及思考方法，可参考 U. S. -China Working Group on Trade Policy（2019）。

见，跨境溢出效应的存在似乎不是需要全球治理的充分条件。

事实上，我们完全不清楚区分这两类政策的传统界限是如何划分的。我们应该主要看跨境溢出效应的大小吗？这是一个需要具体情况具体分析的实证问题。例如，相比某些中小国家的汽车进口关税，美国和欧洲的汽油税对世界市场的影响要大得多。我们应该关注是否给其他国家造成损害吗？可是对农产品的出口补贴会给世界其他国家带来净收益，因为这恶化了补贴国的对外贸易条件，但改善了其他国家的贸易条件。或许我们应该看相关政策的既定目标是国内还是国际？可是教育投资通常以提高某个国家的全球竞争力为由，按照这一说法，它们与贸易政策一样具有国际性质。所以，以上标准均无法很好地解释为什么前一组政策被归入“国内政策”，而后一组被视作“国际政策”。全球治理的混乱也在于许多政策是因为机缘巧合或政治游说，而非根据某些区分原则被“国际化”。

全球治理的经典理由基于如下两类情形：第一类具有全球公共品性质，①其经典案例是应对气候变化的碳排放控制政策；第二类是以邻为壑型政策，此类政策会导致从其他国家向本国的收入转移，同时造成全球的效率损失。利用自己在全球市场上对某种稀有金属的垄断权，限制该产品出口，就是一个例子。上述两类情形都提供了完美的理由，要求通过全球治理建立并实施对各国的行为指导规范。然而，这些理由与当今热点政策议题的联系比人们通常认识到的要有限得多。下文将指出，世界经济并非“全球公域”，具有全球公共品（或危害）性质的经济政策极为罕见。此外，尽管存在某些重大的以邻为壑型政策，今天讨论的很多政策并不真是这种类型的。补贴、产业政策、就业保护型关税、着眼于健康或社会目标的非关税措施、金融监管不力、不恰当（过度紧缩）的财政政策以及各国的互联网壁垒等，既非全球公共品，也不属于以邻为壑性质的。其中某些政策是自食恶果性质的，其他某些政策则可以通过解决现实的市场扭曲，或服务于合理的社会目标，为本国带来收益。在我看来，这些政策类型要求全球治理的理由很弱，或许不足以抵消全球监督或规制可能引发的反弹风险。

---

① 关于贸易协议的经济学分析有丰富的研究文献，能给本文的讨论提供补充。可参见 Bagwell and Staiger（2001，2004）；Frieden et al.（2012）；Grossman（2016）及其中的参考文献。关于未来多边主义新原则的讨论，可参见 Gallagher and Kozul-Wright（2019）。关于把国际贸易法“再植入”国内政策优先选项的讨论，可参见 Cohen（2019）。

以上分析并不意味着我们生活在一个所有政策皆出于好意的理想世界里。上述政策领域无疑充满了失败案例。当大国犯下严重政策错误时，例如美国在2007—2008年全球金融危机前的放松金融监管，其他国家也会付出代价。但我想指出，此类失败并非源于全球治理薄弱，而是源于国家治理失败。此类失败也不能通过国际协议或多边合作解决。如果外部约束助长特定利益联盟的势力，令广大公众受损，反而会恶化国家治理的失败。在本文结尾处，我将倡导一种“民主促进型全球治理”模式。与“全球化促进型全球治理”模式不同，民主促进型全球治理把大多数政策领域保留在国家治理范围内，使全球监督限于旨在强化民主审议的程序保证，如增强透明度、责任制，以及采用科学和经济学的论证等。

对经济相互依赖的理论分析：全球治理的理由

若有一个明确的理论框架，将帮助我们探讨溢出效应带来的议题，并对其做不同类型的区分。我们用 h 代表本国，用 j 代表一般的其他国家，它们的相应政策（或行动）分别标记为 a_h 和 a_j。各国的效用函数分别为：

$$u^h = u^h(a_h, \sum_{i \neq h} a_i), \quad u^j = u^j(a_j, \sum_{i \neq j} a_i)$$

读者或许可以把这些函数设想为“间接”效用函数，所有的相关资源和政治约束都被政策变量替代。这些函数反映的理念是，本国和外国的福利状况不仅受一国政策的影响，也受制于其他国家的政策（总和）。这意味着：

$$\frac{\partial u^h(\cdot)}{\partial a_j} \neq 0, \quad \frac{\partial u^j(\cdot)}{\partial a_h} \neq 0$$

溢出效应可以为正或为负，取决于具体的政策。如果各国独立行动，最大化本国的效用而不顾自身选择对其他国家的影响，那我们得到的标准结果是缺乏效率的纳什均衡解。有负面溢出效应的政策会过度供给，有正面溢出效应的政策会供给不足。在此情形下，能让跨境外部效应内部化的庇古税和补贴显然不现实。

在两种标准情形下，通过实施约束政策行动 a 的全球规则，可以让所有国家的福利得到改善。下面逐一阐述。

全球公共品

假设在直接的国内效应之外，本国和外国的政策可以结合起来提供一种全球性的收益（或损害）G，它具有非竞争性，也不能把个别国家排除在外。此时我们的效用函数将被改写为：

$$u^h = u^h(a_h, G), \quad u^j = u^j(a_j, G)$$

$$G = \sum_{i\gamma_i a_i}, \quad \sum_{i\gamma_i} = 1$$

其中，权重 γ_i 可以理解为每个国家的相对规模，因此对相同的政策组合而言，每个国家对 G 的贡献与其规模成比例。当国家规模较小时（$\gamma_i \approx 0$），它们会忽略自身政策对 G 的影响，此时本国的情况为：

$$\frac{du^h(\cdot)}{da_h} = \frac{\partial u^h(\cdot)}{\partial a_h} + \frac{\partial u^h(\cdot)}{\partial G}\frac{\partial G}{\partial a_h} = \frac{\partial u^h(\cdot)}{\partial a_h}, \text{ 当 } \gamma_h \approx 0$$

由于对 G 的影响被系统性地低估，全球公共品将出现供给不足，全球公共危害品则会被过度供给。这方面最显而易见的例子是温室气体排放，它是引起气候变化的全球公共危害品。相关的政策是控制温室气体排放水平，由于控制措施在本国层面是有成本的（$\frac{\partial u^h(\cdot)}{\partial a_h} < 0$），而提供的收益只反映在公共品 G 上，因此各国的激励都是尽量减少控制。此时，给各国温室气体排放水平设置限额的全球协议将使所有国家得到改善，当然前提是各国面临的情形足够接近，或者限额能根据各国的具体情况做合理分配。

当评论家把世界经济描述为“全球公域”，或把自由贸易比作全球公共品时，他们心里有着类似的主张。可惜这是错误的类比。对世界经济有利的经济政策往往也会对本国经济有利，这些政策本质上属于私人品，而非公共品。

首先看贸易政策，开放的贸易政策完全可以发挥全球公共品的作用，因为贸易收益会随着实施自由贸易的国家数量增加而扩大，但相应的问题在于：忽略这一外部收益的国家是否有激励追求对全球来说非最优的贸易政策？对小国而言，答案是否定的，不管其他国家做何选择，从国内考虑出发，自由贸易都是它们的最优政策选择。或者说，当关税和非关税壁垒为零时，$\frac{\partial u^h(\cdot)}{\partial a_h} = 0$，效用函数 $u^h = u^h(a_h, G)$ 在自由贸易时能够最大化（稍后再谈大国的最优关税选择问题）。这与温室气体排放的案例截然不同，在那里 $\frac{\partial u^h(\cdot)}{\partial a_h} < 0$，而且本国希望把排放控制政策（$a_h$）设置在较低水平。各国开展贸易活动不是给伙伴国创造收益，而是让本国获得贸易收益。当某些国家放弃贸易收益时，问题不在于缺乏全球治理，失败主要来自国内治理。

同一逻辑大致适用于其他许多政策领域，好的经济政策本身能带来回报。以金融市场为例，审慎的金融监管确保金融中介机构不过度承担风险，金融波动基本可控。当各金融中心采纳恰当的政策时，它们会促进金融稳定和世界经济健康发展。但这些中心本身就有采纳恰当政策的全部激励，因为首先承担金融危机引致损失的就是它们。2008 年全球金融危机或许是由于美国金融监管的放松，然而这些政策失误并非源于美国政府对全球经济漠不关心，而是对金融自由化的国内后果的一系列误判。美国监管当局并不需要更具世界主义胸怀，而是要对自己的国家利益有更好的认识。

类似逻辑也适用于财政政策、税收政策和一般监管。过度紧缩政策可能损害世界经济，但其成本首先和主要由本国负担。不恰当的税收政策或糟糕的监管对本国经济的伤害程度远甚于对其他国家。在所有这些领域，支持健康的全球经济的那些政策也符合每个国家自身的利益，或者说，在有适宜的国内治理的条件下，也应该符合本国利益。全球治理能在多大程度上帮助改善国内治理则是另一个问题，我将在稍后讨论。这里的要点在于，大多数标准的经济政策不能理解为全球公共品。

以邻为壑型政策

以邻为壑型政策是指，只有在伤害其他国家的情况下，才能给本国带来好处，而且此类政策会造成全球效率的无谓损失。在贸易政策中，这方面的著名案例是所谓最优关税，即一个大国可以通过限制进口或出口操纵贸易条件。但由于其他国家也有类似的激励，最终所有国家或大多数国家都会因为采取破坏性的贸易措施而得到更糟糕的结果（Johnson，1953）。这种问题代表着需要全球治理的第二种经典情形：区分以邻为壑型政策和非以邻为壑型政策，可以在实践中帮助我们确定理想的国际规则的界限。例如，我和部分同事曾提出中美经济关系的应对办法建议，其中心就是划出一条红线，防止以邻为壑型政策（U. S. -China Trade Policy Working Group，2019）。

如下是一个两国模型，本国为 h，外国为 f。效用函数是如下两部分之和，常规部分只取决于本国的政策 $w^i(a_i)$；第二部分反映了政策造成的净转移 $T(a_h - a_f)$，且有 T（0）=0。我们不失一般性地假设 T（·）的导数为正，于是本国和外国的全部效用函数可表述为：

$$u^h = w^h(a_h) + T(a_h - a_f)$$

$$u^f = w^f(a_f) - T(a_h - a_f)$$

需要注意，转移部分是零和性质的，本国从贸易政策中的所得都来自外国遭受的损失，反之亦然。于是本国最优化的一阶条件为：

$$\frac{du^h(\cdot)}{da_h} = \frac{\partial w^h(\cdot)}{\partial a_h} + \frac{\partial T(\cdot)}{\partial a_h} = 0$$

由于 $\frac{\partial T(\cdot)}{\partial a_h} > 0$ ，最优化要求在均衡时有 $\frac{\partial w^h(\cdot)}{\partial a_h} < 0$ 。因此在效用函数凹性的标准假设下，意味着 a_h 的水平高于没有转移（或者说没有以邻为壑型政策效应部分）时的水平（图 1）。

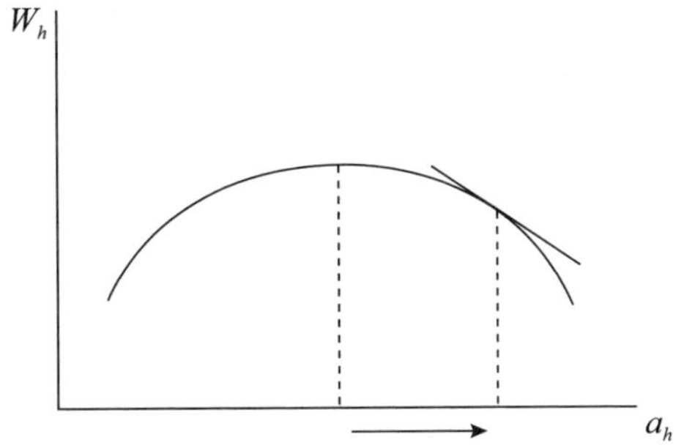

图 1　以邻为壑型政策均衡中的 a_h 水平

资料来源：作者绘制。

为了简化，我们假设两个国家是相似的，于是外国也有相似的一阶条件，这将使 $a_h = a_f$ ，并且 T（·）=0。在均衡状态下，两国都不能从对方获得转移收入。但由于试图损人利己，它们都移动到缺乏效率的更高水平 a_h 和 a_f 。这正是最优关税案例中发生的实际情况。

另一个例子是重商主义货币政策。假设存在一般性失业，两个国家都可以从贸易顺差中获益，于是每个国家都试图让本国货币贬值，或采取其他政策改善贸易差额。然而，一个国家的贸易顺差就是另一个国家的贸易逆差，最终这些政策措施会互相抵消，双方的就业水平都没有增加，却承担了重商主义政策的附带成本。

因为以邻为壑型政策具有负和博弈性质，我们可以大胆推测应该利用全球规则予以限制。请注意在以上两个案例中，如果各国的政策自主权受到约束（即给 a_h 和 a_f 设置上限），那么相比有完全政策自主权的情形，各国的福利状况都会得到改善。同时这些是比较容易实施全球治理的案例，只需要遵守通常的承诺约束即可。①

不过，在其他某些以邻为壑型政策中，一个或多个国家的福利状况在合作均衡中可能变得更糟。虽然来自受益国的补偿支付（side payment）可以消除这种情形，但在全球背景中难以实施。在之前讨论的最优关税博弈中，如果存在非对称性，则一个国家可能更愿意选择纳什均衡，而非合作均衡。例如与小国相比，较大的国家能从贸易条件操纵中获得更多好处，而遵守国际规则会使其损失较大。本文引言中提到的全球卡特尔则是另一个例子。设想某种关键商品的若干出口商组成一个卡特尔，共同面对大量小规模的进口商。阻止它们发挥垄断力量的合作均衡无疑会让卡特尔成员的利益受损，此时，这些国家就没有激励加入任何全球治理体系。

下一个类似案例是纯税收天堂，这些司法辖区实施极低的公司税率，唯一目的是让跨国企业能够避税。这是以邻为壑型政策，因为它们减少了其他国家的税基，使全球税收负担更多地由较为贫穷的劳动者群体承担，也没有促进实体投资。纯税收天堂是把账面利润而非实物资本转移到低税收辖区（Tørsløv、Wier and Zucman，2018）。针对这种情形，阻止税收竞争的全球治理会使某些国家（即纯税收天堂）的福利减少，它们通过极低税率吸引的大量账面利润带来的税收收入将被剥夺。与之类似，如果有一个全球登记体系可以识别全部金融辖区的银行账户最终所有者，将改善税收征管，让世界绝大多数国家获益，但税收天堂会成为输家。

无论能否让所有国家获益，以邻为壑型政策对全球治理的需求仍相当有限，这是因为只有少数政策属于这一范围。事实上，我已经提到了自己能想到的以邻为壑型经济政策的全部直接案例：最优关税、国际垄断组织或卡特尔、贸易重商主义，以及面向公司和个人收入的纯税收天堂。② 或许中美之间关于

① 由于每个国家仍可能想脱离合作均衡，转而采纳以邻为壑型政策，这里存在承诺问题。同时涉及的问题是：为什么合作结果不能通过动态博弈中的重复互动式激励来实现，而要借助国际协议或世贸组织等机构。正式治理结构的一个优势或许在于能实现有多个均衡可选择的合作，并能在有众多博弈参与者的情形下提供遵守承诺的相关信息（参见 Grossman，2016）。

② 在广泛的不完全竞争情形下，各国政府或许还打算把租金从外国企业转移给本国企业。此时采取的政策或许看起来类似以邻为壑型，但不完全竞争的存在意味着对全球效率的影响可能完全不同。例如，某个国家对本国寡头企业（如空中客车公司）提供补贴，把租金从外国寡头企业（如波音公司）那里转移过来，世界其他国家将因为产品价格降低而受益。

数字技术的竞争会开启新的以邻为壑型政策领域，然而，引发争议并受到国际审查的大多数经济政策并非以邻为壑型，但人们经常将它们错误地描述为以邻为壑型，正如把全球经济误认为全球公域问题。

全球治理的较弱理由：既非全球公共品，也非以邻为壑型政策

再看如下两类政策：某个进口技术密集型产品的国家对研发给予补贴，以及对奴隶劳动力生产的产品实施进口禁令。这两类政策都带有负面溢出效应。前一类政策会增强本国的技术实力，给世界其他国家的贸易条件带来负面影响，因为随着该国对先进产品生产能力的提高，它的进口需求会下降。后一类政策则对奴隶制造的产品的出口商有直接经济打击。对这两种情形，目前的做法都认为此类政策不受国际约束，各国可以自行其是。我的推测是，这一习惯符合大多数研究者关于哪里是国内监管和国际监管合理分界线的直觉。

本节将指出，全球政策制定者试图纳入全球治理范围的大量政策，正好与上述两个类型中的某一个属于相同性质。具体而言，这些政策有如下特征：（1）并不造成全球效率损失；（2）在造成全球效率损失时，承担直接经济成本的是本国经济。

技术补贴具有（1）类特征，即假设存在知识溢出效应（哪怕溢出效应完全在国内）。全球治理对这种情形并不适用，原因或许在于此类政策有经济合理性，跨境溢出效应的存在本身不足以限定每个国家能够独立生产的范围。进口限制具有类型（2）的特征，此时给一个国家较大选择范围的理由有所不同：进口限制在经济上或许并无效率，但这一经济代价首先且主要由本国承担。事实上，本国会权衡坚持反对奴隶制这一道德标准的经济成本和价值。这样的权衡是否合适，或许不宜让国际组织或全球治理体系做事后评判。

其他许多在习惯上被国际化对待的政策，其实并无两样。下面将展开分析。

非以邻为壑型政策：扶持邻里型政策

扶持邻里型（Enrich-Thy-Neighbor）政策给世界其他国家带来正面总收益，但仍在全球引发争议。这似乎自相矛盾，但事实如此。有一个引人注目的政策类型符合这种描述：对可出口产品的补贴。无论是对农产品还是制造品，出口

补贴都被国际上视为大忌。这点令人不解，因为出口补贴是对世界其他国家的经济“馈赠”。某些外国固然可能因此受损，但基本事实不会改变：对世界其他国家的总效应为正。①

如果用正式模型表述，设想在一个包含两个外国（f 和 g）的世界中，依然用 a_h 表示本国的政策，两个外国的效用函数如下：

$$u^f = u^f(a_f, a_h)\ ,\ u^g = u^g(a_g, a_h)$$

另外有：$$\frac{\partial u^f(\cdot)}{\partial a_h} > 0\ ,\ 且\ \frac{\partial u^g(\cdot)}{\partial a_h} < 0$$

正如偏微分表达式所示，我们假设 a_h 的增加会给国外带来非对称效应，国家 f 受益，国家 g 受损。如果 a_h 代表出口补贴政策，我们知道对两国的效应之和必然为正，因为出口补贴会恶化本国的贸易条件，但改善其他国家整体上（f 加上 g）的贸易条件。非对称效应可能源于各国之间的比较优势格局，国家 g 拥有与本国相近的比较优势结构，这使其贸易条件的变化与本国同步。例如，农产品出口补贴会使世界其他净农产品出口国受损，而让净农产品进口国获利。

对于出口补贴为什么依然应该受到全球约束，有三方面的主要理由，但都缺乏充分说服力。首先，某些外国确实会受损。在关贸总协定和世贸组织体系内，主要农产品出口国组成的凯恩斯集团（Cairns group）的成员国就农业补贴议题积极而成功地阐述了主张。但这依然是不寻常的理由，因为还存在大量仍属于国家特权并同样具有非对称对外效应的政策，其中包括被经济学家和技术官员视为合理并普遍欢迎的某些政策。单方面进口自由化就是一个显著例子。当某个大国单方面降低进口壁垒时，通常会引起自身贸易条件恶化。此外，与该国有类似比较优势的其他国家也会面临贸易条件恶化。比如，一国增加对纺织品和汽车的进口，推高它们在世界市场上的相对价格，纺织品和汽车的所有净进口国都会受损。而且此时，贸易收益并没有补偿性地增加，因此某些其他国家的福利状况确实会恶化。但就我所知，还从来没有人以此为由，主张对一个国家单方面推动贸易自由化的能力施加全球性限制。

① 真正的掠夺性定价可能是例外：补贴可以帮助本国企业逐出外国竞争者，从而在世界市场上发挥垄断力量。但此类情形很罕见，而且可能符合之前讨论的以邻为壑型特征。现行贸易规则并未把掠夺性定价行为单列出来，但应该考虑。

其次，与单方面进口自由化不同，出口补贴在全球会造成效率损失。这种全球治理理由涉及一般补贴的经济合理性，而非对外效应。但麻烦在于，很难对补贴采取如此坚决的反对立场。出口可能会带来学习的外部效应，这是补贴国期望达到的目标。或者还有经济上不见得合理，但从更广泛角度看同样正当的社会或政治目标。正如禁止进口奴隶制造的产品的道德立场不允许其他国家事后评判一样，通过补贴实现特定社会目标是否有效或最佳，别国也不便质疑。下一小节将更详细地考察此类问题。这里能肯定的是，与以邻为壑型政策不同，当补贴没有服务于真实经济目标时，其最直接的成本也是落在本国纳税人和消费者头上。

再者，出口补贴及类似政策“缺乏公平”，因为它们破坏了全球贸易的公平竞争环境。该理由的基本出发点是，所有国家都应该在平等基础上开展竞争。① 然而，什么是平等竞争环境或公平，很大程度上取决于观察者自身。例如发展中国家很久以来就不无道理地主张，与专利法规不够严格类似，补贴可以弥补落后的劣势，而且无论如何发达国家在过去较为贫穷的时候也曾实施。这意味着补贴是让贸易变得更加公平，而非相反。当然，如果全球能就“公平”的含义达成一致意见，执行统一标准也不错。但这种共识往往并不存在，此时，寻求全球性的规则约束或许并不可取。

我不是说“不公平贸易”是空洞无用的概念。当各国认为某些贸易交换违反了本国的道德规范与公平习俗时，它们应该可以自主决定如何管束。② 区别在于是按照道德规范管束自身，还是把规范强加于他人。③

非以邻为壑型政策的溢出效应：对国内效率的影响含糊不清的政策

最后考虑对其他国家造成负面溢出效应，但出发点是国内考虑而非以邻为壑目的的政策类型。这些国内考虑可以是经济或非经济领域，可能有也可能没有合理依据。在这种政策中，已有非常广泛的类型受到国际约束，或者经常面临国际上的审查。如下是部分清单：

---

① 感谢 Robert Cook 在这一观点上的提醒。

② 我 2019 年在反社会性倾销条款的建议中提出了一个具体案例。该建议试图把坚持国内社会目标的国家自主权同下文讨论的全球程序约束结合起来。

③ 在某些领域，可能存在充分合理的全球规范，在下文讨论民主促进型全球治理时，我将把民主作为此类全球规范之一。但在其他领域，尤其包括对劳动力市场的应对，做法显然不同。

- “薄弱”的知识产权保护；
- 不涉及出口补贴的产业政策，如国内补贴、国产化程度要求、“贸易相关投资措施”等；
- 对转基因生物、激素喂养牛肉的禁令，或其他类似的“健康”保护措施；
- “过度”的财政紧缩；
- “松弛”的金融监管；
- 为促进特定产业或地区的就业实施进口保护；
- “极低”水平的公司税（例如爱尔兰，可能影响国内资本形成，不包括开曼群岛等纯税收天堂）；
- 数据本地化、本地云政策，以及其他互联网国有化政策。

上述所有政策的事前国内经济效应均为负面或模糊不清，而且通常会给其他国家带来负面溢出效应，这可能意味着在上述领域推行全球治理的理由。但困难之处在于，与出口补贴的案例类似，还有强烈的反驳理由不容忽视。第一，虽然政策失败在事后显而易见，但事前或许并不清晰。一个典型例子是，如今的广泛共识认为，美国金融监管机构在 2007 年之前对抵押贷款和影子银行承担风险的约束做得很差。可是，当时针对主流监管操作的合理性，观点分歧严重。我们完全不清楚对金融监管的更大国际协作能否带来更好的结果。实际上，鉴于美国金融业对巴塞尔规则制定的巨大影响力，出现相反的结果也完全可能。

第二，国内可能确实存在市场失灵导致的扭曲现象，使采取这些政策确有必要，即便不是最优结果，也属于次优补救方案。我们不能确定，国际贸易谈判代表或国际组织官员在复杂情形下能够比国内立法机构或政策制定者做出更优决策。第三，可能存在重要的非经济考虑，如社会、环境、健康、国家安全或道德因素，压倒经济上的成本收益分析。这种利弊权衡同样更适合在国家层面通过现有的国内决策机构来评估，而非委托给国际机构。

以上情形中要求全球治理的主要理由是，全球规则可以纠正国内政治失灵，防止各国采取自食恶果的政策。经济学家对此尤为热衷。基欧汉等人（Keohane、Macedo and Moravcsik，2009）提出过一个更成熟的政治学说法，属于标准授权理论的版本。在本质上，他们把外部约束视为国内特殊利益群体或寻租游说势力的制衡力量。例如，贸易协议让各国政府可以借助如下逻辑对国内保护主义游说团体说不：我们也想提高这种产品的关税，但世贸组织的规则不允许。

对此有三种反驳理由。首先，非标准的特殊政策可能在次优场景下具有经济合理性（Rodrik，2008）。全球规则或官僚机构不能可靠地区分自食恶果型政策与经济上合理的政策，在需要大量本地知识的政策领域尤其如此，例如产业政策或金融监管等。其次，即使做出各国采取自食恶果型政策的强烈假设，也应该允许民主国家犯错。例如，欧盟可能因为受骗而禁止转基因生物或激素喂养牛肉，但允许超国家机构对此类事务做出判决，则既会破坏民主制度，也将损害全球治理安排的合法性。再次，或许最重要的一点是，我们无法假定全球治理机构比国内政策制定者更能抗拒特殊利益集团的俘获。事实上，大公司、跨国银行和大型制药企业已经对全球经济治理发挥了超比例的影响力。如果认为它们在左右全球协议的过程中优先考虑公共利益而非自己的特殊利益，那未免过于天真。

我曾经针对贸易协议就最后这点做过讨论（Rodrik，2018）。关于贸易协议的传统观点认为，此类协议提供了对抗国内保护主义势力，即受进口竞争威胁的缺乏效率的企业和工会的有效支援。如果像 20 世纪 80 年代之前那样，贸易协议以进口关税和配额为主要内容，这种观点确实言之有理。多边贸易谈判就是要降低此类壁垒，因此与国内保护主义势力的要求相对立。然而在世界贸易组织于 1995 年成立后，尤其是随着区域贸易协议在 90 年代以后迅速兴起，贸易协议的政治经济机制开始变得面目全非。新型贸易协议越来越关注国内规则与监管，例如知识产权、投资者权利、健康与卫生监管、补贴等内容。

与关税和配额的情形不同，没有现成的自然标准能让我们判断某种监管标准是否过度或属于保护主义性质。不同国家对安全、环境和健康等风险的评估，以及对企业应该如何与雇员、供应商、消费者、本地社区等利益相关方打交道的理念，会造成不同的标准，并没有哪种标准显著优于其他。或者说，监管标准是不同国家有不同偏好的公共品。最优全球治理体系会权衡扩大市场一体化（通过减少监管差异）的好处与过度协调整合的成本。可是，我们很难知道最优点究竟在哪里。要求贸易谈判代表在广泛的政策领域中完成这一任务似乎不切实际。

这还没有考虑着眼于国际的特殊利益游说团体的政治影响，它们已经在新的政策领域发挥着关键作用，涉及全球知识产权监管、投资者仲裁条款、银行经营标准等众多规范的制定。美国贸易议题游说的公开资料显示，各制药企业和美国药物研究与制造商协会（PhRMA）在排名表上遥遥领先，其他主要游说出资方还包括汽车生产商、奶制品生产商、纺织品企业、信息技术企业以及娱乐业。传统上与保护主义动机挂钩的工会，如美国钢铁工人联合会和劳联—产联，通常远远落后于上述产业集团。

这些因素意味着需要一个新的政治经济模型，它不同于经济学家长期偏爱的模型。国内博弈不再是倡导自由贸易的政府同保护主义利益集团的角逐，不再是以国际承诺束缚政府的手脚，对抗保护主义。如今，大型跨国企业控制了国际政策制定流程，在知识产权、投资规则、银行业等领域设计全球治理体系，结果是高度照顾这些企业的利益。与传统模式不同，寻租者不是过去的保护主义者，而是变成了追求更严格的专利保护规则的制药公司、希望限制各国管控资本流动能力的金融机构，以及试图利用特别法庭对东道国政府主张权利的跨国企业。在此情形下，贸易协议会助力特殊利益集团而非约束它们。

民主促进型全球经济治理

国际协议能否系统性地把国内政治均衡转向有利方向，这在理论上是一个没有清晰答案的问题。上一节简要评述的关于贸易协议的新近证据并不令人鼓舞。此外，利用外部约束改变国内政策显然会在民主合法性上付出成本：强化排外式民粹主义者关于国家主权被出让给世界主义技术官僚的说法。我们不应该让“全球共同体”指导各个国家如何权衡相互冲突的国内目标与优先次序。

这并不排斥就各方获得的收益和损害的性质展开全球对话，此类对话能帮助减少国际上对政策目标的误解，有时还可以帮助建立新的行为规范。当负面经济溢出效应较大时，其他国家或许能够说服溢出效应的源头国政府采取更好的政策。当其他国家遭受的损失超过本国的收益时，国际对话或许能达成某种科斯式交易。

本文试图回答的问题是：在何种情况下，各国应该达成有约束力的国际协议？与之略有差异的一个问题是，这些协议应该采取何种形式，不只涉及哪些政策，而且关系到应鼓励或避免何种类型的国内政策制定程序？上文提到的基欧汉等人的研究（Keohane、Macedo and Moravcsik，2009）认为，多边协议能让民主制度运行得更好。① 我不赞成把这一结论当作普遍规律（可参见 Rodrik，2018），但有可能将此论述倒置过来，视为一种规范性观点（事情应该怎样），而非实证性观点（现实情况如何）。相应地，我们可以设想另外一种全球经济治理理念，直接针对潜在的国内治理失败，并且无须假定事前知道什么是恰当的国内政策，或者假定全球治理能发挥显著影响。沿用基欧汉等人的说法，我称之为“民主促进型全球治理”。

区分“民主促进型全球治理”与“全球化促进型全球治理”是有意义的，后者更接近当今世界经济中的主流做法的精神。在全球化促进型全球治理下，只要结果能使国境造成的交易成本最小化，约束国内政策自主权的任何外部规则就都是正当的。而在民主促进型全球治理下，我们只能实施那些有利于国内协商或者符合民主授权的（多数为程序性的）义务。

我想到的案例是旨在提高国内政策制定质量的程序性要求，包括与透明度、利益相关方的广泛代表、责任制，以及在国内决策程序中采用科学或经济证据相关的全球性准则。但这些程序性要求并不对最终结果做出预判，例如某个国家是否可以实施某项关税、补贴或其他自食恶果型政策。

在某种程度上，此类准则已经在世贸组织中得到采用。当一个国家的政府考虑对贸易伙伴国实施进口限制时，关于安全保护与反倾销的协定规定了必须遵循的国内决策程序。与之类似，《实施卫生与植物卫生措施协定》（SPS Agreement）明确要求涉及健康议题的决策要采用科学证据。此类程序性规则的应用范围可以大为拓展，并更有效地提高国内的决策质量。例如，反倾销规则可以改进，要求在国内议事程序中考虑进口关税给消费者和生产者带来的负面影响。补贴规则也可以改进，要求做经济学的成本收益分析。

我们不应该夸大此类要求可能给国内决策带来的积极贡献。例如，特朗普以国家安全为由提高钢铁和其他进口品的关税，这是典型的自食恶果型政策。世贸组织在这一领域的原则较为模糊，尚未经受实践的充分检验。一方面，有关文件的表述似乎把门开得很大：“本协定的任何条文均不应解读为……阻止任何缔约方采取其认为对保护基本国家安全利益必需的任何行动。”② 另一方面，在最近一起不涉及美国的案例裁决中，世贸组织采取的立场是可以审查各

① 至少一位作者（Keohane）似乎后来改变了看法（参见 Colgan and Keohane，2017）。

② Article XXI of the WTO，https：//www. wto. org/english/res_e/booksp_e/gatt_ai_e/art21_e. pdf.

国在该领域的决策，并判断其适宜性。果不其然，美国批评了这一决定。①

我们可以设想制定出更明确的程序性规则，要求美国或其他任何国家在借用国家安全理由之前必须遵守这些规则。例如，有关国家的政府是否准备了阐述其理由的公开报告，并包含经济学家和国家安全专家的意见？该政策的国内反对派别是否有机会发表反驳理由？尽管对特朗普的荒唐贸易政策，世贸组织的任何做法恐怕都无济于事，但至少这可以防止特朗普及其他民族主义政客习惯性地抱怨世贸组织和其他国际机构在践踏各国的主权。

在最佳情况下，我推荐的民主促进型全球治理的宽松治理规则能有所助益。在最坏情况下，它们也不会造成伤害。这些规则包含的软性约束已经在许多国家内部的民主规范中实施，来自国际社会的强化会让它们更多地受益。但我们还可以设想某些更硬性的约束，让各国只有在履行民主承诺后，才能获得贸易协议的全部好处。此类要求已经包含在某些贸易协议中，如美国对低收入国家实施的贸易优惠制度。

结论

国际协议是各国自由加入的合约。由于是自愿性的合约，似乎没有多少理由从国家自主权或民主合法性受损的角度对其提出质疑。然而，这种思路涉及各国为什么首先会加入此类合约的问题。为获得民主合法性，国际协议必须通过政治和经济的考验，必须产生广泛的利益，符合民主授权程序（即施加能促进民主制度运转的约束）。通过为全球经济治理寻找原则性的理由（principled arguments），我们可以明确在何种条件下这种合约是广泛可取的，在何种条件下是以国际协议的合约性质为借口掩饰对特殊利益团体的优待。

例如，美国贸易谈判代表从另一国家获得《贸易相关知识产权协定》（TRIPS）的让步，同时以对该国的服装出口开放美国市场作为回报，他们的做法实际上促进了大型制药企业的利益，却使国内劳动力市场的某些部分集中承受了损失。我们该如何看待这种国际合约的适宜性？本文讨论的基本经济理由对批评这一适宜性非常重要。当存在以邻为壑型政策或全球公共品因素时，这种合约可以实现双赢。而没有这些因素时，表面上的双赢，即市场进入的对

① 例如俄罗斯交通限制对乌克兰的影响，参见 https://www.wto.org/english/news_e/news19_e/dsb_26apr19_e.htm。

等交换，其实不过是会在国内引起重要的再分配后果的政策。相比后一种情形，前一种情形的国际协议在本国可能有更大的民主合法性。

当然，即使在有以邻为壑型政策和全球公共品因素的情形中，也不能保证民主国家能够解决国内政治问题，并达成合适的国际协议。美国退出《巴黎气候协定》是著名的案例，此类问题又反映了本文的一个关键论点：当今世界经济的大多数政策灾难是源于国家治理失败而非国际合作的缺乏。① 再举一个美国案例，特朗普以国家安全名义实施的关税之所以是糟糕的政策，并非因为给某些其他国家造成了伤害，而在于让美国经济直接承担了巨大的成本。

关于全球治理的传统智慧认为，国际合作失败源自全球公共品问题与以邻为壑型政策。但是对自食恶果型政策带来的问题，或者多样性经济政策的合法基础，传统视角不再能提供帮助。对于此类情形，我们需要思维的更新，采用不同方法看待全球合作：尊重各国的政策空间，关注民主决策规范，而非片面强调协调各国政策以及取消（真实的或感知到的）贸易壁垒。

（余江　译）

参考文献

Bagwell, K., and R. W. Staiger. 2001. "Domestic Policies, National Sovereignty and International Economic Institutions." *Quarterly Journal of Economics* 116 (2): 519 – 62.

Bagwell, K., and R. W. Staiger. 2004. *The Economics of the World Trading System.* Cambridge, MA: MIT Press.

Cohen, H. G. 2019. "What is International Trade Law For?" *American Journal of International Law* 113 (2): 326 – 46.

Colgan, J. D., and R. O. Keohane. 2017. "The Liberal Order is Rigged: Fix it Now or Watch it Wither." *Foreign Affairs* (May/June): 36 – 44.

Eichengreen, B., and R. Baldwin. 2008. "What the G20 Should Do on November 15th to Fix the Financial System." Vox, November 10, 2008. http://voxeu.org/index.php?q=node/2544.

Frieden, J., M. Pettis, D. Rodrik, and E. Zedillo. 2012. *After the Fall: The Future of Global*

① 在这里，"当今"一词很关键。可以想见在某些情形下，国际合作失败产生了大得多的后果，20 世纪 30 年代的贸易与宏观经济政策就是一个例子。与之类似，奉行国家主义和民族主义的各国政府采取广泛的以邻为壑型政策的未来世界也并非不可想象。

Cooperation. Geneva, Switzerland: Geneva Reports on the Global Economy International Center for Monetary and Banking Studies. https://www.sss.ias.edu/files/pdfs/Rodrik/Research/After-the%20Fall-Future-Global-Cooperation.pdf.

Friedman, T. L. 2019. "Has Our Luck Run Out?" *New York Times*, April 30, 2019. https://www.nytimes.com/2019/04/30/opinion/trump-climate-change.html.

Gallagher, K. P., and R. Kozul-Wright. 2019. *A New Multilateralism for Shared Prosperity: Geneva Principles for a Global Green New Deal*. Boston, MA: Boston University Global Development Policy Center and UNCTAD.

Grossman, G. 2016. *The Purpose of Trade Agreements*. Princeton: Princeton University.

Johnson, H. G. 1953. "Optimum Tariffs and Retaliation." *Review of Economic Studies* 21 (2): 142–53.

Keohane, R. O., S. Macedo, and A. Moravcsik. 2009. "Democracy-Enhancing Multilateralism." *International Organization* 63 (Winter): 1–31.

Rodrik, D. 2008. "Second-Best Institutions." *American Economic Review* 98 (2): 100–4.

Rodrik, D. 2018. "What Do Trade Agreements Really Do?" *Journal of Economic Perspectives* 32 (2): 73–90.

Rodrik, D. 2019. "Policy Brief No. 9: Towards a More Inclusive Globalization: An Anti-Social Dumping Scheme." *Economics for Inclusive Prosperity*. https://econfip.org/policy-brief/towards-a-more-inclusive-globalization-an-anti-social-dumping-scheme/#.

Shafik, N. 2013. "Smart Governance: Solutions for Today's Global Economy." International Monetary Fund, December 3, 2019. https://www.imf.org/en/News/Articles/2015/09/28/04/53/sp120513.

Tørsløv, T., L. Wier, and G. Zucman. 2018. "The Missing Profits of Nations." NBER Working Paper No. 24701 (August).

U. S.-China Trade Policy Working Group. 2019. U. S.-China Trade Relations: The Way Forward. October 27, 2019. https://cdn.shanghai.nyu.edu/sites/default/files/_us – china_ trade_joint_statement_2019_0.pdf.

法和经济学

Law and Economics

Comparative

亚当·斯密论“尚可容忍的司法管理”和国民财富

道格拉斯·欧文

亚当·斯密认为，一国收入取决于其劳动生产率，而劳动生产率又取决于劳动分工。但是，为何有些国家能够实现劳动分工并走向富裕，而其他国家却未能如此，从而陷入贫困？斯密描述了借助于“尚可容忍的司法管理”（tolerable administration of justice），产权保护使投资和交易得以实现，由此带来了经济进步。近来的经验研究证实了斯密的观点，即一国的政治“制度”特别是司法制度对该国国民收入的决定具有重要的作用。

1. 引言

对所有经济学而言，最基本的问题可能都是要解释为何有些国家富裕，而有些国家贫穷。这正是亚当·斯密在《国富论》中提出的核心问题，而这本经典著作也被恰如其分地视为经济学科的奠基之作。斯密的答案就在第一卷的

---

* Douglas A. Irwin，美国达特茅斯学院经济学教授，国民经济研究局（NBER）研究员。原文 Adam Smith's "Tolerable Administration of Justice" and the Wealth of Nations 发表于 *Scottish Journal of Political Economy*（《苏格兰政治经济学杂志》），2020 年第 3 期，第 1—17 页。
作者感谢同事 Meir Kohn 多次富有收获的讨论，以及 Henry Clark 和 Dan Klein 的有益评论。所有引文来自格拉斯哥版的《亚当·斯密著作与通信集》（*Works and Correspondence of Adam Smith*）。

前三章，即一国的收入取决于其劳动生产率，而这又取决于劳动分工和专业化，这是由交易（贸易）驱动的，并受到市场范围的限制。

但是，这一解释引出了另外一个问题，即为何有些国家可以实现劳动分工而其他国家却未能如此？第三卷“不同国家何以富足程度不同”承诺会给出答案，然而实际上并没有。在斯密该五卷本的专著中，第三卷的篇幅明显少于其他部分。这一卷考察了城镇与国家的共生关系，但是对于其标题中暗含的问题并未给出清晰的答案。

然而，对于这一问题，斯密最终还是提供了一个答案，即产权保护。如果产权得不到保护，劳动分工就会受到严重的限制。安全的产权提供必要的激励，使努力可以获得回报，使人们能够收获自己播种的果实，使个人和企业可做长远规划，并投资于经济状况的改善。对私有产权的保护使经济进步成为可能，因此，按照斯密的观点，这就是政府最重要的职责。

在《国富论》出版十多年之前的1755年，斯密写下了很大程度上可以概况其经济发展思想的一句话：“除了和平、轻赋和尚可容忍的司法管理，使一国由最蛮荒状态走向最高程度的富足，不再需要其他的东西；所有其他的一切会自然而然地生发出来”。① 斯密相信，“尚可容忍的司法管理”需要建立一个司法体系，以保护产权免受侵犯，并使合同得以实施，使债务得以偿还。当然，斯密经常使用的“司法管理”一词不仅是指一种激励手段，即通过确保个人“获得自己的劳动果实”激发生产性活动。它还关乎以和平方式裁定纠纷，以及保障个人之间的关系公正合理。对于任何社会的存续，司法绝对是必要条件；如果“司法管理”缺失，任何社会都将分崩离析。而且，司法管理不一定是完美无缺的，但必须“尚可容忍”。为了确保这一点，独立的司法体系至关重要。

由此，对于为何产权保护对一国经济发展非常重要，进而为何独立的司法体系对实现这种保护非常重要，斯密提供了一个令人信服的解释。他还提供了

① 斯密继续说道：“所有政府如果违背了这一自然过程，就会使事物走向他途，或者在某一特定时点尽力阻止社会进步，这都是有悖自然的，这样的政府为了能让自己生存下去，必然会暴虐成性，压迫民众。”（EPS，IV 25）这来自斯密写的一篇短文。斯密写这篇短文的目的是要确立自己对这些思想的优先权。他将这些想法写下来，是因为担心自己在格拉斯哥大学讲授过的这些观点被别人剽窃。杜格尔·斯图尔特（Dugald Stewart）引自为斯密所写传记的手稿，但不幸的是这份手稿后来被销毁了。

几个例证，用来说明保护产权和不保护产权对经济发展的影响，这与今天很多学者有关比较经济体系的研究很相似。不幸的是，斯密对这些问题的讨论散落于《国富论》、《道德情操论》以及《有关法律的演讲》（*Lectures on Jurisprudence*）等各处。可能由于未能集中论述，斯密强调司法管理与国民财富之间的关系这一点从未得到充分的理解。①

斯密对这些问题的分析值得研究，因为直到最近经济学家和政治学家才重新聚焦于一国的制度，如司法体系和产权保护等，对促进经济发展的作用。大卫·李嘉图和托马斯·马尔萨斯等古典经济学家与之后的阿尔弗雷德·马歇尔等新古典经济学家都忽略了这些因素，尽管杰里米·边沁和约翰·斯图亚特·穆勒理解其重要性。直到道格拉斯·诺思和其他学者的著作问世，人们才将注意力重新转向制度对经济发展的重要作用，直到过去10年，很多研究才开始关注产权（Besley and Ghatak，2010）、政治制度（Acemoglu and Robinson，2012）和法律制度（La Porta、Lopez-de-Salinas and Shleifer，2008）对促进经济增长和发展的作用。最近的这些研究为斯密提出的很多命题提供了经验支持，包括独立的司法体系对保障产权和合同执行的重要性。

本文旨在解释斯密有关司法管理、产权保护和国民财富之间关系的观点。这些观点虽然重要，但以往并未受到足够的重视。斯密相信对产权保护而言，司法体系是必需的。在考察了他的这一信念之后，本文列举了斯密提出的例证，以说明为何产权保护为各种经济活动提供了必要的激励。斯密描述了一个公正的司法管理体系具有的特性，并明确提出了一个理论来解释这一体系是如何在英国出现的，尽管他很少论及在其他地方如何建立这一体系。然后，本文简要考察古典经济学家为何忽略了斯密的这些观点，以及边沁和穆勒如何扩展了斯密的讨论。最后，本文解释了近来关于制度与国民财富的经验研究如何为斯密在两个多世纪以前的著作中强调的这些因素提供了支持。

2. 司法与天赋自由体系

在《国富论》中，斯密倡导“天赋自由体系”（system of natural liberty），

① 斯密有关司法体系重要性的观点（Lieberman，2006）以及政府在经济发展中的角色（Robertson，1983），在以往的研究中也有所涉及，但均浅尝辄止。Billet（1975）与本文的观点最为接近。

并将这一自由进取的体系作为自己偏爱的组织经济活动的框架。在他看来，这样的体系不需要政府配置资源、管理经济或指导企业经营；相反，生产何种商品和劳务是由分散化的竞争性市场决定的。① 为了创建这样一个体系，政府必须取消现有的一些政策，这些政策阻碍了个人追求他们自认为适宜的经济活动。政府对某些特定产业或公民阶层的偏爱，或者禁止进入某些特定市场或职业的规制和垄断特权，都是不公正、不明智的，因而也是应该被废除的。正如斯密所言：

> 因此，所有这些或偏爱或限制的制度都应被完全取消，简单明了的天赋自由体系自然而然就会创建起来。任何人只要不违背正义的法律，就拥有完全的自由，可以按照他自己的方式追求个人利益，并以自己的产业和资本与任何其他人或其订单进行竞争。② （《国富论》，IV. ix. 51）

然而，上述引文中为了防止误解而提出的警告，即要求个人“不违背正义的法律”，表明斯密并不真的认为只要政府置身事外，天赋自由体系就能简单地“自然而然创建起来”。相反，为了促进天赋自由体系赖以繁荣昌盛的环境，政府需要扮演极为重要的角色。实际上，斯密相信政府应承担三项主要职责：提供国家防务、“尽可能地保护每位社会成员免受所有其他成员不公正的行为或压迫”，以及建造和维护特定的公共设施（《国富论》，IV. ix. 51）。

第二项职责所讲的司法管理至为关键。在其《有关法律的演讲》中，斯密坚持认为“每个政府体系的首要目的都是维护正义，以阻止某些社会成员侵害他人财产，或者攫取不属于他们的东西”。实际上，政府的目的就在于“使每个人可以安全和平地拥有自己的财产”（《有关法律的演讲》，第 5 页）。

斯密将司法的确立视为社会赖以存在的绝对必要条件，而这意味着保护每

---

① 结果，“君主可以完全摆脱某种职责，试图履行这种职责必然会使他一直面临无数假象，恰当地履行这种职责非人类的智慧或知识所能及：这种职责就是指挥私人产业，并将其导向最符合该社会利益的用途”（《国富论》，第 4 卷，第 9 章，第 51 页）。

② 当然，斯密并不是“自由放任”的拥护者，他知道对于简单的天赋自由体系而言，有很多例外情况，参见 Hollander（2013）。

个人的人身安全和财产安全。① 斯密在《道德情操论》中提出了这些观点，他认为人类对不公正和伤害他人天生具有本能的反应。② 目睹不公正或伤害他人的行为会让人义愤填膺，这自然会引起对惩罚或报复的渴望。斯密相信，这种义愤是对正义的保护，而这种报复的意愿“似乎是造物主命令我们遵守的重要法则”（《道德情操论》，II. ii. I. 4，10）。③

但是，如果没有现成的手段惩戒不公正的行为，那么愤怒的情绪就无法克制，因为“人们心中没有比无法得到满足的强烈的愤恨之情更令人感到折磨的”（《道德情操论》，III. 2. 11）。假若由于不公正的行为未受惩戒而导致的愤怒无法通过某些形式得以平息，个人就会自行其是，采取报复行动，从而有可能威胁社会和平与秩序。这可能会导致社会的崩溃，因为如果人人相互伤害，社会就无法正常运转。正如斯密所言：

> 在那些时刻准备着相互伤害和侵犯的人们中间，社会无法存续。一旦人们开始伤害他人，相互之间的怨恨与憎恶日益滋生，社会中的各种联系就会分崩离析，在某种程度上，构成社会的不同成员就会由于不同情感的激化和对立被驱散并流落至海外。如果抢劫犯和杀人犯中存在某种社会的话，那么按照一般的观察，他们至少要节制相互之间的掠夺和谋杀。（《道德情操论》，II. ii. 3. 2）④

① 斯密写道，“很少有人从社会存在的角度思考司法体系的必要性”，但这恰恰是参与苏格兰启蒙运动的作者最关心的问题（《道德情操论》，II. ii. 3. 8）。遵循这一传统的其他重要思想家也曾考虑过司法和产权保护对社会和经济的重要作用，但是其方法多少有欠系统，参见 Bowles（1985）、Pascal（1938）和 Stein（1970）。

② “造物主在人类心中植入了恶有恶报的意识，人们一旦有所违背，就会对罪有应得的惩罚感到惊惧不安，这为人类的交往提供重要的防护，保护弱者，扼制暴力，严惩罪犯。”（《道德情操论》，II. ii. 3. 4）

③ “如果人类赞同并允许使用暴力以报复不公正的行为造成的伤害，那么他们就会更加赞同并允许使用暴力防止和击退这种侵害，并阻止违法者危害他们的邻人。”（《道德情操论》，II. ii. I. 5）

④ 此后，斯密还写道：“对于有违公正的行为，人们相互之间从不会屈从，因此公共治安法官就有存在的必要，他们可以动用共同体的力量实施公正的行为。如果缺乏这种预防措施，文明社会将会杀戮四起，一片混乱，每个人只要认为自己受到了侵害，就会自行报复。为了避免这种由于每个人自行寻求正义导致的混乱，在所有已经获得了一定权威的政府中，治安法官都要担负起为所有人提供正义的职责，承诺会倾听并纠正由侵害行为引起的所有申诉。”（《道德情操论》，IVII. iv. 35）

简而言之，缺乏公正会导致社会的崩溃。斯密总结道：“除非公正的法律处于尚可容忍的水平，否则社会无法存续，因为如果人们相互之间的伤害无法受到普遍抑制，就不会存在任何社会交往。”（《道德情操论》，II. ii. 3. 6）

就将社会凝聚在一起而言，公正扮演的角色远远超过其他的美德，比如仁爱。实际上，斯密似乎喜欢强调仁爱对社会的作用是有限的。[①] 在《道德情操论》中，他论证“与公正相比，仁爱对社会存续的作用较小。如果没有仁爱，社会仍可维持，尽管可能并非处于最令人舒适的状态；但如果不公正的行为泛滥，社会将被完全摧毁”（《道德情操论》，II. ii. 3. 3）。在一个令人印象至深的段落中，斯密将社会比作一栋建筑，仁爱是“起美化作用的装饰，但不是支撑建筑的基础”，而公正则是“撑起整座大厦的支柱。如果支柱被拆除，人类社会恢宏伟大的构造必将在瞬间化为齑粉”（《道德情操论》，II. ii. 3. 4）。[②]

个人应该如何行动才称得上行为公正？对斯密而言，公正的行为并不要求为他人做善事（仁爱），只需要避免直接伤害他人：“在多数情况下，公正是一种消极的美德，只是让我们不要伤害我们的邻人”（《道德情操论》，II. ii. I. 9）。确实，“公正与人类的基础”就是“以神圣的态度尊重”他人的生命和财产（《道德情操论》，III. 3. 37）。[③] 例如，穷人不可简单地夺走富人的财物，即使这样做符合功利主义的成本收益计算，因为这一行动伤

① 在《国富论》中，斯密观察到自利而非仁爱才是驱动一个商业社会的主要动力。正如他的名言，“我们能够吃上晚饭不是由于屠夫、酿酒师或者面包师的仁爱，而是由于这对他们自己有利。”（《国富论》，I. ii. 2）

② 大卫·休谟也将公正视为社会的基石，他在斯密之前就曾指出“这是人类幸福与社会存续的绝对必要条件”（EPM，第159页），“没有公正，社会必将立即瓦解”（同上，第199页）。相似地，可以令人稳定地持有财产的产权规则“不仅是有用的，甚至对人类社会还是绝对必要的”（同上，第501页）。

③ 实际上，斯密按照降序对权利受侵犯的严重程度排列如下：个人生命、个人财产和个人权利。“那些最神圣的公正法则，因此也是一旦违反就会强烈要求予以报复和惩戒的法则，就是那些保护生命和个人免受邻人侵害的法则；接下来就是保护个人财产的法则；最后是各种所谓的个人权利，或者使人谨守对他人的承诺。”（《道德情操论》，II. ii. 2. 2）

害了他人。①

如果不公正，即侵犯他人的人身权利或财产权，自然而然地会使人意欲报复，那么如何才能控制这种潜在的危险情绪，防止其摧毁整个社会？答案就是惩罚不公正的行为，满足对公正的需求。通过建立一个司法管理体系并以和平的方式解决各种冲突，可以实现这一点。②

斯密将司法管理视为政府原本的目的，相信“公民政府的基础”就是“保护人们免受侵害作为实现公正的目标”（《有关法律的演讲》，第398页）。成立政府是为了保障人身安全和财产安全：

> 每个政府体系的首要目的都是维护正义，以阻止某些社会成员侵害他人财产，或者攫取不属于他们的东西。这一目的就是让每个人可以安全和平地拥有自己的财产……法律和政府似乎除了保护那些增加了自己财产的人，并且使人们能够平安地享受自己的果实，并无其他目标。（《有关法律的演讲》，第5页）③

他解释道，一旦个人和群体开始积累财产，他们就会创建一种制度，即政府，以保护其免受来自国内外的侵害。他写道：“因此，在获得了大量宝贵财产之后，人们必然要求建立公民政府。”“如果没有财产，或者至少财产的数量不超过两三个工日的劳作，对公民政府的需求就没有那么迫切。”正是由于这一原因，“财产和公民政府在很大程度上是互相依赖的”（《有关法律的演讲》，第401页）。

---

① “个人永远都不可以偏爱自己远胜于他人，以致伤害或侵犯他人并使自己受益，哪怕他得到的益处可能要比对他人的伤害或侵犯大得多。穷人绝不能欺诈或偷窃富人，尽管由此带来的好处可能远远超过给他人带来的害处。”伤害他人不仅是违背自然的，而且任何这类侵犯都应受到惩罚，“使得违背这些神圣原则的行为处于尚可容忍的水平，才能使人类社会总体上实现安全与和平”。这是因为“一个人不公正地攫取他人的任何东西，或者不公正地损人利己，比死亡、贫困、辛劳或者他遭受的所有灾祸都更违背自然，无论对其自身还是对其外部环境，都是如此”。（《道德情操论》，III. 3. 6）

② 这是Rosenberg（2013）对斯密的经典阐释的另一例证，即考察制度在使毁灭性的激情转向建设性目的时发挥的作用。

③ 在《国富论》中，斯密重复了这一观点，即“建立恰当的司法管理这一职责”意味着“尽可能地保护社会中的每位成员免受任何其他成员的不公正行为或压迫”。（《国富论》，I. i. b. 1）

当然，这意味着政府将保护那些有产者免受无产者的侵害。① 斯密承认“创建公民政府的目的在于保护财产，这实际上意味着创建政府是为了保护富人免受穷人的侵害，或者保护那些拥有某些财产的人免受赤贫之人的侵害”（《国富论》，V. i. b. 12）。② 斯密同意这样的制度会导致永久的不平等，“哪里有大量的财产，哪里就有严重的不平等”，他暗示这种不平等是一种永远都会存在的自然状态。③

与此同时，斯密强烈批评保护富人免受竞争的规则，比如限定继承的做法，因为这阻碍了有进取心的自由人获得财产。他同样反对君主、贵族、商人、制造商、教会尤其是地主的寻租行为或攫取行为，因为地主“热衷于不劳而获”（《国富论》，I. vi. 8）。这些集团可以俘获政府，可能为了自己的私利扭曲社会规则。在这种情况下，政府政策或具体的法律规则就是问题所在，但这不是司法管理本身的问题。④

尽管存在规则被操纵以偏向某些集团的风险，产权保护还是能够阻止人们简单地通过攫取他人而发财致富，因为如果某些集团一直在攫取他人，经济就无法运转。如果劫掠盛行，战事频仍，“任何资本积累几乎都是不可能的”。

---

① “在安全状况尚可的社会中，人们可以一起生活，尽管没有治安法官保护他们免受那些由激情导致的不公正行为的侵扰。但是，富人贪得无厌，野心勃勃，而穷人憎恶劳作，贪图享乐，这些激烈的情感驱使他们侵犯他人财产，这种激情的作用和影响远为持久且普遍……富人的富足激起了穷人的愤怒，后者常常既受欲望的驱使又受妒忌的促动，进而侵害前者的财产。只有在治安法官的庇护下，拥有宝贵财富的所有者晚上才有可能安心入眠，而这些财富是其多年劳作甚至是连续数代人的积累而得。他总是被未知的敌人包围着，尽管他从未激怒过这些人，但是他也永远不可能使之平息，只有在治安法官强大的铁腕保护下，这些人的不公正行为才会一直受到惩戒。”（《国富论》，I. i. b. 2）

② 因此，“无论在何种情况下，法律和政府都是富人压迫穷人的联合体，使富人可以持久地拥有更多的商品，否则，穷人的攻击很快就会摧毁这种不平等状态，如果穷人不受政府的钳制，他们马上就会通过公开的暴力将别人变得跟自己一样”。（《有关法律的演讲》，第 208 页）

③ “借助于法律和政府，各种不同的技艺繁荣昌盛，由此带来的财富不平等大体上也会保持下去。”（《有关法律的演讲》，第 213 页）

④ 斯密相信，如果市场竞争未被特权或限制扭曲，就会激发某种形式的不平等，参见 Boucoyannis（2013）。正如 Rosmussen（2006）提到的，斯密担心不平等，但是他更担心的是不平等会扭曲我们的同情心，而不是其经济后果。更重要的是，斯密并没有过多纠缠于财产最初是如何获得的。Salter（1994，第 311—312 页）指出，“在斯密的理论中，产权并非源自获取财产的方式，而是源自拥有财产的事实”，后者可以被定义为“对持续使用的预期……对斯密而言，让最初取得的财产合法化不是问题。因此，他可以很方便地将公正简单地界定为尊重人们过去已获得的产权，而不必证明这些产权以往的分配是否公正”。

斯密认为，“当人们发现自己始终处于财物被掠夺的风险之中，他们就没有辛勤劳作的动力”。“在迈向富足的道路上，没有什么障碍比此更甚”（《有关法律的演讲》，第 522 页）。①

结果，在产权得到保障的体系下，穷人享受的生活标准要远远高于产权不安全的体系。财产安全是经济进步的前提，在此基础上，所有群体都可以繁荣昌盛。② 斯密认为，“实现完全的公正、完全的自由和完全的平等，这就是最有效地保障所有阶层的公民都能实现最高程度繁荣的简单秘诀”（《国富论》，IV. ix. 17）。

以此为背景，斯密探讨了财产安全在促进国民财富中的作用。

3. 安全与经济活动的激励

在《国富论》中，斯密做了以下有力的总结陈述：

> 在任何国家，如果不能享有常规的司法管理，如果不能让人们对自己拥有的财富感到安心，如果对合同的信心不能得到法律的支持，如果国家的权威不被用于迫使那些有能力偿还债务的人清偿债务，那么商业和制造业的繁荣很少能够持久。简言之，如果对政府的公正没有某种程度的信心，任何国家都鲜少能够实现商业和制造业的繁荣。（《国富论》，V. iii. 7）

请注意，斯密识别出三个与司法管理相关的要素，即财产安全、合同执行与债务清偿。这最接近斯密对所谓“产权”的界定，基本上可以归结为财产

---

① 斯密的这些思想来自他的老师弗朗西斯·哈奇森（Francis Hutcheson）。在 1726 年的专著《论美和德性观念的起源》（*An Inquiry into Our Ideas of Beauty and Virtue*）中，哈奇森（2004，第 284—285 页）讨论了财产的激励效应。“众所周知，对勤勉和辛劳而言，普遍的仁爱之心本身并不能提供足够强大的动力，我们厌恶的很多其他困难都是由于自爱而被克服的”。因此，确保人们能够享用其劳动果实增强了“我们勤勉工作的动力”。没有这种保障，“剥夺个人合法劳作的果实，就会使人们失去因自爱和爱护至爱亲朋而努力工作的所有动力，让我们除了普遍的仁爱别无其他动力，而且，这使勤勉之人成为懒人永远的苦恼，并使自爱与勤勉对立起来。这就是我们对自己的劳动果实要有支配权和财产权的原因；没有这种权利，我们就缺乏对勤勉工作的渴望，除了未经耕耘的自然提供给我们的产品外，也很难获得其他任何产品”。

② 此外，产权保护激励那些无产者去工作，而不是去攫取。“政府和法律阻止穷人通过暴力攫取财富，否则，他们就会对富人施加暴力。富人告诉穷人，他们或者继续贫困下去，或者像富人那样去获取财富。”（《有关法律的演讲》，第 208 页）

安全（也许还有自由处置）与履行承诺（合同和债务）。

为了说明这一观点，斯密比较了财产安全的国家和财产不安全的国家。在财产安全的国家，人们愿意积累资本，并将之用于生产；在财产不安全的国家，人们缺乏积累资本的激励，并寻求转移或隐匿其拥有的资本。由于延缓了资本积累这一创造国民财富的关键因素，财产不安全阻碍了经济发展。他写道："在安全状况尚可容忍的所有国家，每个有常识的人都会致力于将其能够支配的所有资本或者用于当前的享乐，或者用于未来的利润。""在那些不幸的国家，实际上人们一直担心更有权势的人会施以暴力，他们经常将其大部分资本隐匿或掩藏起来，当他们面临上述某种灾难的威胁时，就随时准备将其资本带到某些安全的地方，而且他们自认为无时无刻不在这些威胁之下。"（《国富论》，II. i. 30）作为后者的例证，斯密提到了土耳其、印度和大部分亚洲国家。

财产安全的差异甚至在一国内部也能察觉。对于能够有效提供司法管理和实施产权的城市与这种能力更为薄弱的整个国家，斯密比较了两者之间繁荣程度的差异：

> 即使一国的土地占有者暴露在各种暴力之下，某些城市也能建立起秩序和优秀的政府以及随之而来的个人自由与安全。但是在缺乏这种防卫的国家，人们会满足于使自己仅处于必要的维持生存的状态，因为获得更多财富只会诱使其压迫者实施不公正的行为。相反，如果他们能够安全地享有自己勤劳工作的果实，他们自然就会致力于改善自己的境况，不仅要获取必要之物，还有实现生活的便利与优雅。（《国富论》，III. iii. 12）

斯密不相信为了实现经济增长，司法管理一定要完美无缺，就像政府的其他政策也不一定要尽善尽美。相反，司法管理只要达到"尚可容忍的水平"就可以了。① 激发经济进步的深层动力是个人对改善自身境况的渴望。正如斯密所言："人类生活的主要目标在于改善我们的境况。"（《道德情操论》，I. iii. 21）即使司法管理并不完善，这一动机也能为扫除进步道路上的很多障碍提供足够强大的动力。斯密有句名言："每个人为了改善自身境况而付出一致、反复和不间断的努力，公共财富、国家财富以及个人财富的积累都是源自

① 实际上，斯密相信"没有什么比完全地保障自由更困难"（《有关法律的演讲》，第 480 页）。

这一基本原理，它通常十分强大，足以保持事物的自然进步和持续改善，哪怕政府铺张浪费或者行政部门犯下最严重的错误”（《国富论》，II. iii. 31）。实际上，斯密曾经批评过法国重农学派的弗朗索瓦·魁奈，因为后者相信“完全自由和完全公正的严格制度”是经济进步的前提条件。①

斯密相信每个个体改善自身境况的努力可以胜过政府铺张浪费和行政错误带来的恶果，这是基于英国的历史经验。尽管政府政策远非尽善尽美，随着时间的推移，英国的经济状况还是稳步改善，因为在一个财产得到保护的制度框架内，个人被允许追求自己的利益。借助司法管理实现的财产安全鼓励了资本积累，使经济进步得以实现，相比之下，糟糕的政府政策只会延缓这一进程：

> 大不列颠法律保障每个人都可以享有自己的劳动果实，这种保障足以使任何国家繁荣昌盛，即使存在这样那样的荒唐商业管制……每个人努力改善自身境遇的天性一旦得到自由而安全地发挥，就会成为一条强有力的法则。仅凭此法则，无须假借任何帮助，就足以为社会带来财富和繁荣。人类一些荒唐的法律经常会导致各种障碍，而这些障碍产生的后果就是总会或多或少地侵犯个人付诸努力的自由或者削弱个人得享其成果的安全，尽管如此，上述法则还是足以克服大量不合理的障碍。（《国富论》，IV. v. b. 43）②

斯密以批评重商主义体制下存在的垄断和排他性特权而闻名，但是，他观

---

① 魁奈“似乎没有想到，在一个政体之下，每个人为改善自身境况自然付出的持久努力，是生存的基本法则，这在很多方面都能够防止或纠正某种政治经济制度由于一定程度的不公和压迫造成的恶劣影响。这样一种政治经济制度并非总能阻止一国的自然进步，进而实现富裕与繁荣，也不太可能使其退步，尽管它不可避免地会多多少少延缓这一过程。如果不享有完全自由和完全公正，一国就无法繁荣昌盛，那么世界上从来就没有任何国家能够实现繁荣。然而，幸运的是，在这种制度下造物主的智慧提供了大量补救措施，可以纠正人类的愚蠢和不公造成的很多恶劣影响，就像在自然状态下补救人类的懒惰和无度造成的恶果一样”（《国富论》，IV. ix. 28）。

② 斯密在其他地方也指出：“尽管面临政府的各种勒索，借由私人的节俭和个人的良好品行，以及人们为改善自身境况付出普遍、持久和不间断的努力，资本还是能够逐渐地悄然积累起来。正是这种受到法律保护且出于自由的努力，以最有利的方式发挥作用，在之前几乎所有的年代，使英格兰向着富足和进步不断前进，而且在所有未来时期，它也有望继续发挥这种作用。”（《国富论》，II. iii. 6）

察到至少英国允许没有政府指导的自由贸易。这种自由贸易以及与之相伴的公正的司法管理，发挥了关键作用：

> 在英国……在其他因素的协助下，殖民地贸易天然具有的良好作用很大程度上胜过了垄断带来的恶果。这些因素似乎包括：尽管存在某些限制，但普遍的贸易自由至少是平等的，可能比其他任何国家都要好得多；将国内生产的几乎所有种类的产品自由地出口到几乎所有其他国家，并且免税；可能更为重要的是，将商品从本国的某一地区不受限制地自由运至其他任何地区，无须向任何公共机构报告，也没有义务接受任何质询和审查；但至关重要的是，平等和公正的司法管理使最卑微的英国臣民也能最大程度地享有这种令人尊敬的权利，这一权利使每个人都可以享受自己辛勤劳作的果实，从而为各行各业提供了最大程度也是最有效的激励。（《国富论》，IV. vii. c. 54）

就此而言，英国与西班牙和葡萄牙等欧洲大陆国家迥然不同，后者同样有着糟糕的政策，但是缺乏自由的国内贸易和安全的产权保护。结果，“那些国家糟糕的政策导致的恶果未被民众普遍的自由和安全抵消。那里的产业既不自由，也不安全，单是西班牙和葡萄牙的世俗政府和教会政府就足以使其现在的贫困状态永远持续，即使它们的商业管制是明智的，但更多的政策是荒唐而又愚蠢的”（《国富论》，IV. v. b. 45）。

如前所述，斯密并未将司法管理局限于财产安全，还包括合同执行和清偿债务的能力，尽管他似乎对这两者强调得不多。就合同而言，斯密认为“与合同有关的法规的不完善”似乎是欧洲在罗马帝国衰落之后遇到的“另一个极大地阻碍了商业活动的因素”（《有关法律的演讲》，第 528 页）。① 在解释为何西班牙和葡萄牙相对贫困时，斯密指出，这两个国家无法令它们的君主偿

---

① 斯密认为君主的主要职责就是通过一个适当的法律框架来保护财产，下述引文也强调了这一点：“如果法律无法强制合同的履行，就会使所有借款人的地位几乎与破产者相同，或者类似于在管理得更好的国家中的信用可疑之人。收回资金的不确定性使出借人就像在放高利贷，通常只有对破产者才会要求支付这么高的利率。在罗马帝国西部省份以外的蛮荒国家，长期以来合同的履行都取决于签订合同各方的信任。国王的法庭很少介入。古代出现高利率的原因，可能部分就在于此。”（《国富论》，I. ix. 15）

还其债务。① 斯密还提到了当时的中国，指出其产权保护是不平等和不公正的，这阻碍了经济发展（《国富论》，I. ix. 15）。

斯密相信，对经济发展而言，司法管理是比自然资源更加重要的因素。1779 年，有人提问为何爱尔兰始终陷于贫困，是否该国的制造业会对英国造成威胁，斯密回答，他怀疑爱尔兰能否出现大量的制造业，因为它缺少煤炭和森林。但是他又补充到，缺乏“秩序、治安以及同时保护和制约底层民众的常规司法管理，这些因素对产业发展的重要性比煤炭和森林加在一起都要更大”。“只要它（爱尔兰）延续压迫者和被压迫者、新教徒和天主教徒两个分裂的敌对阵营”，上述缺陷就会阻碍爱尔兰的发展［《通信集》（*Correspondence*），第 243—244 页］。②

总而言之，财产安全（保护财产免受他人的侵害）与履行承诺（合同和债务）是为投资和经济增长提供激励的关键因素。虽然斯密并未像讨论劳动分工那样，在《国富论》中专辟章节讨论司法管理对保护产权的重要意义，但是其著作通篇反复提及这一点。那么，对于如何建立尚可容忍的司法管理，他是否提供了某些指引呢？

4. 建立尚可容忍的司法管理

斯密计划写作的第三本著作关注“法律和政府的一般原理”，然而该书从未成稿，因此他并未详细讨论司法管理应当如何建立（《道德情操论》，第 3 页）。但是在其他地方，斯密对其观点给出了广泛提示。

在其所有著作中，斯密论证了“公正的”司法管理要求建立一个独立于行政权力的司法体系。独立司法“无论对自由、财产还是生命，都是我们现在能够享受更高程度安全的基础”［《修辞学和文学讲演录》（*Lectures on Rhetoric and Belles Lettres*，第 176 页］。相比之下，如果司法制度是由行政部门控制

① 由于各种各样的原因，那些国家仍陷于贫困，“但至关重要的是不公正的非常规司法管理，它经常保护富人和有权势的债务人，使之免受利益受损的债权人的追索，这使得该国更勤奋的那些人害怕为那些傲慢的大人物制造商品以供其消费，也不敢拒绝借钱给他们，他们是否会偿付都是不确定的”（《国富论》，IV. vii. c. 54）。

② 当然，他又迅速补充说，爱尔兰“一旦有了自由和优秀的政府”，从而其工业发展到与英国相当的水平，两国都会“受益良多”。

的，司法管理就将趋于腐败和滥用。① 如斯密所言：

> 如果司法与行政权力结合在一起，它就不可避免地经常沦为所谓政治的牺牲品。那些肩负国家重大利益的人即使没有任何腐败的想法，有时可能也会认为牺牲司法换取某个人的私利是必要的。但是，每个人的自由有赖于公正的司法管理，这会决定他能拥有的安全感。为了使每个人对他拥有的每项财产权利都感到绝对安全，不仅有必要使司法从行政权力中分离出来，而且还应使其尽可能地独立于行政权力。（《国富论》，V. i. c. 25）

如何确保司法独立不向政治妥协？对此，斯密描述了这种体系具备的一些特征。法官“不会因（行政）权力的反复无常而被轻易解职”。支付给法官的薪水不应由行政官员或者那些关涉法律程序的人任意决定。② 相反，薪水应从一般性政府收入中支付，因为司法体系会使社会上的每个人都受益。③ 斯密还称赞陪审团是一项确保司法管理公正的宝贵制度。他认为“没有什么制度能为生命、自由和财产提供更安全的保障”。④

对于如何建立独立的司法制度，斯密并未提供建议。但是对于这种制度是如何在英国兴起的，他给出了历史方面的说明。正如斯密已经解释过的，随着财产的积累，产生了对防护设施的需求。财产所有者愿意创建某种制度（政府）以实现这一点，或者向君主付费以保护他们的土地和财产，并向那些被证实侵害其财产的有罪之人施以惩罚。这将财政收入与司法管理联系在一起。在谈到罗马帝国衰落之后欧洲的德国人和亚洲的鞑靼人时，斯密坚持认为，“司法管理不仅花费了君主一定的收入，而且获取这些收入似乎是君主凭借司法管理有意获得的主要好处之一”。然而，斯密注意到，“这种使司法管理屈

---

① “如果君主或首脑自己行使司法权力，无论他对权力滥用到何种地步，必然几无可能得到纠正，因为很少有人足够强大，能够对其问责。”（《国富论》，V. i. b. 14）

② “这种使司法管理屈从于收入目的的设计，几乎必然导致几种严重的滥用。那些带着贵重礼物诉诸司法的人，所得可能要超过本应得到的；而礼物带得较少的人，所得可能也更少。”（《国富论》，V. i. b. 14）

③ “毫无疑问，司法管理的费用也应被视为因整个社会利益而支付的开支。因此，由整个社会的一般性捐税支付这一费用，并无不当。”（《国富论》，V. i. i. 2）

④ “英格兰的法律总是自由之友，其中，没有什么例子比细心地提供公正的陪审团更值得称赞的了。”（《有关法律的演讲》，第 425 页）

从于收入目的，几乎必然导致几种严重的滥用”，并且导致腐败（《国富论》，V. i. b. 14）。[①] 确实，在这一时期的欧洲，“司法管理似乎长期处于极为腐败的状态，即使在最英明的君主统治下，司法管理也绝对称不上非常平等和公正，在最糟糕的君主统治下，就完全堕落了”。“因此，当持续处于这种状态时，司法腐败很少允许有效的纠正”（《国富论》，V. i. b. 15）。

关于法官如何独立于行政长官，斯密提供了两个历史方面的解释。一个故事是外国入侵或发生冲突的威胁，要求君主筹集的资金超过了通过司法管理征收的费用。[②] 与之相关的另一个故事是，这一独立只是由于行政长官面临的公务越来越多，所以需要将这些事务委托给另外一个独立的机构。这一独立有助于实现司法管理的常规化，因为与行政长官不同，低层级的行政机构无法自己筹集税费，并且通过与政治的隔离，司法管理的腐败也会更少一些。[③]

无论是哪种情况，斯密相信司法独立的引入都是“偶然”的：

> 将承担司法职责的人与管理公共事务和领导军队的人分离开来，是现代相比于古代的巨大优势，也是我们现在能够享受更安全的自由、财产和生命的基础。实现这一点只是由于偶然的原因，是为了通过将其权力中最辛劳且荣耀最少的部分委任他人从而减轻最高行政长官的负担，直至社会不断改良与发展使得商业大规模地增加时，这一点才得以实现。（《修辞学和文学讲演录》，第 176 页）

由此，斯密描述了一个运转良好的独立司法体系，但对这一体系如何建立着墨不多。他赞扬英国的体系“使政府受到恰当的约束”，使之接近于实现“自由和财产的绝对安全”（《有关法律的演讲》，第 422 页）。但是，他并未详

---

① “那些带着贵重礼物诉诸司法的人，所得可能要超过本应得到的；而礼物带得较少的人，所得可能也更少。审判也可能经常被推迟，以便多次获得这类礼物。除此之外，对受到控诉之人施加的罚金可能经常成为判其有罪的非常有力的理由，哪怕他并非真的有罪。这种滥用极为常见，欧洲每个国家的历史都见证了这一点。”（《国富论》，V. i. b. 14）

② “维护国防所需的更大开支需要开征新的税种，而不能仅靠司法管理征收的费用。这就把国家收入从司法管理中分离出来，进而导致把司法管理委任给其他人而非君主的人。”（《国富论》，V. i. b. 16）

③ 如斯密所言：“司法与行政权力的分离似乎最初源于社会中商业活动的增加，是商业活动日益进步的结果。司法管理成为一项如此辛劳、如此复杂的职责，从而要求受委任之人必须专注于此”，所以这项任务被委派给专人。（《国富论》，V. i. b. 25）

述其他社会如何才能形成这种对行政权力的制度化约束。

5. 缺失的一课：从政治经济学到经济学

斯密揭示了司法独立对保障财产安全和促进国民财富至关重要，但是接下来的几代人对此颇不以为然。19 世纪早期的大部分英国古典经济学家并未考察财产安全对促进经济发展的重要作用。大卫·李嘉图、托马斯·马尔萨斯、纳索·西尼尔（Nassau Senior）、罗伯特·托伦斯（Robert Torrens）以及其他经济学家对地租、价值和人口的兴趣，超过了识别促进经济发展的制度特征，因为英国在很大程度上已经满足了这一制度条件。尽管古典经济学家并未完全忽略财产安全的重要性，但他们往往顺便提及，而不做太多分析。① 他们还遵循西尼尔的意见，将这类问题归于政治学领域而非政治经济学。② 他们感到没有必要考虑能够最好地实现财产安全的政治制度，反而将争论从政治经济学转向了经济学中技术性更强的问题。

由于财产安全是亚当·斯密以及更广泛的苏格兰启蒙思想家著作中的重要主题，所以来自苏格兰的古典经济学家约翰·拉姆齐·麦克库洛赫（John Ramsay McCulloch）最强调财产安全的重要性，这也就不足为奇了。在其《政治经济学原理》（*Principles of Political Economy*）第一版中，麦克库洛赫（1825，第 73—74 页）论证了财产安全、贸易与交换以及资本积累是三个“条件，如果三者不同时具备且相互合作”，国家永远无法从贫困走向富裕。其中，“对财富的生产来说，财产安全是首要的和最不可或缺的前提条件”。与其苏格兰先驱一样，他坚信财产安全是“几乎所有其他社会制度存在的基础”，但是，他回避了对财产起源的推测。

---

① 例如，马尔萨斯（1820，第 346 页、第 251 页）提到，“如果人们无法确保自己能够公平而体面地自由处置其辛勤劳作的成果，他们就无法养成为未来制订计划的习惯；只有已知的公正法典得到公平实施，人们生产或获取的财产对他们来讲才是安全的。”但这是一个政治问题：“不具备一定程度的财产安全，个人的产业就不会得到任何鼓励，这主要取决于政治宪章、卓越的法律及其实施的方式。”其他较不著名的作者也曾提请关注这种保障对确保实现劳动分工的重要性，比如 Richard Whately（1831，第 144 页）。

② “解释生活水平和人口相对增加的原因，更多是政治学者而不是政治经济学家的任务。就目前而言，我们只需说财产安全、国内和对外自由交换，以及地位和权力的平等是促进生活水平提高的主要原因，而提高民众的品性将使其人口增长保持较慢的速度。”（Senior，1985，第 49 页）

在该书的第四版也是最后一版中，麦克库洛赫（1849，第84页）扩展了对以下内容的讨论，即“制定若干一般性的规章保障每个人能够和平地享用自己种植的农产品以及自己耕作和改良的土地，是有益的，或者更准确地说，是必要的”。他论证了如果政府不尊重产权，经济发展几乎是不可能的：

> 如果人们不幸地受制于不尊重、不维护产权的政府，那么即使他们拥有最肥沃的土地、最适宜的气候和最聪明的头脑，也无法摆脱粗鄙、贫困和悲惨的生活。这是最大的灾难。内战、瘟疫和饥荒的破坏尚有可能补救，而暴力肆虐、掠夺成性的现存制度造成的致命影响则令一国无可逃脱。

由于其广泛的学术兴趣，杰里米·边沁和约翰·穆勒考察了产权在诸多方面的作用。当然，边沁极为强调法律、立法和法律制度对政府和经济发挥的基础性作用。在《民法典原理》（*Principles of the Civil Code*）中，边沁（1961，[1843]）论证了法律的目标就是安全，这是“生命、生存、富足和快乐的基础，一切都要仰仗于它”。法律有助于实现安全以及由此带来的所有益处；“没有法律就没有安全，因此也就无法实现富足，甚至可能无法生存”。

边沁（1961，[1843]，第308页）认为，法律是必需品，因为“财产完全是由法律创造出来的”。通过保护财产，法律确保安全，调整付出与回报，并为工作和投资提供激励：

> 法律不会对一个人说，“努力吧，我会给你回报”，但是它会对他说，“努力吧，我将确保让你得到你的劳动果实，这是自然而充分的回报，如果有人伸手想要夺走它，我必会拦下；没有我，你就无法保留它”。如果勤劳可以创造，那么是法律让其留住果实；如果一开始时，我们要将所有成果归之于劳动，那么接下来及以后的每个时刻，我们要将其归之于法律。

确保今天的投资在明天会得到保护，不被剥夺，这让每个人对其财产的未来状况都能有所预期。“如果对享用我的劳动果实不抱希望，那么我只会想着过一天算一天，我将不会从事劳作，因为这只会让我的敌人受益”（第310页）。

边沁还相信，一个压迫性的政府必将是这方面的重大障碍。他论证说，一场偶然的灾难可以摧毁一个人的财产或生产性资本，但是这只会产生暂时的不利影响，因为这不会摧毁产业精神。相比之下，“某种内部因素发挥作用，比如暴虐的政府，绝对是冻结产业发展的必要条件”，这会造成持久的伤害。然而，与斯密不同，边沁反对设立一个无法被立法机构或公共机构问责的独立司法体系。他对法官和陪审团制度也持怀疑态度。相反，边沁相信由民众问责的立法机构能够确保财产安全。

约翰·穆勒同样认为司法管理是文明的基石。① 在《政治经济学原理》中，穆勒描述了国家之间存在生产率差异的主要原因（包括土地肥力等自然优势和劳动力的技能与知识）和次要原因。在次要原因中，穆勒将免于劫掠的“安全”排在首位。为了使回报与努力相匹配，这样的安全是必需的。正如穆勒（1909［1840］，第115页）所言：“产业的效率有望与运作该产业的人确保能获得的成果成正比；所有的社会制度能否有助于促进人们将劳力投入有用的用途，取决于这些制度是否能够使每个人的劳动报酬尽可能地与其产生的益处成正比。”② 如果无法提供这种保障，那就意味着播种之人能否收获其果实，生产之人能否消费其产品，今日节俭之人明天能否享用其收益，都是不确定的；意味着劳动和节俭并非获取之道，而是需要求诸暴力。如果人身和财产都处于某种程度的不安全状态，弱者的所有财产只能任由强者摆布（Mill，1909［1848］，第881页）。

穆勒相信提供安全保障是政府最重要的职能，而且“如果司法管理不完善，人身和财产就不能被视为是安全的”。然而，与斯密一样，他不认为司法管理必须绝对完美无缺。穆勒（1909［1848］，第881页）认为，“在人身与财产安全极大的必要性和理所当然的重要性之外，我们绝不能忘记，即使就经济目的而言，还有另外一些事物同样是不可或缺的，这些事物的出现经常可以在相当程度上弥补政府保护制度的不完善”。

穆勒还指出，政府自身通常就是问题所在，这不仅因为它未能充分地保障

① “在野蛮社会中，法律或司法管理为数甚少或完全缺失；没有系统地运用社会的集体力量保护个人免受他人的伤害……如果一个民族保护其成员人身和财产安全的社会制度相当完善，足以维护他们之间的和平，我们可以相应地称之为文明的民族。”（Mill，1963，28：120）

② 在《代议制政府》（*Considerations upon Representative Government*）中，穆勒论证道：“更安全的产权保护是生产更多产品的主要条件和原因之一，这是进步更为人熟悉和最通俗的方面。”（第386页）穆勒还相信：“人身和财产安全不仅是富人更是穷人最重要的社会利益所在，这是显而易见的常识。”（CW－JSM，18：80）

安全，还因为政府也是造成不安全的根源之一。穆勒区分了两种安全保护：政府保护人们免受他人的侵害，使人们免受政府本身的侵害，并且判定后者更为重要。“如果一个人拥有任何值得被掠夺的东西且为人所知，而他预期只能眼睁睁地任由这件东西被贪婪成性的政府的代理人以各种残忍的暴力手段夺走，那么人们就不可能致力于生产太多生活必需品以外的东西”（Mill，1909［1848］，第113页）。与麦克库洛赫和边沁一样，穆勒（1909［1848］，第113—114页）相信政府掠夺造成的危害要比私人掠夺严重得多：“唯一能够使生产者生机勃勃的能量完全陷入沉寂的，就是由政府或被授予权威之人引发的不安全”。在这种情况下，对抗所有其他掠夺者只能寄望于自我防卫。

正如穆勒（1909［1848］，第882—883页）解释的：

> 只有当人类通常拥有的能量，无论从质的方面还是量的方面，都无法提供勉强可用的防卫手段，安全的缺失才会导致全面停顿。这就是为什么来自政府的压迫给国家走向繁荣造成的毒害要远胜过没有制度约束导致的任何程度的无法无天和动荡不安，因为个人无论如何努力，一般而言都无法与政府的力量相抗衡。国家获得了一些财富，在社会联合方面取得了一些进步，不至于沦为无政府状态，但是，在民众时刻面临政府官员毫无限制地任意勒索的那些国家，没有一个能够长久实现产业发展和财富积累。几届这样的政府就能让产业和财富灰飞烟灭。

他总结道：“困难和艰辛通常只是对努力奋斗的激励，对之产生致命影响的是，人们相信付出辛劳也未必有收获。”这就是政府作为财产掠夺者导致的问题。

与边沁不同，穆勒并不太强调法律对保护财产安全的作用。穆勒（1909［1848］，第115页）认为，“在现代国家，人身和财产安全很大程度上受态度与观念的影响而非法律”。例如，“在英格兰，财产安全大体上归因于观念（除了公开的暴力）以及担心被曝光，这比法律和法庭的直接作用要重要得多”。穆勒特别指出了法律的两个问题：一是司法制度成本高，费时长，“甚至可能宁愿使其本应纠正的罪恶处在任何尚可忍受的数量”；二是法律本身可能会保护“懒惰之人和挥霍之人免于承担其应承担的后果”，因而是有缺陷的，或如保护奴隶制那样的不平等制度，因而是不公正的。

穆勒没有详细讨论这些问题。安全、财产、法律和习俗的经济影响都很重要，但是穆勒（1909［1848］，第888页）写道，“这些问题引发的思考远远超过政治经济学的范围和深度，我只是略微提及，以免完全忽略这些比我所研究的要更为重要的问题”。

不幸的是，穆勒是提出这些问题的最后一位声望显赫的政治经济学家。到19世纪末，随着斯坦利·杰文斯（W. Stanley Jevons）和菲利普·威克斯蒂德（Philip Wicksteed）兴起的边际革命以及新古典经济学和阿尔弗雷德·马歇尔的出现，对财产安全和国民财富的兴趣逐渐消失了。

6. 有关斯密之诠释的经验证据

尽管亚当·斯密和约翰·穆勒指出了产权保护对经济增长和发展的重要性，但是后来的绝大多数经济学家选择专注于其他问题。直至道格拉斯·诺思和其他人开始就制度及其形成的激励对促进经济增长的重要性著书立说，经济学界才重新关注这些问题。① 自此以后，出现了无数的经验和历史研究，考察产权在决定经济结果包括国民财富中的作用。② 斯密的分析提出了两个问题，一个是经济的，一个是政治的：在其他条件相同时，一个财产更有保障的国家是否人均收入也更高？对于确保更安全的产权，独立的司法体系是不是一项必要的政治制度？

在产权保护（就其能够测度的程度而言）与一国的人均收入之间建立统计意义上的因果关系，并非易事。早期的研究表明，一国拥有开放的政治制度，尊重私人产权、享有法治，允许市场配置资源，就会比其他国家拥有更高的生产率和更快的增长。然而，由于将这些因素视为外生，这一方法无法确定

① 例如，参见North and Thomas（1973）、North（1991）。Weingast（1993，1997）也专注于确保政府不会掠夺财产或侵犯产权必需的政治结构这类重要问题。North and Weingast（1989）提出的观点似乎与亚当·斯密的观点一致：1688年光荣革命使英国拥有了有利于经济活动的更好的政治制度，标志着英国经济发展的分水岭。斯密提到，这次革命使得对个人的法律保护“完美无缺”，使人们得以享有自己的劳动果实。“大不列颠法律保障每个人都可以享有自己的劳动果实，这种保障足以使任何国家繁荣昌盛，即使存在这样那样的荒唐商业管制。这次革命完善了这种保障。”（《国富论》，IV. v. b. 43）

② 有关产权在经济发展中的作用的经济学和政治学研究，Besley and Ghatak（2010）以及Haggard、MacIntyre and Tiede（2008）各自进行了综述，还可参见Acemolgu、Johnson and Robinson（2005）以及Auerbach and Azariadis（2015）、Besley and Persson（2009）。

是好的制度产生了更高的收入，还是更高的收入导致了好的制度。① 接下来的研究寻找各国之间独立于收入的随机外生制度变量，并普遍发现保护产权的制度与更高的收入之间存在正相关关系。②

更新的研究试图确定哪种制度对一国收入最重要。例如，阿西莫格鲁和约翰逊（Acemolgu and Johnson，2005）考虑了产权的两个方面：保护财产免于征收和合同保障。他们发现，更有力地约束政治人物和更有力地保护财产免被征收的国家，其收入和投资率明显更高，使用的信贷也更多。然而，在控制了这些与产权相关的制度后，与合同相关的制度对经济几乎没有影响。他们得出结论，如果与合同相关的制度较为薄弱，但是不会面临严重的财产被剥夺的风险，一个经济体仍能运转得相当良好。

与之相关的一些文献更具体地关注不同的法律制度（普通法系与大陆法系）对金融发展的影响，发现实行普通法系的国家表现更佳。③ 接下来的问题就是，普通法系国家对产权更好的保护从何而来？施莱弗等人（La Porta、López-Silanes and Shleifer，2004）认为，司法独立一定程度上可以解释普通法对经济自由产生的有益作用，尽管并不能完全解释这一点。福格特和古特曼（Voigt and Gutmann，2013）也发现，为了建立起政治体系尊重产权的可信承诺，司法独立是必要条件。

还有一些研究强烈支持斯密的观点，即产权保护为个人投资提供激励。④ 其他的研究聚焦于边沁和穆勒有关正式法律和非正式规则对产权保护的不同影

① 参见 Scully（1988）。相似地，Delong and Shleifer（1993）表明，以城市的增长衡量，相比其他政体，中世纪的专制政府增长更慢。

② Acemolgu、Johnson and Robinson（2001）论证了殖民者的死亡率可以用来识别制度质量与收入水平的因果关系。他们发现，制度质量对一国收入有持久的积极影响。相似地，在同样考虑了制度的内生性（使用殖民者的死亡率和说英语的人口比例作为工具变量）后，Rodrik、Subramanian and Trebbi（2004）考察了制度、地理和开放是不是一国收入最重要的决定因素。他们发现，对收入的决定而言，衡量产权和法治的指标始终比地理和经济融合更重要，并由此得出结论，对决定经济绩效的制度环境而言，对投资者的产权保护即便不是唯一重要的因素，也是重要因素之一。

③ La Porta、López-Silanes and Shleifer（2008）论证了与大陆法系国家相比，普通法系国家为产权提供更安全的法律保护，防止财产和金融权利被剥夺，另可参见 Glaeser and Sheifer（2002）。Mahoney（2001）也发现，普通法系国家经历了比大陆法系国家更快的经济增长，他认为这是由于前者对财产权和合同权有更好的保护。

④ 有关土地所有权的例子，参见 Galiani and Schargrodsky（2011）的综述。更广泛的例证，参见 Besley and Mueller（2018）以及 Besley、Fetzer and Mueller（2015）的研究。

响。相关研究普遍证实，非正式规范比正式规则对产权保护更重要，这暗示穆勒有关非国家的治理制度发挥关键作用的观点是正确的（Dixit，2009；Williamson，2009；Williamson and Kerekes，2011；Bubb，2013）。

与此同时，温加斯特等人（Hadfield and Weingast，2014）指出，准确地界定“产权”和“法治”非常困难，哈戈德等人（Haggard、MacIntyre and Tiede，2008）则论证了很多这些概念的经验指标可能会产生不同的实证结果。汉姆克等人（Helmke and Rosenbluth，2009）注意到司法独立并不等同于法治。斯塔顿等人（Rios-Figueroa and Staton，2014）进而发现了从实际意义上（*de facto*）和字面意义上（*de jure*）度量司法独立会有重大区别。

尽管确定这些术语的确切含义存在困难，近来的研究还是对斯密将近250年前提出的这些思想提供了广泛的支持，即保障产权安全的“制度”，包括司法管理和司法独立，对经济发展至关重要。虽然对这些因素的重要性后知后觉，世界银行2017年《世界发展报告》还是专注于治理和法律。正如斯密那样，世界银行（2017，第5页）坚持认为，经济“增长需要一个能让企业和个人对于将其资源投入生产性活动感到安全的环境”。

7. 结论

斯密在其著作中强调了产权保护的重要性，这既是出于公正的原因，也是因为对经济发展的影响。斯密不相信政府一定会积极地促进经济进步。相反，他倡导“建立一个对产业来说能够承受的政府，产业所需的唯一激励，不过就是能使其享有劳动果实的某种尚可容忍的保障”（《国富论》，I. xi. n. 1）。斯密在其专著中通篇探讨了这一主题，但并未单辟章节论述，可能正是由于这一原因，在他接下来有关经济发展理论的阐释中相对忽略了这些思想。

尽管苏格兰启蒙运动的参与者都认同产权保护的重要性，然而，在一个已将这种安全视为理所当然的体系中，当古典经济学家将研究重点转向收入分配（地租、工资和利润）的决定时，这一传统被遗忘了。仅在过去十年左右，研究者最终又将注意力重新转向经济活动的制度框架，如产权、司法体系、非法律规范等。由此，他们发现了大量证据，证实了斯密很早以前就提出的很多命题。

（南开大学经济研究所　郭金兴　译）

参考文献

Acemoglu, D., & Johnson, S. (2005). Unbundling Institutions. *Journal of Political Economy*, 113, 949-995.

Acemoglu, D., & Robinson, J. A. (2012). *Why Nations Fail: The Origins of Power, Prosperity, and Poverty*. New York, NY: Crown.

Acemoglu, D., Johnson, S., & Robinson, J. A. (2001). The Colonial Origins of Comparative Development: An Empirical Investigation. *American Economic Review*, 91, 1369-1401.

Acemoglu, D., Johnson, S., & Robinson, J. A. (2005). Institutions as the Fundamental Cause of Long-run Growth. In P.

Aghion & S. Durlauf (eds.), *Handbook of Economic Growth* (pp. 385-472). Amsterdam, North Holland: Elsevier.

Auerbach, J. U., & Azariadis, C. (2015). Property Rights, Governance, and Economic Development. *Review of Development Economics*, 19, 210-220.

Bentham, J. (1961) [1843]. Principles of the Civil Code. In J. Bowring (ed.), *The Works of Jeremy Bentham* (Vol. 1). New York, NY: Russell and Russell.

Besley, T., & Ghatak, M. (2010). Property Rights and Economic Development. In D. Rodrik & M. Rosenzweig (eds.), *Handbook of Development Economics* (Vol. 5; pp. 4525-4595). Amsterdam, North Holland: Elsevier.

Besley, T., & Mueller, H. (2018). Predation, Protection, and Productivity: A Firm-level Perspective. *American Economic Journal: Macroeconomics*, 10, 184-221.

Besley, T., & Persson, T. (2009). The Origins of State Capacity: Property Rights, Taxation, and Policy. *American Economic Review*, 99, 1218-1244.

Besley, T., Fetzer, T., & Mueller, H. (2015). The Welfare Costs of Lawlessness: Evidence from Somali Piracy. *Journal of the European Economic Association*, 13, 203-239.

Billet, L. (1975). Political Order and Economic Development: Reflections on Adam Smith's Wealth of Nations. *Political Studies*, 23, 430-441.

Boucoyannis, D. (2013). The Equalizing Hand: Why Adam Smith Thought the Market Should Produce Wealth without Steep Inequality. *Perspectives on Politics*, 11, 1051-1070.

Bowles, P. (1985). The Origin of Property and the Development of Scottish Historical Science. *Journal of the History of Ideas*, 46, 197-209.

Bubb, R. (2013). The Evolution of Property Rights: State Law or Informal Norms? *Journal of Law and Economics*, 56, 555-594.

De Long, J. B., & Shleifer, A. (1993). Princes and Merchants: City Growth before the Industrial Revolution. *Journal of Law and Economics*, 36, 671-702.

Dixit, A. (2009). Governance Institutions and Economic Activity. *American Economic Review*, 99, 3-24.

Galiani, S., & Schargrodsky, E. (2011). Land Property Rights and Resource Allocation. *Journal of Law and Economics*, 54, S329-S345.

Glaeser, E., & Shleifer, A. (2002). Legal Origins. *Quarterly Journal of Economics*, 117, 1193 – 1230.

Hadfield, G. K., & Weingast, B. R. (2014). Microfoundations of the Rule of Law. *Annual Review of Political Science*, 17, 21 – 42.

Haggard, S., MacIntyre, A., & Tiede, L. (2008). The Rule of Law and Economic Development. *Annual Review of Political Science*, 11, 205 – 234.

Helmke, G., & Rosenbluth, F. (2009). Regimes and the Rule of Law: Judicial Independence in Comparative Perspective. *Annual Review of Political Science*, 12, 345 – 66.

Hollander, S. (2013). Adam Smith: Market Failure Pioneer and Champion of 'Natural Liberty'. In *Essays on Classical and Marxian Political Economy* (pp. 3 – 41). New York, NY: Routledge.

Hutcheson, F. (2004). *An Inquiry into the Original of Our Ideas of Beauty and Virtue in Two Treatises*, W. Leidhold (Ed.). Indianapolis, IN: Liberty Fund.

La Porta, R., López-de-Silanes, F., & Shleifer, A. (2008). Economic Consequences of Legal Origins. *Journal of Economic Literature*, 46, 285 – 332.

La Porta, R., López-de-Silanes, F., Pop-Eleches, C., & Shleifer, A. (2004). Judicial Checks and Balances. *Journal of Political Economy*, 112, 445 – 70.

Lieberman, D. (2006). Adam Smith on Justice, Rights, Law. In K. Haakonssen (ed.), *The Cambridge Companion to Adam Smith* (pp. 214 – 245). New York, NY: Cambridge University Press.

Mahoney, P. G. (2001). The Common Law and Economic Growth: Hayek Might be Right. *Journal of Legal Studies*, 30, 503 – 525.

Malthus, T. (1820). *Principles of Political Economy.* London, UK: J. Murray.

McCulloch, J. R. (1825). *Principles of Political Economy.* Edinburgh, Scotland: Tait.

McCulloch, J. R. (1849). *Principles of Political Economy*, 4th edn. London, UK: Longman, Brown, Green, and Longmans.

Mill, J. S. (1909) [1848]. *The Principles of Political Economy.* London, UK: Longman, Green & Co.

Murrell, P. (2017). Design and Evolution of Institutional Development: The Insignificance of the English Bill of Rights. *Journal of Comparative Economics*, 45, 36 – 55.

North, D. C. (1991). Institutions. *Journal of Economic Perspectives*, 5, 97 – 112.

North, D. C., & Thomas, R. P. (1973). *The Rise of the Western World: A New Economic History.* New York, NY: Cambridge University Press.

North, D. C., & Weingast, B. R. (1989). Constitutions and Commitment: The Evolution of Institutions Governing Public Choice in Seventeenth Century Britain. *Journal of Economic History*, 49, 802 – 832.

Pascal, R. (1938). Property and Society: The Scottish Historical School of the Eighteenth Century. *Modern Quarterly*, 2, 167 – 179.

Rasmussen, D. C. (2016). Adam Smith on What is Wrong with Economic Inequality. *American Political Science Review*, 110, 342 – 352.

Rios-Figueroa, J., & Staton, J. K. (2014). An Evaluation of Cross-national Measures of Judicial Independence. *Journal of Legal and Economic Organization*, 30, 104 – 137.

Robertson, J.(1983). Scottish Political Economy beyond the Civic Tradition: Government and Economic Development in the Wealth of Nations. *History of Political Thought*, 4, 451 – 482.

Rodrik, D., Subramanian, A., & Trebbi, F.(2004). Institutions Rule: The Primacy of Institutions over Geography and Integration in Economic Development. *Journal of Economic Growth*, 9, 131 – 165.

Rosenberg, N.(1960). Some Institutional Aspects of the Wealth of Nations. *Journal of Political Economy*, 68, 557 – 570.

Salter, J.(1994). Adam Smith on Justice and Distribution in Commercial Societies. *Scottish Journal of Political Economy*, 41, 299 – 313.

Scully, G. W.(1988). The Institutional Framework and Economic Development. *Journal of Political Economy*, 96, 652 – 662.

Senior, N.(1850). *Political Economy*. London, UK: J. J. Griffin.

Smith, A.(1976) [1759]. *The Theory of Moral Sentiments*. New York, NY: Oxford University Press.

Smith, A.(1976) [1776]. *An Inquiry in the Nature and Causes of the Wealth of Nations*. New York, NY: Oxford University Press.

Smith, A.(1978). *Lectures on Jurisprudence*. New York, NY: Oxford University Press.

Smith, A.(1980). *Essays on Philosophical Subjects*. New York, NY: Oxford University Press.

Smith, A.(1983). *Lectures on Rhetoric and Bellesletters*. New York, NY: Oxford University Press.

Stein, P.(1970). Law and Society in Eighteenth Century Scottish Thought. In N. T. Phillipson & R. Mitchison (eds.), *Scotland in the Age of Improvement* (pp. 148 – 168). Edinburgh, UK: University of Edinburgh Press.

Voigt, S., & Gutmann, J.(2013). Turning Cheap Talk into Economic Growth: On the relationship between Property Rights and Judicial Independence. *Journal of Comparative Economics*, 41, 66 – 73.

Weingast, B. R.(1993). Constitutions as Governance Structures: The Political Foundations of Secure Markets. *Journal of Institutional and Theoretical Economics*, 149, 286 – 311.

Weingast, B. R.(1997). The Political Foundations of Democracy and the Rule of Law. *American Political Science Review*, 91, 245 – 263.

Whately, R.(1831). *Introductory Lectures on Political Economy*. London, UK: Fellowes.

Williamson, C. R.(2009). Informal Institutions Rule: Institutional Arrangements and Economic Performance. *Public Choice*, 139, 371 – 387.

Williamson, C. R. & Kerekes, C. B.(2011). Securing Private Property: Formal versus Informal Institutions. *Journal of Lawand Economics*, 54, 537 – 72.

World Bank.(2017). *World Development Report* 2017: *Governance and the Law*. Washington, DC: The World Bank.

前沿

Guide

Comparative

数字经济学

阿维·戈德法布　凯瑟琳·塔克

1. 什么是数字经济？

数字技术是一种用“比特”表示信息的技术。它降低了数据存储、计算和传输的成本。对数字经济学的研究考察数字技术是否以及如何改变经济活动。

理解数字技术的影响并不需要全新的经济理论。然而，它需要一个不同的重点。学习数字经济学开始于以下问题：数字经济有什么不同；当信息是由“比特”而不是原子表示时，什么更容易做。数字技术往往意味着成本可能会限制经济活动。因此，数字经济学探索的是当某些成本大幅下降甚至接近于零时，标准经济模型是如何变化的。我们强调，成本的变化可以分为五种类型：

（1）更低的搜寻成本；

（2）更低的复制成本；

（3）更低的运输成本；

（4）更低的追踪成本；

---

* Avi Goldfarb，多伦多大学和 NBER 研究员；Catherine Tucker，MIT 斯隆管理学院和 NBER 研究员。作者感谢 Andrey Fradkin 和 Kristina McElheran 的有益评论。感谢斯隆基金会对 NBER “数字化倡议”（Digitization Initiative）的支持，本文即为基于该倡议的研究。原文“Digital Economics”发表于 *Journal of Economic Literature* 2019，57（1），第 3—43 页。

（5）更低的验证成本。

第一，在数字化环境中，搜寻成本更低，从而扩大了搜寻的潜在范围和质量。第二，数字产品可以零成本复制，因此它们通常是非竞争性的。第三，随着数字产品和信息的运输成本接近于零，地理距离的作用发生了变化。第四，数字技术使追踪任何一个人的行为变得容易。最后，数字验证可以更容易地验证处于数字经济中的任何个人、公司或组织的声誉和可信度。每一种成本的变化都可利用已有的不同经济学模型加以分析，主要有搜寻、非竞争性产品、运输成本、价格歧视和声誉模型。

早期的研究检验了数字经济降低成本的简单模型。举例来说，20 世纪 90 年代末和21 世纪初的相关文献直接建立在戴蒙德（Diamond，1971）和范里安（Varian，1980）提出的早期模型之上。正如下文详述的那样，近期的实证工作发现了一些与简单模型不一致的地方，因此，为了更好地把数字化环境中的微妙之处纳入分析，与数字经济降低成本有关的更丰富的模型和实证研究也在不断发展。

其他作者也强调了数字经济对降低成本的作用（例如，Shapiro and Varian，1998；Borenstein and Saloner，2001；Smith、Bailey and Brynjolfsson，2001）。埃里森等人（Ellison and Ellison，2005）讨论了较低的搜寻和运输成本如何影响与产业组织相关的边际报酬递增、距离和双边市场等因素。从他们的文章开始，数字经济学的文献逐渐对犯罪经济学、公共品经济学、组织经济学、金融、城市经济学、劳动经济学、发展经济学、卫生经济学、政治经济学、媒体经济学、公共财政和国际经济学等领域产生贡献。从这个意义上说，我们把数字经济学看作一种涉及许多经济学领域的思维方式。

除了应用于许多领域之外，这些成本的变化也改变了经济的许多方面。在概述了数字技术和互联网的简短历史之后，我们讨论了与数字化相关的每一种成本的变化。在每一节中，我们强调驱动该领域的关键研究问题以及它们是如何演变的，并在适用的情况下将它们与政策联系起来。

我们首先讨论更低的搜寻成本的影响，搜寻成本被定义为寻找信息的成本。更低的搜寻成本影响价格和价格的离散程度，它们会影响产品的种类和媒体的可用性（media availability）。它们还会改变从劳动力到婚介等各类市场的匹配情况。它们使得基于平台的业务快速增长，并影响了一些公司的组织特征。

接下来我们讨论零复制成本的影响，这也会影响包括提供免费产品在内的企业定价决策。这使得维基百科等公共品的供给得以增加，同时也引发了许多关于提供此公共品的动机问题。零复制成本还带来了排他性方面的挑战。版权的排他性可以诉诸法律来执行，从而克服技术的非竞争性问题。因此，对许多业务以及与数字化相关的核心政策挑战来说，版权正变得越来越重要。

由于以“比特”形式存储的信息能以接近于零的成本传输，因此，无论物理运输成本还是政策是否发生变化，数字技术都改变了经济活动的地域限制。数字化还改变了政府控制信息流动的方式，从广告限制到媒体管制。

我们查阅最近的文献后发现，这些文献已经识别出了另外两种成本的变化：追踪成本和验证成本。追踪成本是将个人或公司与其相关信息联系起来的成本。由于较低的追踪成本，新型价格歧视、用新方法精准投放广告和其他信息便成为可能。与此同时，更好的追踪使隐私成为一个关键问题，引发了大量的研究和政策讨论。

我们通过详细说明验证成本的变化来结束数字经济与成本变化的讨论。在线声誉系统的兴起促进了信任，并创造了新的市场。但这种系统并不完美，它也可能成为一个充满欺诈或歧视的平台。

最后，我们将讨论数字化对国家、地区、企业和个人的影响。数字化已经影响了诸多方面，包括生产率、贸易、城市的经济角色、国内和国际外包、消费者剩余以及人们如何度过闲暇时间等。

2. 数字技术简史

现代计算机的历史并非始于互联网，而是始于1945年二战期间发展起来的技术商业化（Ceruzzi，2003）。这些最早的机器专注于快速计算，几乎没有存储和检索信息的能力。到20世纪50年代早期，磁芯存储器实现了高效的数字信息存储，以“比特”表示信息的第一个真正的非算术好处出现了，即复制信息的边际成本降低了。随着时间的推移，存储技术、软件和硬件不断改进，信息处理和复制变得普遍，软件和硬件产业迅猛发展（Ceruzzi，2003；Campbell-Kelly，2004）。

计算机之间有限的联系限制了它们对经济的影响。正是随着互联网的兴起以及计算机之间低成本、商业化的联通，以“比特”表示的信息才开始在多个市场上产生可衡量的影响。这种影响的扩大建立在20世纪六七十年代美国军方资助开发的关键发明之上（Hafner and Lyon，1996；Greenstein，2015）。例如，美国国防部高等研究计划局（DARPA）资助了分组交换（packet switching）的发明，这种技术将一条长信息分解成可以通过网络发送的短信息，然后在接收后重新组合。美国国防部高等研究计划局资助的研究者还开发了定义互联网通信的特殊分组交换标准：传输控制协议/互联网协议（TCP/ IP）。美国国家科学基金会（NSF）在 20 世纪 80 年代开始使用该协议管理一个网络，建立了可靠的基础设施，该基础设施相对容易采用，但也仅限于研究人员。

1990—1995 年的私有化，导致了现代商业互联网的出现。商业互联网迅速扩散，大学在扩散过程中扮演了关键角色（Goldfarb，2006）。到 2000 年，它在美国几乎普及并被广泛采用（Greenstein，2000）。① 随着时间的推移，新的技术已经建立在基于 TCP/ IP 的互联网基础之上，包括浏览器、搜索引擎、在线购物、社交网络、移动通信协议、安全标准、客户关系管理系统以及许多其他技术。这些技术和其他相关技术使数据的收集和使用得以增加。

在这一过程中，一个悬而未决的问题是，从互联网去中心化的历史背景看，商业互联网活动的各个方面应该由谁来控制。标准通常由来自行业和学术界的代表组成的委员会商定。这些标准会影响哪些技术被广泛采用（Rysman and Simcoe，2008）。因此，标准的制定会产生赢家和输家。西姆科（Simcoe，2012）研究了一个标准制定组织，即互联网工程任务组（Internet Engineering Task Force）在标准开发中的激励机制，证明了由于商业利益之间的竞争，互联网的商业化延缓了标准的发展。考虑到硬件和软件标准的重要性，对它们的控制一直存在争议。

与这个控制问题相呼应的是，互联网经济学的早期文献集中于研究信息发送的定价，以及信息如何随互联、竞争和内容性质而变化（MacKie-Mason and Varian，1994）。换言之，这里有一个关于互联网服务提供商在控制互联网接入方面扮演什么角色的问题。拉丰等人（Laffont et al.，2003）强调了互联的需要如何影响价格和福利。此类文献强调网络效应和互联的挑战（Cremer、Rey and Tirole，2000；Besen et al.，2001；Laffont et al.，2001；Caillaud and

---

① 第 8 节讨论了互联网对地区、企业和个人的影响，对于研究这些影响的实证研究论文中的识别来说，商业互联网的快速扩散颇为有用。

Jullien，2003）。

随着数据传输成为数字技术的一个重要方面，网络中性问题（net neutrality）已成为学术研究和政策的重点。网络中性意味着互联网服务提供商应该以同样的方式处理所有数据；不管内容提供者还是内容如何，企业都无法向互联网服务提供商付费以获得更快的速度。关于网络中性的辩论提出了互联网服务提供商是否应该控制内容的问题。换言之，网络中性指的是网飞（Netflix）向其客户发送1千兆字节的数据支付的费用与小型初创公司向同一客户发送数据支付的费用相同。互联网服务历来有网络中性的规范，尽管近年来这一规范受到了美国和全球互联网服务提供商与政策制定者的挑战。网络中性文献强调了连接中介（connection intermediary）的作用（Economides and Hermalin，2012；Bourreau、Kourandi and Valletti，2015；Choi、Jeon and Kim，2015；Goetz，2017）。正如相关学者（Lee and Wu，2009；Greenstein、Peitz and Valletti，2016）证明的，模型的细节问题以及网络中性的成本和收益取决于特定的环境。

因此，数字技术史的一个关键主题是开放和控制之间的矛盾。正如下文要讨论的，在有关版权、隐私和歧视等问题的许多数字政策文献中，开放和控制之间的矛盾是核心问题。

3. 降低搜寻成本

搜寻成本是寻找信息的成本。因此，每一个信息收集活动都涉及搜寻成本。关于数字经济活动的基本观点是，在线上查找并比较潜在的经济交易信息比在线下更容易。

在商业互联网出现之初，经济学研究人员曾大量讨论过搜寻成本的大幅下降如何降低价格、价格离散度（price dispersion）、失业、空置率和库存，从而改变经济。格林斯潘认为，信息和通信技术（ICT）革命将缓解经济周期带来的影响。① 低搜寻成本的后果在金融市场（Barber and Odean，2001）、劳动力市场（Autor，2001）和零售市场（Borenstein and Saloner，2001；Bakos，2001）中得到广泛讨论。这些论文中的想法来源于早期文献，它们将搜

① 格林斯潘在1997年2月26日的国会证词说“信息技术无疑增强了商业活动（business operations）的稳定性”。https：//www. federalreserve. gov/board-docs/hh/1997/feburary/testimony. htm。

寻成本建模为收集信息的成本（Stigler，1961；Diamond，1971；Varian，1980）。关于数字化下低搜寻成本影响的文献反映了研究者对搜寻成本的早期关注以及坚实的经济学理解，这比数字经济学文献的其他部分更加成熟。

3.1 在线价格和价格离散度是否更低?

较低的搜寻成本使消费者更容易比较价格，给相似产品的价格带来下行压力。这应该会降低价格和价格离散度。布莱恩约弗森和史密斯（Brynjolfsson and Smith，2000）比较了四家只在互联网上销售的零售商、四家线下销售的零售商以及四家同时拥有线上和线下销售的“混合”零售商的图书和CD的价格。他们找出了20本书和20张CD，其中一半是畅销品，另一半则是从线下实体店销售的且有足够流行度的图书和CD中随机挑选出来的。结果显示，这些商品的线上价格远远低于线下价格。相对较低的线上价格也出现在其他各种环境中，包括保险（Brown and Goolsbee，2002）、汽车产品（Scott Morton、Zettelmeyer and Silva-Risso，2001）和航空行业（Orlov，2011）。

然而，尽管价格可能会下降，但价格离散度仍然很高。布莱恩约弗森和史密斯（2000）在有关线上线下零售的研究中表明了这一点。贝伊、摩根和施尔腾（Baye、Morgan and Scholten，2004）使用来自数千种产品和价格的证据，以证明持续存在显而易见的线上价格离散。奥洛夫（Orlov，2011）发现，互联网增加了航空公司内部的价格离散度，但对公司之间的价格离散度没有影响。相比之下，衡量手机对商品价格影响的发展经济学文献表明，较低的搜寻成本降低了价格离散度（Jensen，2007；Aker，2010；Parker、Ramdas and Savva，2016）。

在给出了线上价格离散持续存在的证据后，研究转向探索为什么价格离散不会消失。当然，对线上产品的比较并不总是就产品本身而言。在比较图书的价格时，图书可能是相同的，但是零售商是不同的。不同的零售商提供不同的质量、购物体验以及运输政策，质量越高的公司可能会发展出更强大的品牌，因此会要求更高的价格（Waldfogel and Chen，2006）。

销售产品的公司也可以影响搜寻过程。当消费者搜寻时，他们会评估多个维度的信息：价格、质量、声誉、运费、交货时间、颜色等。林奇和艾瑞里（Lynch and Ariely，2000）展示了在线葡萄酒购买的实验。如果价格出现在第一页，消费者就会关注价格。如果消费者需要进一步点击以了解价格，那么其他属性对购买决策就变得更加重要。弗拉德金（Fradkin，2017）表明，在短期住宿平台爱彼迎（Airbnb）的案例中，搜寻过程的细节很重要。有学者对消费者在搜寻过程中多点击一次的成本进行了结构性估算，结果表明，这些成本比预期的要大（Honka，2014；De Los Santos、Hortacsu and Wildenbeest，2012）。这意味着消费者停止搜寻的时间比假设搜寻成本接近于零的模型预测的要早。

在有搜寻成本和多维度信息的情况下，企业一定程度上可以选择搜寻成本最低的信息。埃里森等人（2009a）证明，计算机存储芯片零售商通过在线比价网站以低价吸引顾客，然后在顾客到达后向他们展示其他产品（通常是质量更高、利润率更高的产品）。迪纳斯坦等人（Dinerstein et al.，2018）利用易贝（eBay）的数据，着重说明易贝的搜寻算法设计如何影响其卖家的加价。侯赛因和摩根（Hossain and Morgan，2006）更是直接指出，网上卖家通常会把运费隐藏到最后一个购买页面。布莱克等人（Blake et al.，2018）的研究显示，在线售票平台披露的票价信息中也有类似的现象。

因此，尽管价格下降了，但价格离散依然存在。低价格离散度的初始预测忽略的一点是：搜寻成本是内生的，因此公司可以操纵搜寻过程以维持更高的利润和价格。

3.2 低搜寻成本如何影响多样性？

低搜寻成本可能意味着更容易找到稀有的小众产品（Yang，2013）。在这种情况下，数字搜寻可能会导致购买量相对较少的产品在销售量中的比例增加，这种现象被安德森（Anderson，2006）称为“长尾效应”。布莱恩约弗森等人（Brynjolfsson、Hu and Simester，2011）利用一家既有线上渠道又有线下渠道的零售商的数据，证明在线上可获得和购买的产品种类比线下要多。低搜寻成本可能有助于发现相对未知的产品（Zhang，2018）。①

低搜寻成本也可以产生超级明星效应（Rosen，1981）。如果存在纵向差异化的产品，且边际生产成本为零，那么同质的消费者会共同认可某一种产品是最好的，然后购买这种产品。与此相一致的是，戈德曼尼斯等人（Goldmanis

① 除了搜寻成本，产品种类可能会增加，因为数字技术可以使库存系统更有效，意味着企业可以保有数百万种产品，尤其是没有物理形态的数字产品。人们通过屏幕而非从人那里购物时，也许还更乐于购买非标准产品。

et al.，2010）表明，互联网最初导致了大型线下书店和旅行社数量的相对增加。

巴尔－艾萨克等人（Bar-Isaac、Caruana and Cunat，2012）解释了搜寻成本降低如何导致超级明星效应和长尾效应。如果产品在纵向和横向上都有差异，搜寻成本的降低可能会导致一种均衡，即最受欢迎和最高质量的产品以足够的数量被生产出来卖给每个人，而利基产品则通过长尾零售商销售。左右尾部产品的销售增加是以中部产品的销售减少为代价的。

搜寻成本对产品种类多样性的影响取决于公司内生地选择的搜寻过程。推荐引擎是在线搜寻过程的一个关键方面。弗雷德和霍桑纳格（Fleder and Hosanagar，2009）证明了这一点，表明强调"别人买我也买"的算法使销售分布向超级明星产品转移。如果有很多人购买《哈利·波特》，推荐引擎就会把它推荐给其他人。相比之下，如果算法强调"别人买我不买"，那么能够展示小众品味的相对不寻常的商品就会被出售。从实证角度看，凯瑟琳·塔克和张娟娟（Tucker and Zhang，2011）证明，产品受欢迎度信息对利基产品有相当大的影响。

总体上看，产品受欢迎度信息会影响销售。许多在线平台根据受欢迎度对产品进行分类，并在显要位置标示受欢迎度，从而降低这类信息的搜寻成本。产品受欢迎度信息不仅影响零售中的购买行为，也影响在线放贷（Zhang and Liu，2012）和在线投资（Agrawal、Catalini and Goldfarb，2015）。

这种多样性的变化对福利的影响并不明显，因此它一直是文献中广被讨论的主题。更低的搜寻成本导致人们购买更符合其偏好的产品，这应该会增加福利。相应地，布莱恩约弗森等人（2003）表明，产品种类的增加会增加消费者剩余。

但福利方面的改善可能不大。根据定义，产品与消费者偏好之间的匹配度提升是边际意义上的。企业提供的新产品是边际上生产的产品。对于那些因为不愿意支付搜寻成本而购买中部产品的消费者来说，超级明星效应可能微不足道。例如，伊尔肖夫（Ershov，2017）表明，手机应用市场中搜寻成本的下降降低了平均产品质量。然而，总的来说，这也表明，尽管新产品只是增量性质的，但品种的丰富仍然导致了整体福利的大幅提升。

阿吉亚尔和沃德佛格（Aguiar and Waldfogel，2016）认为，这种边际论（marginal arguments）忽略了许多信息产品的质量不确定性。在音乐方面，他们证实，一些事前看似无足轻重的歌曲和音乐家最终获得了可观的销量。因此，数字化市场使创作这样的音乐成为可能，进而导致产品相对销售量的重大变化。这一过程中的不确定性意味着更好和更多的音乐被创作出来。

大量文献特别关注了媒体消费多样性的提高。互联网还可能使人们只阅读反映其狭隘观点的信息；尽管媒体种类日益多样化，但人们没有了广泛搜寻的需要。卡斯·桑斯坦（Sunstein，2001）强调后一种观点是“回音室效应”。格林斯坦和朱峰（Greenstein and Zhu，2012）研究了维基百科的偏向性，他们发现，尽管随着时间的推移，维基百科总体上对民主党的政治偏向有所降低，但文章本身的偏向性并没有太大改变。相反，对民主党的政治偏向下降主要是因为出现了相对右翼的新文章。

与此相反，根茨科和夏皮罗（Gentzkow and Shapiro，2011）表明，网络媒体消费比线下媒体消费更加多样化。在这种情况下，低搜寻成本导致多样化的增加。博克塞尔、根茨科和夏皮罗（Boxell、Gentzkow and Shapiro，2017）认为，互联网不太可能对数字内容的日益两极化负责，因为在互联网使用率最低的人群中，这种两极化程度的提高是最大的。

媒体势力可能是多极化的，这也导致小众媒体有动机生产和传播误导性信息。奥尔科特和根茨科（Allcott and Gentzkow，2017）的研究表明，关于2016年总统选举的虚假新闻报道被分享了数千万次，但他们证明，这些假新闻不太可能改变选举结果。早在2016年大选的假新闻受到关注之前，安特魏勒和弗兰克（Antweiler and Frank，2004）就研究了具有潜在误导性的匿名在线投资建议如何影响股价。如果没有可靠的质量过滤器，低搜寻成本就意味着这些信息可以更容易地找到和共享。

低廉的在线搜寻成本也改变了学术研究被消费的方式。麦凯布和施奈德（McCabe and Snyder，2015）表明，JSTOR① 导致了被其收录的文章的引用量增加，而牺牲了其他文章的引用量。虽然搜寻成本下降了，但是某些文章的搜寻成本比其他文章下降得更多，从而改变了人们对特定文章和想法的关注度。更明显的是，埃里森（Ellison，2011）认为，由于在线搜寻成本较低，同行评议可能正在减少。他特别指出，知名研究人员不需要依靠学术期刊传播其观点，他

---

① JSTOR 全名为 Journal Storage，是一个对过期期刊做数字化存档处理的非营利性机构，成立于1995 年 8 月。——编者注

们可以发布在网上，而人们会找到他们的研究。换言之，类似于产品中的超级明星效应，低搜寻成本与成千上万的研究文章相结合使超级明星研究人员受益。

3.3 低搜寻成本如何影响匹配？

搜寻成本的降低使交易更加广泛，这通常是由大型数字平台实现的。达纳和奥尔洛夫（Dana and Orlov，2014）表明，航空公司可以更好地提高其上座率。埃里森等人（2014）指出，线上消费者能够更好地寻找他们想要的特定书籍。克罗夫特和波普（Kroft and Pope，2014）发现，通过 Craigslist 在线搜寻，出租公寓和房屋的空置率有所下降（尽管他们没有衡量对失业的影响）。有学者（Anenberg and Kung，2015）表明，在线搜寻推动了基于卡车的移动餐馆（“食品卡车”）市场的崛起。在某种程度上，强调匹配的文献不同于强调搜寻的文献，前者强调市场双方都参与搜寻过程。

与上述想法相关，低搜寻成本可能会提高诸如买家和卖家、公司和工人之间的匹配质量。劳动经济学文献强调，互联网可能会减少失业和职位空缺。库恩和斯库特鲁德（Kuhn and Skuterud，2004）发现，网络求职对就业没有影响。库恩和曼索尔（Kuhn and Mansour，2014）在几年后用更新的数据重新审视了这类分析，他们发现，在求职中使用互联网的人确实更有可能与雇主匹配。

搜寻成本的降低导致了致力于促进匹配的在线 P2P 平台的发展。这类网络匹配市场非常多样化，包括工人和企业、买家和卖家、投资者和企业家、空房和旅行者、慈善机构和捐助者、遛狗者和狗主人，等等。其中几个市场因为使人们能够更好地利用闲置的物品或技能而被称为“共享经济”。大多数“共享经济”平台并不是幼儿园小朋友学到的那种共享，而是通常需要付费的“共享”服务。霍顿和泽克豪泽（Horton and Zeckhauser，2016）强调，许多这样的市场是由未使用的耐用品产能驱动的。低搜寻成本使这些未使用的产能可以更有效地得到利用。

在对 P2P 市场相关文献的回顾中，埃纳夫等人（Einav et al.，2018）注意到，很多研究都采取了市场设计的视角。例如，卡伦和法罗纳托（Cullen and Farronato，2016）研究了一个在线市场，该市场为买卖双方匹配家务工作，如清洁、搬家和简单的家庭维修。他们着重指出了供需双方逐渐增多时面临的一些挑战，例如，买方和卖方的数量随时间变化、匹配的规模经济以及地理密度。一个关键的结果是，这个双边市场的需求波动导致了供应数量的变化，而不是价格的变化。同样，豪尔等人（Hall、Kendrick and Nosko，2016；Farronato and Fradkin，2018；Zervas、Proserpio and Byers，2017）也表明，在市场需求状况变化时的供给响应能力是 P2P 平台（特别是优步和爱彼迎）的一个关键方面。低搜寻成本提供市场需求信息，使供应商能够在需要时进入市场。

3.4 为什么基于数字平台的业务如此盛行?

平台是其他玩家之间进行交换的媒介。数字化已经导致了平台业务的普及，甚至超越了上文讨论的 P2P 平台。大多数大型科技公司都可被视为平台企业。例如，苹果为其他公司开发应用程序提供硬件和软件平台，谷歌为广告商和潜在买家提供聚合平台。

如朱利安（Jullien，2012）强调的，数字市场平台的兴起有两个主要原因。首先，平台促进了匹配。特别是，在共享经济平台中，它们提供了一种结构，可以利用低搜寻成本实现有效匹配。正如诺克、派茨和斯塔尔（Nocke、Peitz and Stahl，2007）以及朱利安（2012）强调的，平台通常充当买家和卖家之间的中介。有丰富的理论文献从匹配的核心作用这个角度，研究数字市场平台业务的竞争和定价策略，并强调了间接网络效应的重要性（例如 Baye and Morgan，2001；Caillaud and Jullien，2003；Weyl，2010；Hagiu and Jullien，2011；de Corniere，2016）。

第二，平台提高了交易的效率。它们通过降低搜寻成本以及下文将要讨论的复制成本和验证成本做到这一点。哈邱（Hagiu，2012）强调了软件平台如何使应用程序提供商能够快速地服务于大量客户，其唯一要求是应用程序服务于某些特定的客户需求，以零成本复制，并借助平台和其他应用程序服务于其他需求。因此，互操作性（Interoperability）是平台的一个关键方面。关于这个主题有大量文献，相关综述可参见法雷尔和西姆科（Farrell and Simcoe，2012）等。这些文献的一个关键贡献是强调了平台在互操作性和标准方面的决策具有策略性（Rysman and Simcoe，2008；Simcoe，2012）。一组相关的问题则考察市场参与者是否多归属，并使用多个平台（Rochet and Tirole，2003；Rysman，2007；Halaburda and Yehezkel，2013）。

3.5 低搜寻成本如何影响公司的组织?

勒金-赖利和施普尔伯（Lucking-Reiley and Spulber，2001）从在线中介

的作用和纵向整合的角度讨论了互联网对企业组织结构影响的几种假设。这类文献通常强调信息流，其中搜寻是信息流的一种关键类型。加里卡诺（Garicano，2000）表明，低成本的数字信息流可以使总部和组织领导人更好地了解远处正在发生的事情，从而提高集权度。另一方面，加里卡诺（2000）也表明，低成本的通信可以让一线员工获得以前只有总部高级员工才能获得的信息，从而提高分权度。各种论文都探讨了组织内部这种权衡的细微差别，强调了所研究的特定技术的重要性。

布鲁姆等人（Bloom et al.，2014）直接检验了这一理论，他们利用欧美制造企业的数据证明，信息技术是一种集权化的力量，而通信技术是一种分权化的力量。阿西莫格鲁等人（Acemoglu et al.，2007）还讨论了信息技术的分权作用。例如，福曼和范泽布洛克（Forman and van Zeebroeck，2012）表明，数字通信促进了组织内各机构之间的研究协作。贝克和哈伯德（Baker and Hubbard，2003）研究了车载计算机对卡车运输业资产所有权的影响。他们更多地强调追踪成本而不是搜寻成本，他们发现，车载计算机既改善了监控，促使卡车公司拥有更多卡车，又改善了实时位置信息的提供，促使卡车公司拥有更少卡车。因此，虽然采用数字技术可以提高效率，但对企业组织的均衡影响取决于技术的性质，以及技术的具体特征如何影响企业边界的缩张权衡。麦克赫尔兰（McElheran，2014）研究了企业内部对信息技术运用的集权或授权决策。其中，对一体化流程（数字或其他）需求更大的公司授权程度更低。福曼和麦克赫尔兰（Forman and McElheran，2013）表明，这一趋势因信息技术使企业间的协调变得容易而得到缓解，因此企业边界的瓦解可被视为授权的一种极端形式。

除了对企业的国内边界产生影响之外，搜寻成本的降低（加上下文讨论的验证成本的降低）也导致国际雇佣和外包的增加。虽然国际外包不是一个新现象（Leamer，2007），但最近数字化的国际劳动力市场平台的兴起为国际招聘提供了另一种途径。阿格拉瓦尔、拉切泰拉和莱昂斯（Agrawal、Lacetera and Lyons，2016）表明，拥有标准化信息的在线平台更多地帮助了发展中国家的工人。在线提供的目标信息，加上能够远距离免费发送工作成果（通常是数据或软件代码等信息），有助于离雇主较远的工人。这样的在线劳动力市场面临几个重要的挑战。莱昂斯（2017）利用在线劳动力市场的数据表明，跨文化国际团队的生产率可能会因为沟通问题而降低。与此相关的是，伽尼等人

（Ghani、Kerr and Stanton，2014）表明，移民自印度的雇主更有可能在网上雇用印度人。

4. 数字产品的零复制成本

生产函数的关键转变并不是数字产品的边际成本为零。具有零边际成本的简单微观经济模型与具有正边际成本的模型差别不大，都是需求曲线向下倾斜，企业在边际收益等于零处定价。

相反，由原子构成的商品和由“比特”构成的商品之间的一个关键区别是“比特”是非竞争性的，意味着它们可以被一个人消费的同时又不会减少其他人可以获得的数量或质量。对于非竞争商品的一个常见类比是，就像一个人可以点燃一堆火而不减少另一个人获得的火一样，信息可以在不减少原始信息的情况下共享。

在没有法律或技术上刻意排他的情况下，任何人（而不仅仅是生产企业）都可以在不降低初始产品质量的前提下，以接近零的成本复制“比特”。正如夏皮罗和范里安（1998，第 83 页）所言，互联网可以被看作一台“失控的大型复印机”。

然而，在边际成本为零的经济中，非竞争性产品可以让事情朝着有利于生产者、消费者或两者的方向发展。在静态模型中，随着边际成本下降，潜在剩余会上升，因此福利效应取决于最终价格和相关的无谓损失。最终价格和无谓损失取决于法律和技术工具的排他性（Cornes and Sandler，1986），这与下文的主题，即追踪行为的能力有关。在本节中，我们强调基础技术使公司和政府能够做出非排他性的选择。这可以让个人充分享受信息产品非竞争性的好处。

4.1 非竞争性的数字产品如何设定有利可图的价格？

数字产品的非竞争性导致了一个问题，即如果生产者选择收费，如何对大量非竞争的零成本产品定价。捆绑销售是指两种或两种以上产品以同一价格一起销售（Shapiro and Varian，1998；Choi，2012）。捆绑模型在经济学中有着悠久的历史。施蒂格勒（Stigler，1964）以及亚当斯和耶伦（Adams and Yellen，1976）指出，当消费者的偏好呈负相关时，就能满足采用捆绑销售的价格歧视获取收益的充分条件。有些人可能认为一部动作片值 10 美元，而一部爱情片值 2 美元。另一些人可能会把爱情片估价为 10 美元，而动作片估价为 2 美元。

以 12 美元的价格捆绑销售，比单独销售动作片和爱情片可以获得更高的利润。企业面临的挑战是识别偏好的这种负相关性，从而确定什么时候进行捆绑销售会增加利润。

巴科斯和布莱恩约弗森（Bakos and Brynjolfsson，1999，2000）认识到，在一定的假设下，如果有足够多的商品和独立的偏好，识别偏好的负相关性这个挑战是可以克服的。此外，信息产品的非竞争性意味着大量的信息产品可以捆绑在一起，而不会大幅增加成本。因此，对于非竞争性信息产品的经济学，一个简单有用的见解是，将数千种数字产品捆绑在一起有时是最优的。

莱斯利等人（Chu、Leslie and Sorensen，2011）使用一个实证例子来说明巴科斯（1999）的直观认识适用于捆绑销售相对少量的商品。捆绑销售还有战略上的原因，因为它可以减少竞争（Carbajo、deMeza and Seidmann，1990）。当捆绑销售的边际成本为零时，这种战略考虑就变得尤为重要（Carlton、Gans and Waldman，2010；Choi，2012）。

尽管已经有广泛的理论研究，但直到最近，此类提供大量捆绑服务的实证案例才出现在文献中，以类似于网飞视频服务和 Spotify（声田）、Apple Music（苹果音乐）等音乐服务的订阅服务形式出现。阿吉亚尔和沃德佛格（Aguiar and Waldfogel，2018）表明 Spotify 取代了销售，但也取代了“盗版”，也就是未经版权所有者许可下载音乐。他们估计，销售量的减少和合法音乐消费的增加基本是相互平衡的，因此 Spotify 在 2013—2015 年的收入似乎没有变化。

4.2 提供数字公共品的动机是什么？

信息提供者可以主动选择让其数字化产品不具排他性。私人主体为什么会选择创造公共品，这多少有些令人困惑。开源软件和维基百科是两个非竞争性公共数字产品的突出例子。这两个案例都涉及非排他的审慎决策，并且和上一小节强调的捆绑模型相比，在这两个案例中应用的已有模型略显复杂。

勒纳和梯若尔（Lerner and Tirole，2002）提出了一个问题，为什么软件开发人员可以自由地分享他们的代码而不需要直接付费。他们强调了开源的两个核心好处，而这两个好处在公共品的标准模型中并不存在。对个人开发人员来说，提供高质量的开源代码是向潜在雇主展示其技能的一种方式。对公司来说，提高开源软件的质量可以让它们高价销售与开源软件互补的其他服务

（如硬件或咨询服务）。这些核心利益的基础是代码的非竞争性：通过互联网的数字分发意味着（高质量的）开源贡献可以被广泛采用。随后关于开源经济的文献很大程度上支持了勒纳和梯若尔关于职业关注和互补性的假设（Johnson，2002；Bitze and Schroder，2005；Mustonen，2005；Lerner、Pathak and Tirole，2006；Henkel，2009；Xu、Nian and Cabral，2016）。

对于人们为什么会贡献于数字公共品这一难题，维基百科提供了另一种不同的重要案例。张晓泉和朱峰（2011）强调了与读者广度相关的社会效益。在中文维基百科的案例中，他们证实投稿用户会关心读者的数量，当读者的访问因政府的政策而受阻时，他们会减少对维基百科的投稿。阿尔托宁等人（Aaltonen and Seiler，2016；Kummer、Slivko and Zhang，2015）共同证明了一种良性循环，即更多的编辑带来更多的观点，更多的观点又引来更多的编辑。投稿情况可能和投稿者的兴趣有关：维基百科早期明显倾向于民主党，之后逐渐变得更加中立（Greenstein and Zhu，2012）。

纳加拉杰（Nagaraj，2016）提出了政府资助数字公共品的可能性。他发现，开放的地图信息导致了采矿活动的大幅增加，特别是对于资源较少的小企业。因此，开放数据使更广泛的参与者获得了成功。

更一般地说，数字技术的非竞争性可以使发展中国家的消费者和工人获得与发达国家的人相同的信息，但条件是必须能上网。在教育方面，克雷默等人（Kremer、Brannen and Glennerster，2013）认为，信息技术可以改善发展中国家的教育。他们的论据强调非竞争性、非排他性的数字信息，以及基于互联网的公开教材。相应地，阿西莫格鲁等人（Acemoglu、Laibson and List，2014）强调，数字化教育将导致教育资源更公平地分配。

然而，在某些情况下，不限制数字化产品的广泛复制可能会导致福利减少。让非竞争性产品同时具有非排他性的决定会削弱私人生产信息产品的激励，这是我们在讨论版权政策时的一个主题。它还会产生负外部性。例如，阿奎斯蒂和塔克（Acquisti and Tucker，2014）指出，要求“公开数据”的政府政策可能会导致数据泄露（或隐私泄露），从而影响线下的个人福利。“开放”一词从定义上说，几乎意味着隐私的减少。与此相关的是，阿奎斯蒂和格罗斯（Acquisti and Gross，2009）表明，利用在线公共数据可以预测个人的社会安全号码。总的来说，这反映了如下观点：虽然非排他性在理论上可能很有吸引力，但在实践中它可能导致一些数据安全问题（Gordon and Loeb，2002；

Gal-Or and Ghose，2005），特别是如果在数据安全方面的昂贵投资也是一种公共品的话。

在数字技术创造公共品的同时，零边际生产成本也会产生公共垃圾，比如垃圾邮件（Rao and Reiley，2012）和网络犯罪（Moore、Clayton and Anderson，2009）。这些问题导致了政策上的回应，比如美国在2003年通过了《反垃圾邮件法案》（CAN-SPAM）。数字垃圾邮件的另一个例子是垃圾电话，它的自动化已经被数字技术实现。佩蒂（Petty，2000）和范里安等人（Varian、Wallenberg and Woroch，2005）评估了联邦政府支持的“阻止来电”名单在防止潜在的侵入性直接销售电话方面的作用，并发现了积极的效果。

也就是说，此类坏事的经济学原理相对简单。相比之下，对于非竞争性数字产品，更具挑战的政策问题是，尽管产品具有非竞争性，政府是否应该通过版权政策进行干预，强制执行排他性。

4.3 数字市场如何影响版权政策?

当互联网在20世纪90年代末首次普及时，音乐（和文本）的版权常常被忽视，因为人们在网上自由发布受版权保护的商品。由于数字信息的非竞争性，一个受版权保护的项目如果发布，可能对数百万人有用，但有可能减少其销售量。与此同时，音乐行业的收入开始下降（Waldfogel，2012a），这被广泛归咎于互联网带来的变化。

因此，版权的最优执行一直是数字经济学文献关注的焦点。早期的工作集中在免费在线复制带来的收入影响上。那些认为应该允许免费在线复制的人称之为“文件共享”，而那些认为不应允许免费在线复制的人称之为“盗版”。在线免费复制某一媒体的直接影响是该媒体的刊物销售收入下降。但与此同时，如果免费复制品只是充当样品，再让消费者花钱购买喜欢的内容，媒体收入则会增加（Peitz and Waelbroeck，2006）。现场表演等补充性产品的收入也会增加（Mortimer、Nosko and Sorensen，2012）。最后，如果免费复制仅限于具有网络效应并且处于市场发展期的产品，收入可能会增加（Takayama，1994）。从经验上看，虽然少数研究发现了积极的影响（Oberholzer-Gee and Strumpf，2007），但大多数研究发现，免费在线复制减少了音乐（Rob and Waldfogel，2006；Zentner，2006；Liebowitz，2008；Waldfogel，2010）、视频（Rob and Waldfogel，2007；Liebowitz and Zentner，2012；Danaher、Smith and

Telang，2014b；Danaher and Smith，2014；Peukert、Claussen and Kretschmer，2017）以及书籍的销售收入（Reimers，2016）。这对应于非数字化的历史文献（Li、MacGarvie and Moser，2015；MacGarvie and Moser，2015）关于管理数字技术的政策与早期政策之间有连续性的观点。

版权如何影响新作品的创作？这是一个更困难的研究问题，因为它需要尝试着度量没有版权法这一反事实情形下的产品数量和质量（Varian，2005；Waldfogel，2012b；Danaher、Smith and Telang，2014b）。为了解决这一难题，沃德福格尔（2012a）利用了音乐质量的两个衡量指标：历史上的“最佳专辑”列表和随时间的使用信息。在这两个指标上，他都证明了音乐质量在20世纪90年代初开始下降，直到1999年免费在线复制出现后才停止。为什么在收入下降的情况下质量却上升了？他认为，在收入下降的同时，音乐制作和发行成本也在下降。数字化不仅影响了供给方，也影响了需求方，因此质量提高了。电影（Waldfogel，2016）和书籍（Waldfogel and Reimers，2015）的结果也差不多。这与经济史文献形成对比，后者认为仅版权就可以提高创造性产出的质量（Giorcelli and Moser，2016）。

除了影响创新的激励机制外，版权保护面临的数字化挑战可能会影响基于先前工作的激励机制。威廉姆斯（Williams，2013）在不同的知识产权背景下论证了这一点，并指出知识产权保护限制了基因测序中的后续创新。希尔德（Heald，2009）表明，电影中使用的有版权音乐少于无版权音乐。纳加拉杰（2018）指出，旧体育杂志的版权保护降低了几十年后维基百科页面的质量。这种现象并不只出现在数字环境中。比亚西和莫泽（Biasi and Moser，2018）指出，二战期间德国书籍的版权被取消，导致美国科学产出大幅增加，这是通过数学博士数量和引用德国书籍的专利来衡量的。

复制成本的改变给版权政策带来的另一个挑战是其他企业更容易复制数字内容并试图将其聚合起来。这种做法在新闻媒体中尤其普遍，并推动政策制定者采取行动，保护生产新闻内容的报纸的利益。然而，总体而言，经济学中评估这些聚合效果的研究工作都强调这样的聚合促进了更多的探索，而不一定是对新闻内容的同类相食（Calzada and Gil，即将发表；Chiou and Tucker，2017；Athey、Mobius and Pal，2017）。

总的来说，版权法在数字市场中更为重要，因为商品可以零成本复制。更严格的版权执法似乎增加了版权所有者的收入，增强了潜在版权所有者的创新激励，但削弱了其他人基于受版权保护的作品进行创作的激励。然而，文献也表明，尽管复制很容易，数字化并没有扼杀创意产业，因为生产和分销成本已经下降，而且促进版权执行的相关技术也已经跟了上来。

5. 降低交通运输成本

由于复制是无成本的，所以在互联网上传输以“比特”形式存储的信息时，其成本接近于零。① 换句话说，数字产品的分销成本接近于零，而远距离和近距离通信的成本差异也接近于零。

此外，数字采购技术还降低了运输成本。尤其是当线下购买昂贵或困难时，消费者会在网上购买实物商品（Goolsbee，2000；Forman、Ghose and Goldfarb，2009；Brynjolfsson、Hu and Rahman，2009）。此外，波齐（Pozzi，2013）表明，消费者还通过网上购物消除从商店携带物品的运输成本。通过这种方式，互联网促进了商品的仓储，允许人们在有折扣时大量购买，因为送货上门意味着不需要携带大量购买的物品。

因此，对于信息、数字商品和实物商品来说，在线购买的运输成本较低。

5.1 如果运输成本接近于零，距离还重要吗？

低的信息运输成本意味着数字产品的分销成本接近于零，远距离和近距离通信的成本差异接近于零。

大众媒体已经探讨了低运输成本的潜在影响。凯恩克劳斯（Cairncross，1997）认为，信息传输成本的下降将导致“距离的消亡”。孤立的个人和公司将能够参与全球经济。农村消费者将得到和其他人一样的数字产品和服务，并因此受益。知识将在全球范围内扩散。托马斯·弗里德曼（Friedman，2005）也提出了类似的主题，预言“世界是平的”，任何地方的企业都可以接入全球供应链并进行生产；与印度相比，留在美国并不会带来有意义的优势。凯恩克劳斯和托马斯·弗里德曼都认为一种全球性文化正在到来，在这样的文化中，

① 由于网络拥堵交通成本可能是正的甚至是高的，尽管如此，但实际上这不是个问题。以前，网络拥堵是文献的一个重要关注点。例如，作为网络经济学的第一批文献之一，Mcknight and Bailey（1998）的文集中有几篇文章讨论了拥堵定价。关于主干网络竞争（backbone competition）和拥堵的这些早期文献最终影响了我们对上文讨论的网络中性的经济学理解（Cremer、Rey and Tirole，2000；Laffont et al.，2001；Besen et al.，2001；Laffont et al.，2003）。

世界各地的每个人都将消费同样的信息，这一观点源于麦克卢汉（McLuhan，1964）。克鲁格曼（Krugman，1979）的贸易模型暗示了如下观点：当运输成本接近于零时，各国消费相同的商品。罗森布拉特和莫比乌斯（Rosenblat and Mobius，2004）在不同的情境下使用网络合作模型，将这些观点正式化，在这种模型中，远距离合作增加了，但合作者在其他方面（比如研究领域）的相似性也在上升。

一个不像“距离消失了吗?”那么极端的问题是“距离比过去更重要还是更不重要了?”。这个问题最明确的答案来自列恩德尔等人（Lendle et al.，2016）。他们比较了易贝上的跨境销售和国际贸易数据，证明了尽管距离可以预测线上和线下的贸易流，但在易贝上，距离的影响要小得多。

数字经济学文献强调了哪些因素影响了距离的重要程度。正如莱姆利（Lemley，2003，第523页）指出的，“没有人‘处在’赛博空间中”。因此，线下选项很重要。有学者（Balasubramanian，1998）使用环形城市模型（Salop，1979）研究了线下选择的重要性，该模型设定所有地点使用直接零售商的成本为常数，但使用位于环形区域的商店的成本取决于运输成本。该模型表明，对于远离线下零售商的那些人来说，直接（在线）零售商带来的利益将是最大的。福曼等人（Forman、Ghose and Wiesenfeld，2008）提供了证据来支持这一模型，证明当沃尔玛或巴诺书店（Barnes & Noble）开放其线下书店时，人们不再从亚马逊上购买图书。其他一些研究也证明了线下零售如何影响线上购物。相关模型（Loginova，2009；Dinlersoz and Pereira，2007）研究了对线下商店的忠诚度如何影响线上价格敏感型消费者。布莱恩约弗森等人（Brynjolfsson、Hu and Rahman，2009）的实证研究表明，一家女装零售商的线上销售额要低于许多线下女装店的销售额。这种效应是由更受欢迎的产品驱动的，而这些产品可能在一个典型的线下商店中出售。蔡灿明和贝尔（Choi and Bell，2011）的研究表明，小众纸尿裤品牌的在线销售额比线下销售额（不太可能获得的地方）更高。古尔斯比等人（Goolsbee，2001；Prince，2007；Duch-Brown et al.，2017）也证明了个人计算机的线上和线下销售之间的替代性。根茨科（2007）论证了华盛顿特区线上和线下新闻之间的替代性。希曼斯和朱峰（Seamans and Zhu，2014）、戈德法布和塔克（Goldfarb and Tucker，2011a，2011d）论证了线上和线下广告之间的替代性。格特纳和斯蒂尔曼（Gertner and Stillman，2001）展示了渠道冲突如何与纵向整合相互作用，并说明纵向整合的服装零售商会率先上线。在有关线上线下竞争的文献综述中，利伯尔和斯文森（Lieber and Syverson，2012）提供了一些额外的证据，说明线下选择会影响线上购买。同样，在数字媒体环境中，有证据表明，线上媒体消费正在取代线下媒体消费（Wallsten，2013；Gentzkow，2007）。

除了线下的选择之外，偏好在空间上的相关性也影响距离作用的持久性。布鲁姆和戈德法布（Blum and Goldfarb，2006）研究了大约2600名美国互联网用户的国际上网行为，证明了上网行为与贸易文献中公认的经验发现相一致，即双边贸易随着距离的增加而减少（Overman、Redding and Venables，2003；Anderson and van Wincoop，2004；Disdier and Head，2008）。换句话说，即使一种零运费（上网）的产品，人们也更倾向于访问附近国家的网站而不是来自遥远国家的网站。距离和上网之间的关系在偏好依赖型产品中要高得多（而在非偏好依赖型产品中则统计上不显著）。距离很重要，因为它是偏好相似性的代理变量。阿拉维拉斯和马腾斯（Alaveras and Martens，2015）利用许多国家丰富的用户上网数据，再现这一重要结论。西奈和沃德福格尔（Sinai and Waldfogel，2004）还表明，人口密集的地区会产生更多的内容，而且由于偏好在空间上是相关的，所以人们更倾向于消费当地的媒体而不是远在外地的媒体，同时人口密集地区的人们更倾向于上网。偏好的地理特性也反映在数字产品的消费上，比如音乐（Ferreira and Waldfogel，2013）和内容（Gandal，2006）。威廉姆斯等人（Quan and Williams，2018）证明，如果考虑偏好的空间相关性，因线上产品多样化而增加的消费者剩余估计值将减少30%。

除了线下选择和偏好的空间相关性，另一个解释距离持续发挥作用的因素是社交网络的存在。许多在线行为是社会性的，而社交网络是高度本地化的（Hampton and Wellman，2003）。因此，虽然零信息运输成本意味着你可以用同样的价格与世界上任何地方的任何人通信，但大多数人的绝大多数电子邮件不是来自同住一室的人，就是来自在同一栋楼里工作的人。加斯帕尔和格莱泽（Gaspar and Glaeser，1998）推测，由于社交网络的空间相关性，互联网可能是城市的补充。对于经常交流的人来说，更有效的交流尤其重要。换句话说，尽管远距离通信的相对成本下降得更多，但本地通信的整体重要性可能意味着城市受益最多。

阿格拉瓦尔和戈德法布（2008）提供的一些证据支持了这一假设。他们的研究表明，随着新大学连接上一个20世纪80年代的类互联网网络，它们与已联网大学的合作率就会提高。合作率变化最大的是位于同一地区、处于不同等级的大学。该论文强调了同一城市的研究人员可能拥有的本地社交网络。阿格拉瓦尔、卡塔利尼和戈德法布（Agrawal、Catalini and Goldfarb，2015）对在线音乐“众筹”的研究进一步证明了当地社交网络的重要性，他们发现音乐家的早期资金往往来自他们在加入众筹平台之前就认识的当地支持者。当一个音乐家在网站上崭露头角时，之后的资金通常来自外地的陌生人。

最后，如果缺少下文讨论的验证方面的改进，信任更倾向于是本地化的。霍尔塔苏奇等人（Hortacsu、Martinez-Jerez and Douglas，2009）表明，在易贝和巴西的电子商务平台“自由市场”（Mercado Libre）上，同城市的销售额明显偏高，可能是因为一些产品能被观察到并亲自交付。此外，福曼等人（Forman、Ghose and Wiesenfeld，2009）的研究表明，美国人会听从邻里的线上产品推荐。

5.2 受地理边界限制的政策能影响数字化的行为吗？

早期的研究担心互联网会破坏地方规制和国家主权（Castells，2001）。某些研究得出的结论与这一观点一致：线上和线下税率差异最高的地方，线上销售额更高（Goolsbee，2000；Ellison and Ellison，2009b；Anderson et al.，2010；Einav et al.，2014）。当地方规制禁止线下广告时，类似的线上广告会更昂贵（Goldfarb and Tucker，2011e），也更有效（Goldfarb and Tucker，2011a）。这种替代关系表明，在反垄断的背景下，线上和线下市场应该一起考虑（Goldfarb and Tucker，2011f；Brand et al.，2014）。

与此同时，规制可能意味着用户对不同地区互联网的体验会有所不同。在极端情况下，规制可能会禁止某些内容，使得不同地方的用户使用互联网的体验不同。张晓泉和朱峰（2011）研究了2005年10月维基百科在中国被封禁对境外用户的投稿动力有何影响。因此，一个关键的在线网站在某些地方是可用的，但在另一些地方则不可用。更普遍的是，一些国家定期屏蔽某些网站，从而改变了各地互联网的性质。

规制还可以改变用户在不同地方能找到的可用信息。版权政策会改变各地媒体的可得性和消费（Gomez-Herrera、Martens and Turlea，2014；Chiou and Tucker，2017；Athey、Mobius and Pal，2017；Calzada and Gil，即将发表）。隐私政策导致了不同的广告策略和不同网站的成功（Goldfarb and Tucker，

2011d；Tucker，2015）。商标政策导致不同的搜寻体验（Chiou and Tucker，2012；Bechtold and Tucker，2014）。

因此，在有规制的背景下，如果规制没有触及线上领域，线上信息的零运输成本就可带来更多的收益。然而，当管制真正触及线上领域时，各地互联网的性质可能会受到重大影响。

6. 降低追踪成本

前三种成本的下降与搜寻、复制和距离有关，在早期数字经济学文献中得到了很好的讨论。然而，下文讨论的后续两类成本，即追踪成本和验证成本降低的重要性直到最近10年才变得清晰起来。

数字活动很容易记录和存储。事实上，许多web服务器可以自动存储信息，企业不得不做出放弃数据的慎重决策。追踪成本的降低使个性化和O2O（Online To Offline，线上到线下）市场的创建成为可能，导致人们重新关注与不对称信息和差异化产品相关的既有经济学模型，如价格歧视、拍卖和广告模型。

6.1 较低的追踪成本是否会催生新的价格歧视?

利用数字技术追踪个人的能力使个性化市场成为可能。20世纪90年代末，随着互联网的商业化，一些经济学家认识到了数字化使价格歧视成为可能（Shapiro and Varian，1998；Smith、Bailey and Brynjolfsson，2001；Bako，2001）。在这种情况下，即使一级价格歧视似乎也不仅仅存在于理论之中。

在数字市场的理论文献中，一种受到极大关注的价格歧视形式是行为价格歧视（相关评论参见Fudenberg and Villas-Boas，2007，2012）。这类文献强调，收集数字信息的低成本使企业更容易基于个人过去的行为实施价格歧视。该研究建立在大量的价格歧视文献的基础上，并没有特别强调数字市场（Hart and Tirole，1988；Chen，1997；Fudenberg and Tirole，2000）。大体上，这些研究探讨了垄断企业（Villas-Boas，2004）和竞争企业（Shin and Sudhir，2010；Chen and Zhang，2011）识别原有客户的成本和收益。弗登伯格和比利亚斯-博阿斯（Fudenberg and Villas-Boas，2012）对文献进行了总结，认为在垄断条件下，企业从额外信息中获益，但在竞争条件下，信息可能会增加竞争的强度。此外，信息对垄断的好处可能导致消费者策略性地隐瞒信息。换言之，消费者变得对隐私更加敏感（Taylor，2004；Acquisti and Varian，2005；Hermalin and Katz，2006）。相反，限制信息流动的规则损害了公司的价格歧视能力，因此可能会让一些消费者不愿意以公司提供的价格购买（Taylor and Wagman，2014；Kim and Wagman，2015）。

数字经济学文献关注的另一种价格歧视形式是多版本化（versioning）。巴尔加瓦和乔杜里（Bhargava and Choudhary，2008）提供了可变成本为零时的多版本化模型。费伊和谢劲红（Fay and Xie，2008）探索了基于概率销售的多版本化。例如，航空公司和酒店在 Priceline. com 上提供其产品的低价版本，在这种版本中，买家对购买的具体产品是不确定的。

尽管关于个性化定价的潜力已经有丰富的理论探讨，但对数字价格歧视的实证支持有限。例如，多版本化是三级价格歧视的一种基本形式，它的出现早于数字市场（Maskin and Riley，1984；Deneckere and McAfee，1996；Corts，1998；Fudenberg and Tirole，1998）。阿妮塔·拉奥（Rao，2015）为数字产品多版本化的价值提供了实验支持，证明了线上限时“租赁”可以划分高价值和低价值消费者，从而增加利润。尽管这种最直接的价格歧视形式很容易实现，但席勒和沃德福格尔（Shiller and Waldfogel，2011）认为，数字化企业可能不会像理论上最优的那样实行多版本化，或者实行更普遍的价格歧视。他们尤其对数字音乐市场中惊人的统一定价程度感到困惑。他们认为，音乐的统一定价似乎会导致企业利润低于最佳水平，但他们对这一难题并没有给出明确的答案。虽然已经有证据表明网络媒体广泛的多版本化（Chiou and Tucker，2013；Lambrecht and Misra，2017），但是关于数字价格歧视的理论文献似乎领先于实证研究和企业实践。虽然有证据表明高等教育市场中存在一级价格歧视（Waldfogel，2015），但我们发现，唯一的线上高等教育研究的例子是杜布和米斯拉（Dube and Misra，2017）的研究，他们根据线上高等教育的大量特征，证明了在线高等教育服务针对不同客户制定多种价格的可行性和盈利能力。

6.2 为什么学术重心从个性化定价转向个性化广告？

考虑到理论文献对行为价格歧视的易行性和适用性以及在线商品个性化定价可能的强调，也许令人惊讶的是，对于其中的许多商品，消费者面对的价格为零（Evans，2009）。因此，实现低在线追踪成本的最显著效果或许不是使用个性化的档案向不同消费者收取不同价格，而是向不同消费者展示更合适、更相关、更有利可图的广告。

这些观点以不同形式出现在许多关于双边市场的理论文献中（Baye and Morgan，2001；Anderson and de Palma，2009，2013；White，2013；Athey、Calvano and Gans，2018），它们强调数字化的环境。贝伊和摩根（Baye and Morgan，2001）论证了信息中介会给消费者提供低价格，同时向广告客户收取足够高的价格以致一些人会选择不参与这一双边市场。安德森和德帕尔马（Anderson and de Palma，2009）以及苏珊·阿西等人（Athey、Calvano and Gans，2018）都认为消费者的注意力是稀缺的，并探讨了广告商对这种注意力的竞争。苏珊·阿西等人（2018）强调，如果广告商想要给线下客户发送信息，他们需要利用基于媒体人口统计数据的嘈杂信号。相比之下，运用线上定位技术，广告商可以锁定某个特定的消费者。在媒体渠道多样化和消费者多归属的情况下，均衡结果是，尽管线上广告实际上对广告主更有用，但线上广告的价格可以比线下广告的价格低得多。然而，根茨科（2014）质疑了这一预测，他认为线上注意力的价格并不比线下低。

也许正是由于这些力量，从收入、利润和用户来看都是最大的许多线上公司均靠广告支撑。低成本追踪意味着线上广告与线下广告的区别在于前者更有针对性（Goldfarb and Tucker，2011b；Goldfarb，2014）。那些探索线上和线下广告竞争的模型强调了这一差异（Athey and Gans，2010；Bergemann and Bonatti，2011；Johnson，2013）。苏珊·阿西等人（2018）以及莱文和米尔格罗姆（Levin and Milgrom，2010）使用了非常不同的模型证明更好的定向投放可能对线上媒体没有帮助。苏珊·阿西等人（2018）表明，改进追踪可以增加媒体之间的竞争。莱文和米尔格罗姆（2010）则表明，过多的定向投放会导致各广告商对垄断媒体公司出售的用户注意力的竞争不够充分。

这种更好的定向投放导致了测度广告效果的文献日益丰富。因为广告信息是以“比特”的形式（而不是通过广告牌和报纸传播）发送给个人的，所以比较容易识别哪些消费者看到了广告，让消费者随机看到哪些广告，甚至可以通过消费者的购买行为追踪这些消费者。直到最近，这都是非常困难的，所以很少有研究能够提供可信的经验指标，用于衡量广告效果。由于追踪成本低，在线田野实验相对容易展开，而大规模的田野实验已成为最近文献研究的焦点。

线上广告效果的研究主要由那些与行业合作的研究型经济学家推动。例如，刘易斯和莱利（Lewis and Reiley，2014）对160万雅虎客户进行了田野实验，将线上广告与线下百货公司销售联系起来。他们发现线上广告增加了百货公司的线下销售。布莱克等人（Blake、Nosko and Tadelis，2017）表明，搜索引擎广告是谷歌的主要收入来源，但在很多情况下，这类广告不起作用。特别是，他们在易贝上开展了一个大型田野实验，证明消费者无论如何都会经常点击"有机"链接（organic link），然后浏览广告商的页面。他们认为很多搜索引擎广告是一种浪费。西莫诺夫等人（Simonov、Nosko and Rao，2018）使用来自微软必应（Bing）搜索引擎的数据表明，易贝的搜索结果可能是由易贝作为一个特别知名品牌的实力驱动的。不太知名的广告商似乎可以从搜索广告中获益。

虽然目前度量广告效果的方法比以前的方法要好得多，但仍存在重大挑战。即使有详细的数据，相关性研究通常也不能准确地度量广告效果，因为广告对销售影响的"信号噪声比"很低（Lewis、Rao and Reiley，2015；Gordon et al.，2016）。此外，即使有实验，广告效果相对于购买行为的差异也是微妙的，因此研究需要有很强的说服力（Lewis and Rao，2015）。

大量文献也强调定向投放作为线上广告的一个独特而又重要的特征是有其作用的。戈德法布和塔克（2011c）表明，定向投放的横幅广告是有效的，但前提是它不占据屏幕太多的空间。由于定向投放对普通横幅广告的影响最大，所以它的效果关键在于如何提升其他类型广告的效果。兰布雷希特和塔克（Lambrecht and Tucker，2013；Tucker，2012a）证明了其他类型的线上定向广告投放的有效性。

如上所述，线上媒体将稀缺的消费者注意力卖给广告商，以此支撑其业务。新技术的出现使消费者可以屏蔽网络广告。这样的广告拦截可能会减少线上媒体的广告收入，而且可能会增加那些没有广告拦截软件的用户看到的广告数量（Anderson and Gans，2011）。在检验这些想法时，席勒、沃德福格尔和莱恩（Shiller、Waldfogel and Ryan，2018）使用了广告拦截和上网数据，表明广告拦截器的广泛使用可能会降低由广告支持的互联网网站的质量。

6.3 为什么线上商品和服务经常以拍卖的方式出售？

在线广告的兴起以及个人层面的追踪技术已经产生了一个难以解决的定价问题：企业如何为成千上万的广告制定价格？这些广告的定价可能在数百万甚

至数十亿的客户中都是不同的。正如经济学家早就认识到的那样，拍卖是发现价格的一个特别有用的工具。因此，数字市场通常使用拍卖来确定广告价格。拍卖也被用来给其他一些商品定价。

20 世纪 90 年代，雅虎搜索页面的广告是按照一个标准费率定价的。Goto. com 洞察到拍卖可以利用“广告的价值取决于搜索词”（search term），这一洞见催生了广告中的新型价格歧视。广告价格可以根据搜索词而不是搜索页面来确定。谷歌和必应的广告拍卖就是基于这个观点。现在已有大量文献研究这种情形下的拍卖形式（Varian，2007；Edelman、Ostrovsky and Schwarz，2007；Levin and Milgrom，2010；Arnosti、Beck and Milgrom，2016）。如今，广告拍卖，尤其是展示广告拍卖，通常会考虑在线追踪技术提供的额外信息，比如过去访问过的网站和浏览过的产品。

与追踪成本不太相关的线上拍卖也被用于商品的价格发现，最明显的是在易贝上。奥肯费尔斯等人（Ockenfels、Reiley and Sadrieh，2006）提供了拍卖文献的早期回顾。他们强调，在数字环境中，举行和参与拍卖的交易成本较低。此外，许多数字商品并没有标准化，因为买家的估价会随时间和地点变化，因此拍卖的价格发现功能特别有用。范里安（2010）也提出了这样的想法，他描述了与去中心化的价格发现以及在此基础上更加精准地实施价格歧视有关的计算机中介交易的好处。虽然线上商品拍卖（而不是广告）仍然存在，但埃纳夫等人（2017）表明，随着线上市场的成熟，商品拍卖正在减少。拍卖在经济理论中的突出作用意味着，一类独立的文献用数字环境做背景来检验早已建立的理论。由勒金－赖利（Lucking-Reiley，1999）率先开展的这项研究并不是针对数字市场本身的，而是用数字化背景启发更广泛的理论研究（Roth and Ockenfels，2002；Bajari and Hortacsu，2003；Einav et al.，2018）。

6.4　数字市场如何影响隐私政策？

最近的一篇评论（Acquisti、Taylor and Wagman，2016）强调，低追踪成本已经让人们对隐私经济学重新产生了兴趣。

一般来说，无论是关于线上还是线下隐私的经济学文献都在努力解决如何根据消费者的效用函数对待隐私问题。经济学家是否应该将隐私视为一种中间产品，其价值仅仅在于以它为中介能够成就另一种产品；或者视为一种最终产品，一种就其自身而言值得拥有和珍视的物品（Farrell，2012）？许多政策的制定都基于隐私是一种最终产品的观点，在这种情况下，对他人侵犯或收集个人隐私信息的厌恶，可以作为个人效用的有效驱动因素。然而，受上文讨论的个性化定价的启发，许多理论文献在分析隐私时，把它看作一种中间产品（Taylor，2004；Acquisti and Varian，2005；Hermalin and Katz，2006）。

隐私规制会影响经济结果的性质和分布（Goldfarb and Tucker，2012a）。埃德尔曼等人（Edelman，2009；Lenard and Rubin，2009）强调，用线上客户数据补贴零价商品（zero-price goods）和广告效果之间存在此消彼长的关系。戈德法布和塔克（2011d）指出，欧洲限制在线追踪的隐私监管导致了欧洲在线广告效果的大幅下降。约翰逊（Johnson，2014）估计了隐私政策对在线展示广告行业的财务影响，认为选择加入政策（opt-inpolicy）或禁止追踪将大幅减少福利，而选择退出政策（opt-outpolicy）的影响很小。约翰逊的论文对于理解隐私监管对出版商（而非广告商）的影响非常有用。

金和韦格曼（Kim and Wagman，2015）表明，在金融危机期间，金融信息共享的监管增加了贷款违约。米勒和塔克（Miller and Tucker，2009，2011）指出，美国医疗隐私规制减少了医院对电子病历（EMRs）的使用，导致了更糟糕的健康结果。关于更加积极地支持隐私方面，塔克（2014）表明，企业实施的隐私控制（privacy controls）如果旨在鼓励消费者的隐私控制观念，那就可以提高在线广告的效果。塔克（2012b）比较了这一结果与认为解决消费者隐私问题可能会带来好处的研究，拓展了旨在说明有关隐私控制的观念通常会如何影响隐私问题的研究（Brandimarte、Acquisti and Loewenstein，2012）。

总的来说，精确的隐私保护对创新的方向有很大的影响：是否保护隐私并不是一个简单的二元选择。米勒和塔克（2018）的研究强调了这一点，该研究表明，不同类型的隐私保护对个性化医疗技术的采用有非常不同的影响：给予消费者信息披露控制权的规制提高了个性化技术的采用，但强制消费者同意的规制减少了个性化技术的采用。

隐私规制给追踪信息流带来了成本。这些成本对福利的影响可能并不明确。

首先，隐私监管可能会对行业结构产生连锁反应。坎贝尔、戈德法布和塔克（Campbell、Goldfarb and Tucker，2015）表明，因为隐私法规通常要求公司说服消费者同意，这反过来将成本强加给了消费者，小企业和新企业受到的影响会更大，因为隐私规制使它们更难获得准许。

其次，由于隐私悖论，即消费者宣称对隐私有偏好，但随后采取的行动却与这种声明的偏好不一致，隐私政策对福利的影响也难以评估。阿西等人（Athey、Catalini and Tucker，2017）提供了一些证据，说明微小的激励、分散的信息和微小的导航成本会导致声明的隐私偏好和实际行为之间有多大程度的差距。此外，评估隐私的价值是复杂的，原因有很多，包括同一个人的隐私偏好会随时间变化（Goldfarb and Tucker，2012b）。

再次，可以理解的是，很多关于隐私经济学的工作都集中在与产业组织有关的问题上，数字技术和隐私对国家安全经济学也有影响。除了提高企业追踪消费者的能力之外，数字技术还使打击犯罪的政府机构能够追踪广大人口。马修斯和塔克（Marthews and Tucker，2014）表明，消费者对政府数据使用的意识不断增强，导致消费者在与企业互动时采取了更多保护隐私的行为。

7. 验证成本的降低

追踪成本的下降也减少了身份和声誉验证的成本。早期的经济学文献并未预料到这一点，因为有关互联网的最早报道表明，互联网将成为匿名工具，“在互联网上，没有人知道你是一条狗”。此外，除了追踪成本下降之外，数字技术也使身份验证变得更容易，而且创造了数字声誉。

在缺乏数字技术的情况下，企业一直以建立品牌声誉的方式提供有关质量的可靠信息（Tadelis，1999；Smith and Brynjolfsson，2001；Waldfogel and Chen，2006）。然而，数字市场涉及成千上万的小企业。此外，这些小企业可能对潜在客户并不熟悉。埃纳夫等人（2017）估计，88%的线上签证交易都由一个商家经手，而客户不会线下走访这个商家，因此需要有品牌声誉之外的其他机制。关于验证成本的文献建立在有关声誉的经济学模型之上，旨在研究当质量和可信度的信息不对称时，之前的买家和卖家得到的经验何时能够使市场交换成为可能。这种对声誉模型的强调使验证成本的文献有别于强调价格歧视、广告定位和其他形式的个性化追踪成本的文献。

7.1 在线声誉系统如何促进信任?

最常见的声誉机制是在线评价系统，将过去的买家和卖家的评价发布给未来的市场参与者。在文献中，最受关注的市场是易贝。如上所述，易贝受到经济学家如此关注的一个原因是，它为检验拍卖理论提供了一个有用的环境。另一个原因与声誉机制有关。易贝认识到了让人们从不会面对面的陌生人那里购买产品面临着各种挑战（Resnick and Zeckhauser，2002；Livingston，2005）。为了解决这个问题，他们建立了一个评价系统，并不断调整和改进。这一评价系统的有效性和发展一直是数百篇经济学和管理学论文的主题。例如，有学者（Ba and Pavlou，2002）展示了评价系统如何在没有重复交流的情况下使信任成为可能。许多论文通过实证研究证明，评价较高的卖家拥有更高的价格和更高的收入（Melnik and Alm，2002；Livingston，2005；Houser and Wooders，2005；Lucking-Reiley et al.，2007）。卡布拉和霍尔塔苏奇（Cabral and Hortacsu，2010）展示了正反馈和负反馈之间的差异，强调了评价系统如何在市场中发挥约束作用，使低评价的卖家退出易贝平台。

因此，声誉文献最初强调的是平台如何在远程交易中建立信任。德拉卢卡斯（Dellarocas，2003）早就认识到，反馈机制的应用并不局限于在线交流。相反，他认为，这种机制将使各种各样的线上和线下市场活动得以进行。只要偏离的激励不太强，评价系统就可以在各种环境中提供可信的质量信号（Dellarocas，2003；Cabral，2012）。

评价系统的一个关键应用是提供产品质量信息。评价并不会增加关于某个卖家的信息，相反，它会让消费者了解一个平台中最好的产品。提供这样的信息可能符合平台的利益，从而引导消费者购买质量最高的产品。通过比较亚马逊和巴诺书店的评论变化，有学者（Chevalier and Mayzlin，2006）证明了正面评价会带来更高的销售额。

最近，文献集中在线上工具如何降低线下验证成本。卢卡（Luca，2011）展示了 Yelp 上的在线餐厅评论如何影响餐馆需求，尤其是独立餐馆的需求。总体而言，他的研究结果表明，Yelp 导致了连锁餐馆相对于独立餐馆的份额下降。霍伦贝克（Hollenbeck，2018）针对宾馆的研究也发现了类似的结果。

利用网络声誉机制更容易建立网络声誉，但以消费者投诉的形式破坏这种声誉的机制也变得更容易了。过去，投诉都是通过信件登记的，然后再打电话到呼叫中心。社交媒体能让投诉迅速传播到企业和更广泛的受众。甘斯等人（Gans、Goldfarb and Lederman，2016）使用来自推特（Twitter）的数据，研究了赫希曼（Hirschman，1970）首次提出的关于市场力量和消费者发言权之间关系的想法。他们指出，在航空公司航班占比较高的地区，消费者更有可能通过推特表达他们的不满。相应地，航空公司更有可能对这些市场的消费者做出回应。塔克及其合作者（Tucker and Yu，2017）展示了数字技术的一些积极作用，因为使用移动应用程序接收投诉实际上有利于教育程度较低的消费者，在投诉处理中这些人更容易遭受歧视。

改进后的个人在线验证程序的一个好处是，支付变得更安全、更容易。有学者（Economides and Jeziorski，2017）证明了这一点，他们展示了在坦桑尼亚使用移动设备进行数字身份验证的力量。他们的研究表明，这种数字身份验证使移动支付网络能够将钱转移到其他人身上，但同样重要的是，它还能进行短距离的资金转移。人们似乎会在下班后存钱，步行回家，然后在家里取钱。该系统使存款和取款变得容易，从而降低了被抢劫的风险。以 DNA 数据库的形式进行的数字验证也被证明可以减少犯罪（Doleac，2017）。

随着技术的改进，验证可能会继续变得更加容易。研究人员推测，区块链是一种有望进一步降低验证成本的技术（Catalini and Gans，2016）。区块链是一种结合了博弈论的洞见和密码学的技术，使得距离遥远而又互不信任的双方之间的价值交换不再需要中介。如果将交易属性或有关行为人的信息存储在分布式账本上，就可以低成本地验证它们。这意味着对定义网络如何达成协议的底层代码和规则的信任可以取代对中介的信任。目前，关于区块链技术的文献大多集中在该技术的具体应用上，如加密货币（Bohme et al.，2015；Catalini and Tucker，2017）。然而，如果区块链技术实现了卡塔利尼和甘斯（Catalini and Gans，2016）强调的承诺，那么我们可能会在未来几年看到各种不同文献在不同的实证研究框架下，将研究重点放在低成本验证的后果以及与之相关的中介角色变化上。

7.2 政策在缓解声誉系统失灵方面是否有作用？

考虑到声誉系统在创造需求方面的重要作用，经济学文献关注质疑声誉系统何时会失灵或许就不足为奇了。通常情况下，失灵与不能够完备地验证在线评价者有关。失灵的一种类型与选择偏差（selection bias）有关：不是所有消费者都提供评价。诺斯科和塔德雷斯（Nosko and Tadelis，2015）展示了这种选择偏差的证据：有糟糕购买经验的买家不会给卖家打分。相反，他们会在未来停止购买该平台上的任何卖家的商品。因此，卖方的低劣服务造成了负外部性。声誉系统的失灵伤害的是平台，而不是单个卖家。另一种类型的失灵与企业或其竞争对手直接操纵评级有关。迈茨林等人（Mayzlin、Dover and Chevalier，

2014；Luca and Zervas，2016）展示了操纵评价的证据：企业似乎给自己高评价，而给竞争对手低评价。这种操纵评价的证据表明，仅靠评价系统是不够的。

数字经济学文献在较早的时候就认识到了评价系统存在的问题。以收集棒球卡的市场为例，当买家和卖家在同一个地方面对面交易时，买家可以在商店里检查卡的质量。他们可以查看是否有裂口、褶皱或边缘磨损。而在网上，质量很难评估。有学者（Jin and Kato，2006）提供了这些市场欺诈的证据。他们表明，在线声誉系统在许多方面是不够的。在另一篇论文（Jin and Kato，2007）中，他们展示了专业评价行业如何帮助解决线上买家和卖家之间的信息不对称问题。斯坦顿和托马斯（Stanton and Thomas，2016）通过考察线上劳动力市场上的员工和企业行为，证明了线上中介在提供平台评价之外的信息方面也有其价值。他们表明，与机构的合作可以使新员工获益。

各平台还致力于改善其声誉系统。弗拉德金等人（Fradkin、Grewal and Holtz，2017）记录了爱彼迎针对这一目标所做的两个实验：提供货币激励以提交审查，以及实施同步审查过程以减少策略性互惠。回翔等人（Hui et al.，2016）以易贝为例，说明了平台会受益于声誉系统和驱逐行为不当者的规章制度。

在上述每一个案例中，都是私营部门缓解了声誉系统的失灵。就政策的作用而言，它一直在执行合同和防止欺诈方面发挥作用。在这一点上，文献没有指出关于声誉系统失灵的具体的数字化政策。

与验证有关的政策的一个方面是商标等知识产权类型的工具。商标允许消费者验证一个品牌是不是真的。塔克及其合作者（Chiou and Tucker，2012；Bechtold and Tucker，2014）指出，在线上，消费者使用商标进行主动搜索。因此，商标有两个用途：验证身份并提供相关产品的搜索路径。商标政策需要足够窄，以使得与商标相关的搜索更便利，但也要足够宽，以确保这种搜索不会对品牌识别造成困扰。

7.3 数字市场如何影响反歧视政策？

由验证方面的变化推动的第二个政策问题与歧视相关。如果人们在互联网上真的是匿名的，那就不会有直接的歧视。然而，在数字环境中，验证成本的下降和识别个人及其特征的能力使得歧视成为可能（而且潜在成本低）。

因此，政策制定者的问题在于，网络环境中是否有某些独特之处，需要在现有的反歧视法之外实施更多的规制。对此展开热议的一个领域是使用算法解析数据以及资源配置和决策制定的自动化。兰布雷希特和塔克（Lambrecht and Tucker，即将发表）对此进行了研究，结果表明，算法可能会导致明显的歧视性结果。他们特别指出，STEM（科学、技术、工程和数学）教育的广告通过在线算法更多地投放给男性，因为向男性投放的广告总体上比向女性投放的广告更便宜，所以那些对性别不敏感的广告商最终会更频繁地向男性投放广告。

大体上，一方面虽然追踪更容易了，但另一方面这种追踪可能会关注那些在法律和道德上争议较小的方面，比如偏好而不是种族。如果数字交易意味着性别和种族信息不被披露，那么歧视可能会减少。莫顿等人（Morton、Zettelmeyer and Silva-Risso，2003）表明，线上购车减少了基于性别和种族的价格歧视。库伦和帕扎德赫森（Cullen and Pakzad-Hurson，2017）表明，在线平台上工资隐私的减少降低了员工之间的工资差异（尽管它也降低了平均工资）。

另一方面，如果性别、种族或其他敏感信息被泄露，在没有其他信息的情况下，可能存在很高的歧视。例如，艾尔斯等人（Ayres、Banaji and Jolls，2015；Doleac and Stein，2013）表明，当黑手展示物品时卖家得到的价格比白手展示物品时要低。另有学者（Acquisti and Fong，2013）展示了一项田野实验的结果，该实验研究了雇主如何使用社交网络上的信息筛选出合适的员工。他们发现，相当多的人出于潜在的歧视目的使用社交网站。在其他各种网络环境中也可以发现类似的结果（Pope and Sydnor，2011；Edelman and Luca，2014）。

无论线上还是线下，歧视都很普遍。有待解决的问题是，歧视在线上还是在线下更普遍；旨在减少线上歧视的具体政策是否会减少总体上的歧视，还是仅仅将歧视推入另一种情形。

8. 数字化对各经济主体的影响

随着人们花费在数字媒体和线上购物的时间越来越多，随着企业和政府越来越多地使用数字技术，这就提出了一个更一般的问题：以“比特”而非原子形式存储的信息会如何影响福利？搜寻、复制、运输、追踪和验证成本的下降对经济有影响吗？

文献大体上从四个不同的方面处理上述问题：国家层面的影响、区域层面的影响、企业层面的影响和消费者层面的影响。

8.1 国家层面的影响

与互联网技术相关的宏观经济生产率文献源于索洛（Solow，1987）的主张："你可以在任何别的地方看到计算机时代，但在生产率统计中看不到。"这个"生产率悖论"持续了很多年。大量增长核算的文献已经出现，以探讨这一难题并衡量数字技术对经济的总体影响。虽然我们认为这些文献超出了本文的范围，但乔根森等人（Jorgenson、Ho and Stiroh，2008；Bloom et al.，2010）对此进行了总结，并认为1995年后的生产率大幅上升主要是由数字技术的投资和使用驱动的。

不过，衡量生产率变化还是很困难的。霍尔蒂万格和贾明（Haltiwanger and Jarmin，2000）提出了在衡量数字经济的影响时可以预见的几个挑战：服务业产出、数字技术支出数据、价格平减指数等。一个关键的挑战与无形资本有关（Corrado and Hulten，2010），人们发现无形资本影响了美国和英国的生产率衡量（Corrado、Hulten and Sichel，2009；Marrano、Haske and Wallis，2009）。索洛韦伊奇克（Soloveichik，2010）接受了这一测量方面的挑战，并识别了与书籍、电影、音乐和电视相关的约650亿美元的无形资本。

关于国家层面影响的另一项研究工作考察了数字通信如何影响数字和实物商品的贸易流动。弗洛恩德和温霍尔德（Freund and Weinhold，2004）提供了暗示性的证据，表明互联网增加了实物商品的贸易，因为它降低了国际交流的成本。电子邮件通信的非共时性可能对降低跨多个时区的通信成本特别重要（Borenstein and Saloner，2001）。然而，戈麦兹-埃雷拉等人（Gomez-Herrera、Martens and Turlea，2014）认为，这种增长可能会更多地惠及英语国家。前文强调的几篇论文表明，互联网促进了数字服务贸易（Blum and Goldfarb，2006；Alaveras and Martens，2015；Lendle et al.，2016），这可能导致某些工作的外包（Tambe and Hitt，2012）。然而，距离的重要性是否比互联网普及之前有所降低，对此仍有争议（Leamer，2007；Cristea，2011；Krautheim，2012），我们从文献中了解到，那些关注互联网直接影响的论文发现，距离在贸易中的作用有所减弱（Freund and Weinhold，2004；Clarke，2008；Lendle et al.，2016；Hui，forthcoming），而其他论文则指出了另一些相反方向的较弱力量。格罗德尼申科和塔拉韦拉（Gorodnichenko and Talavera，2017）表明，汇率在网上传递更快，这与便捷的国际交流对贸易的影响是一致的。

8.2 区域层面的影响

另一个问题是互联网在多大程度上导致了国家内部经济利益的再分配，特别是在城市和农村地区之间。加斯帕尔和格莱泽（1998）指出，数字通信可以是城市的替代或补充。总体而言，文献表明，数字技术和数据的最大受益者是大型城市地区。线上媒体的主要早期受益者是城市地区，因为质量最高的内容是在城市地区创作的。萨维奇和沃尔德曼（Savage and Waldman，2009）发现，这可能是城市居民更愿意为宽带付费的原因之一。埃肯格林等人（Eichengreen、Lafarguette and Mehl，2016）表明，外汇市场上有效的电子通信导致了离岸货币交易的增加，以及由此导致的伦敦和少数其他主要金融中心货币市场的集聚。福曼、戈德法布和格林斯坦（Forman、Goldfarb and Greenstein，2012）表明，富裕城市是商业互联网的主要受益者。

城市从商业互联网受益的机制取决于集聚效应，特别是当地劳动力市场中熟练工人的集聚效应。福曼、戈德法布和格林斯坦（2005，2008）表明，在城市和大公司中，商业事务采用互联网的比例更高，但是位于城市带来的优势或大公司的优势之间是相互替代的。这表明了集聚效应的重要性。德拉诺夫等人（Dranove et al.，2014）针对医院的研究也发现了类似的结果。

与上述研究相比，有一些证据表明，采用互联网对孤立的个人和农村地区有一些好处。奥托（Autor，2001）以及加斯帕尔和格莱泽（1998）推测，互联网可能会减少对任务专属的工作空间的需求，从而提高“远程办公”的流行度，并减少对工作地点离家近的需求。柯尔科（Kolko，2012）表明，宽带在就业方面更多地惠及了低密度地区的人们，尽管总体影响很小。此外，尽管上文引用的西奈和沃德福格尔（2004）的主要研究结果是城市地区拥有更高质量的互联网内容，但他们也表明，孤立的个人更倾向于消费更多的互联网新闻。例如，在白人社区的黑人会消费更多的网络新闻。最后，福曼、戈德法布和格林斯坦（2005）指出，基础互联网技术（可能更多地）使农村和偏远城市受益。

总的来说，有两股力量在发挥作用。集聚效应意味着城市获得了更多的好处。但低成本通信也可以使地理上隔绝的人受益。在任何特定情况下，整体结果取决于这些力量之间的平衡。一般来说，技术使用越困难，集聚效应占主导地位的可能性就越大。

8.3 企业层面的影响

如上所述，增长核算文献表明，数字技术投资与国家层面的生产率提高之间存在着令人信服的联系；然而，在宏观层面的测量中，因果推论是困难的。有大量且不断增长的文献记录了从数字技术的采用到企业层面生产率提高的直接联系。通过使用微观数据和各种计量经济学技术解决与选择、遗漏的变量偏差和同时性相关的问题，本文发现，数字技术的采用确实提高了生产率。然而，事情并不像乍看起来那么简单。只有部分企业的生产率得到了提高。各种因素增强或减弱了数字技术和生产率之间的关系，包括组织变革、技能、地理、监管、企业规模和年龄，以及潜在的溢出和/或网络外部性。

布莱恩约弗森等人（Brynjolfsson and Saunders，2010；Draca、Sadun and Van Reenen，2009）的综述得出了一个结论，即信息通信技术的采用提高了企业绩效。这一结论受到了大量论文和各种背景的影响。当信息通信技术投资在模型中作为滞后变量时，信息通信技术和生产率之间的相关性甚至更强（Brynjolfsson and Hitt，2003）。

还有关于信息通信技术对生产率影响的具体案例研究。贝克和哈伯德（2004）表明，信息通信技术提高了卡车运输的生产率。有学者（Jin and McElheran，2017）表明制造业的生产率有所提高。阿格拉瓦尔和戈德法布（2008）表明，BITNET（一种连接世界教育单位的计算机网络）提高了中等水平大学的学术生产力。在卫生保健方面，阿西和斯特恩（Athey and Stern，2002）表明，信息通信技术以“E911”的形式改善了应急反应；米勒和塔克等人（Miller and Tucker，2011；McCullough、Parente and Town，2016）表明，电子病历改善了患者的预后；德拉诺夫等人（2014）表明，电子病历在具备互补技能的情况下降低了医院成本，但在其他情况下则不然；另有学者（Lee、McCullough and Town，2013）表明，电子病历提高了医院的生产率。

布鲁姆等人（Bloom、Sadun and Van Reenen，2012）使用了一个关于信息通信技术和生产率的大型跨国企业层面的面板数据库。他们的数据库包括13个欧盟国家总共11年的1.9万家企业，以及同期规模较小的美国企业。他们得出的结论是，信息通信技术确实提高了生产率，尽管他们发现这种效应在不同国家和企业类型之间有相当大的差异。他们强调了组织资本的重要性，表明在英国经营的美国跨国公司经历了与美国企业同样的生产率奇迹。相比之下，英国的其他跨国公司（和其他公司）却没有这种生产率的奇迹。文章的标题很好地传达了这样一个理念："美国人在信息技术方面做得更好。"他们认为，美国公司的组织方式使它们能够更有效地使用信息通信技术。组织资本和组织结构在有效利用信息通信技术投资方面的重要作用是文献中反复出现的主题（Bresnahan、Brynjolfsson and Hitt，2002；Brynjolfsson and Saunders，2010；Garicano，2010；Tambe、Hit and Brynjolfsson，2012；Brynjolfsson and McElheran，2016）。

除了改变组织结构，最有效地使用先进信息通信技术还涉及"共同发明"，这是信息通信技术适应组织需要的过程（Bresnahan and Greenstein，1996）。如果公司位于有大量本地信息和通信技术的地方，就最容易利用这种流程创新（Forman、Goldfarb and Greenstein，2008；Dranove et al.，2014）。这当然反映了大量关于技能偏向型技术变革的文献，这些文献篇幅很长，超出了本文的范围。正如阿西莫格鲁和奥托（Acemoglu and Autor，2012）评论的，鉴于之前几代信息技术都存在技能偏向，使用互联网提高生产率也存在技能偏向或许就不足为奇了。相应地，在互联网背景下，阿克曼等人（Akerman、Gaarder and Mogstad，2015）提供的证据表明，挪威的宽带普及更多地惠及了技能工人。

8.4 消费者层面的影响

关注生产率或国民收入核算的度量方法并不能衡量消费者剩余。由于大部分最有价值的线上内容都是免费的，生产率和GDP的衡量可能会遗漏由互联网带来的消费者剩余的潜在增长（Scott and Varian，2015；Brynjolfsson、Eggers and Gannamaneni，2017；Greenstein and McDevitt，2011；Goolsbee and Klenow，2006）。根据人们的时间利用数据，瓦尔斯滕（Wallsten，2013）表明，我们将越来越多的休闲时间花在网上，取代了线下的休闲（包括电视），工作和睡眠也有较低程度的减少。同样基于人们的时间利用数据，古尔斯比和克雷诺（Goolsbee and Klenow，2006）估计，2005年消费者剩余为每人每年3000美元。戈德法布和普林斯（Goldfarb and Prince，2008）表明这种效应是有差异的。总体而言，受过良好教育的富裕美国人更有可能使用网络，因此，总的消费者剩余更多地流向了富人。与此同时，在使用互联网的条件下，收入较低的人会花更多的时间上网。因此，在使用互联网的人中，低收入人群的消费者剩余（至少相对于总的消费而言）更高。

许多研究从互联网相关技术那里得出了消费者剩余的具体估计。格林斯坦和麦克德维特（Greenstein and McDevitt，2011）测算了1999年到2006年与宽带普及相关的消费者剩余为48亿—67亿美元。布莱恩约弗森及其合作者（Brynjolfsson and Oh，2012）估计，免费线上服务带来的消费者剩余接近1000亿美元。科恩等人（Cohen et al.，2016）估计仅服务优步豪华车（Uber X）就带来了数十亿美元的消费者剩余。①

布莱恩约弗森等人（Brynjolfsson、Eggers and Gannamaneni，2017）通过使用（激励相容的）选择实验，提供了或许是互联网消费者剩余最全面的估计。例如，在一项研究中，他们询问人们，如果一个月不能使用脸书（Facebook），需要支付多少钱。然后，他们通过阻止受访者使用脸书以换取报酬来获得实验结果。他们估计，脸书的价值约为每名用户每年750美元，全美国相当于180亿美元。他们还通过用户层面的调查估算了其他免费在线服务的消费者剩余，比如搜索引擎（每用户每年1.6万美元）和线上视频（每用户每年900美元）。

在得出结论之前，有一点很重要，那就是要认识到互联网消费的变化可能会对整体福利造成或许是负面的其他变化，而这些变化没有被上述剩余指标涵盖。贝洛等人（Belo、Ferreira and Telang，2014）显示，学校采用宽带与成绩下降有关，可能是因为线上游戏分散了学生的注意力。布勒等人（Bhuller et al.，2013）认为，互联网的普及可能增加了性犯罪，这可能是因为增加了色情制品的消费（而不是因为犯罪者和受害者之间的举报或匹配）。同样，高斯等人（Chan、Ghose and Seamans，2016）认为，与互联网相关的种族仇恨犯罪增加了；法尔克等人（Falck、Gold and Heblich，2014）认为，互联网的可用性降低了选举的投票率。

9. 结论

在多个领域，经济学家研究了数字技术是如何改变经济活动的。虽然这些

① Greenstein and Nagle（2014）估计了一种不同于消费者剩余的数字化无形收益，即开源的价值。他们的估计表明，开源软件Apache给美国经济产生了至少2亿美元的无形收益。

论文往往有不同的观点，引用不同的文献，但一个核心主题是数字化降低了一些具体的经济成本。我们已经确定了五种这样的成本：搜寻、复制、运输、追踪和验证成本。这些主题帮助我们理解数字经济活动的本质，以及数字和非数字环境之间的相互作用。

在定义本文的范围时，我们划分了边界。例如，我们没有讨论技能偏向型技术进步的文献。由于技能偏向的主要驱动因素并不是“比特”信息的存储，而且还有其他一些对该文献的评论，所以我们参考了卡茨和奥托等人（Katz and Autor，1999；Acemoglu，2002；Goldin and Katz，2008；Acemoglu and Autor，2012）的研究。同样，我们没有详细讨论数字技术增长核算方面的文献，而是让读者参考乔根森等人（Jorgenson、Ho and Stiroh，2008；Bloom et al.，2010）的研究。我们也将我们的讨论局限在已经在《经济学文献杂志》（*Journal of Economic Literature*）上获得评论的三个主题上：隐私（Acquisti、Taylo and Wagman，2016）、线上拍卖（Bajari and Hortacsu，2004），以及电信定价和通用服务（Vogelsang，2003）。

本文的文献回顾强调了数字环境中内在的成本变化导致的经济行为变化并不像基本经济模型表明的那样明显。有待解决的关键问题仍然是关于每一种成本的突出变化。此外，随着数字技术的发展，其他类别的成本也可能下降。

（上海交通大学安泰经济管理学院博士生　谢一鸣　译）

参考文献

Aaltonen，Aleksi，and Stephan Seiler. 2016. “Cumulative Growth in User-Generated Content Production：Evidence from Wikipedia.” *Management Science* 62（7）：2054 – 69.

Acemoglu，Daron. 2002. “Technical Change，Inequality，and the Labor Market.” *Journal of Economic Literature* 40（1）：7 – 72.

Acemoglu，Daron，Philippe Aghion，Claire LeLarge，John Van Reenen，and Fabrizio Zilibotti. 2007. “Technology，Information，and the Decentralization of the Firm.” *Quarterly Journal of Economics* 122（4）：1759 – 99.

Acemoglu，Daron，and David Autor. 2011. “Skills，Tasks and Technologies：Implications for Employment and Earnings.” In *Handbook of Labor Economics*：*Volume 4B*，edited by David Card and Orley Ashenfelter，1043 – 171. Amsterdam and Boston：Elsevier，North-Holland.

Acemoglu，Daron，David Laibson，and John A. List. 2014. “Equalizing Superstars：The Internet and the Democratization of Education." *American Economic Review* 104 (5): 523 – 27.

Acquisti, Alessandro, and Christina M. Fong. 2013. "An Experiment in Hiring Discrimination via Online Social Networks." Unpublished.

Acquisti, Alessandro, and Ralph Gross. 2009. "Predicting Social Security Numbers from Public Data." *Proceedings of the National Academy of Sciences* 106 (27): 10975 – 80.

Acquisti, Alessandro, Curtis Taylor, and Liad Wagman. 2016. "The Economics of Privacy." *Journal of Economic Literature* 54 (2): 442 – 92.

Acquisti, Alessandro, and Catherine Tucker. 2014. "Guns, Privacy, and Crime." Unpublished.

Acquisti, Alessandro, and Hal R. Varian. 2005. "Conditioning Prices on Purchase History." *Marketing Science* 24 (3): 367 – 81.

Adams, William James, and Janet L. Yellen. 1976. "Commodity Bundling and the Burden of Monopoly." *Quarterly Journal of Economics* 90 (3): 475 – 98.

Agrawal, Ajay, Christian Catalini, and Avi Goldfarb. 2015. "Crowdfunding: Geography, Social Networks, and the Timing of Investment Decisions." *Journal of Economics and Management Strategy* 24 (2): 253 – 74.

Agrawal, Ajay, and Avi Goldfarb. 2008. "Restructuring Research: Communication Costs and the Democratization of University Innovation." *American Economic Review* 98 (4): 1578 – 90.

Agrawal, Ajay, Nicola Lacetera, and Elizabeth Lyons. 2016. "Does Standardized Information in Online Markets Disproportionately Benefit Job Applicants from Less Developed Countries?" *Journal of International Economics* 103: 1 – 12.

Aguiar, Luis, and Joel Waldfogel. 2018. "As Streaming Reaches Flood Stage, Does it Stimulate or Depress Music Sales?" *International Journal of Industrial Organization* 57: 278 – 307.

Aguiar, Luis, and Joel Waldfogel. 2016. "Digitization, Copyright, and the Welfare Effects of Music Trade." University of Minnesota Working Paper.

Aker, Jenny C. 2010. Digitization from Markets Nearand Far: Mobile Phones and Agricultural Markets in Niger." *American Economic Journal: Applied Economics* 2 (3): 46 – 59.

Akerman, Anders, Ingvil Gaarder, and Magne Mogstad. 2015. "The Skill Complementarity of Broadband Internet." *Quarterly Journal of Economics* 130 (4): 1781 – 824.

Alaveras, Georgios, and Bertin Martens. 2015. "International Trade in Online Services." Joint Research Centre Working Paper on Digital Economy 2015 – 08.

Allcott, Hunt, and Matthew Gentzkow. 2017. "Social Media and Fake News in the 2016 Election." *Journal of Economic Perspectives* 31 (2): 211 – 36.

Anderson, Chris. 2006. *The Long Tail: Why the Future of Business Is Selling Less of More*. New York: Hyperion.

Anderson, Eric T., Nathan M. Fong, Duncan I. Simester, and Catherine E. Tucker. 2010. "How Sales Taxes Affect Customer and Firm Behavior: The Role of Search on the Internet." *Journal of Marketing Research* 47 (2): 229 – 39.

Anderson, James E., and Eric van Wincoop. 2004. "Trade Costs." *Journal of Economic Literature* 42 (3): 691 – 751.

Anderson, Simon P., and André de Palma. 2009. "Information Congestion." *RAND Journal of Economics* 40 (4): 688 – 709.

Anderson, Simon P., and André de Palma. 2013. "Shouting to Be Heard in Advertising." *Management Science* 59 (7): 1545 – 56.

Anderson, Simon P., and Joshua S. Gans. 2011. "Platform Siphoning: Ad-Avoidance and Media Content." *American Economic Journal: Microeconomics* 3 (4): 1 – 34.

Anenberg, Elliot, and Edward Kung. 2015. "Information Technology and Product Variety in the City: The Case of Food Trucks." *Journal of Urban Economics* 90: 60 – 78.

Antweiler, Werner, and Murray Z. Frank. 2004. "Is All That Talk Just Noise? The Information Content of Internet Stock Message Boards." *Journal of Finance* 59 (3): 1259 – 94.

Arnosti, Nick, Marissa Beck, and Paul Milgrom. 2016. "Adverse Selection and Auction Design for Internet Display Advertising." *American Economic Review*106 (10): 2852 – 66.

Athey, Susan, Emilio Calvano, and Joshua S. Gans. 2018. "The Impact of Consumer Multihoming on Advertising Markets and Media Competition." *Management Science* 64 (4): 1574 – 90.

Athey, Susan, Christian Catalini, and Catherine Tucker. 2017. "The Digital Privacy Paradox: Small Money, Small Costs, Small Talk." Massachusetts Institute of Technology Sloan Research Paper 5196 – 17.

Athey, Susan, and Joshua S. Gans. 2010. "The Impact of Targeting Technology on Advertising Markets and Media Competition." *American Economic Review* 100 (2): 608 – 13.

Athey, Susan, Markus Mobius, and Jeno Pal. 2017. "The Impact of News Aggregators on Internet News Consumption: The Case of Localization." Stanford University Technical Report 3353.

Athey, Susan, and Scott Stern. 2002. "The Impact of Information Technology on Emergency Health Care Outcomes." *RAND Journal of Economics* 33 (3): 399 – 432.

Autor, David H. 2001. "Wiring the Labor Market." *Journal of Economic Perspectives* 15 (1): 25 – 40.

Ayres, Ian, Mahzarin Banaji, and Christine Jolls. 2015. "Race Effects on eBay." *RAND Journal of Economics* 46 (4): 891 – 917.

Ba, Sulin, and Paul A. Pavlou. 2002. "Evidence of the Effect of Trust Building Technology in Electronic Markets: Price Premiums and Buyer Behavior." *MIS Quarterly* 26 (3): 1 – 26.

Bajari, Patrick, and Ali Hortaçu. 2003. "The Winner's Curse, Reserve Prices, and Endogenous Entry: Empirical Insights from eBay Auctions." *RAND Journal of Economics* 34 (2): 329 – 55.

Bajari, Patrick, and Ali Hortaçu. 2004. "Economic Insights from Internet Auctions." *Journal of Economic Literature* 42 (2): 457 – 86.

Baker, George P., and Thomas N. Hubbard. 2003. "Make versus Buy in Trucking: Asset Ownership, Job Design, and Information." *American Economice View* 93 (3): 551 – 72.

Baker, George P., and Thomas N. Hubbard. 2004. "Contractibility and Asset Ownership: On-Board Computers and Governance in U. S. Trucking." *Quarterly Journal of Economics* 119 (4): 1443 – 79.

Bakos, Yannis. 2001. "The Emerging Landscape for Retail E-Commerce." *Journal of Eco-*

nomic Perspectives 15 (1): 69 – 80.

Bakos, Yannis, and Erik Brynjolfsson. 1999. "Bundling Information Goods: Pricing, Pro fits, and Efficiency." *Management Science* 45 (12): 1613 – 30.

Bakos, Yannis, and Erik Brynjolfsson. 2000. "Bundling and Competition on the Internet." *Marketing Science*19 (1): 63 – 82.

Balasubramanian, Sridhar. 1998. "Mail versus Mall: A Strategic Analysis of Competition between Direct Marketers and Conventional Retailers." *Marketing Science* 17 (3): 181 – 95.

Bar-Isaac, Heski, Guillermo Caruana, and Vicente Cuñat. 2012. "Search, Design, and Market Structure." *American Economic Review* 102 (2): 1140 – 60.

Barber, Brad M., and Terrance Odean. 2001. "The Internet and the Investor." *Journal of Economic Perspectives* 15 (1): 41 – 54.

Baye, Michael R., and John Morgan. 2001. "Information Gatekeepers on the Internet and the Competitiveness of Homogeneous Product Markets." *American Economic Review* 91 (3): 454 – 74.

Baye, Michael R., John Morgan, and Patrick Scholten. 2004. "Price Dispersion in the Small and in theLarge: Evidence from an Internet Price Comparison Site." *Journal of Industrial Economics* 52 (4): 463 – 96.

Bechtold, Stefan, and Catherine Tucker. 2014. "Trademarks, Triggers, and Online Search." *Journal of Empirical Legal Studies* 11 (4): 718 – 50.

Belo, Rodrigo, Pedro Ferreira, and Rahul Telang. 2014. "Broadband in School: Impact on Student Performance." *Management Science* 60 (2): 265 – 82.

Bergemann, Dirk, and Alessandro Bonatti. 2011. "Targeting in Advertising Markets: Implications for Offline versus Online Media." *RAND Journal of Economics* 42 (3): 417 – 43.

Besen, Stanley, Paul Milgrom, Bridger Mitchell, and Padmanabhan Srinagesh. 2001. "Advances in Routing Technologies and Internet Peering Agreements." *American Economic Review*91 (2): 292 – 96.

Bhargava, Hemant K., and Vidyanand Choudhary. 2008. "Research Note—When is Versioning Optimal for Information Goods?" *Management Science* 54 (5): 1029 – 35.

Bhuller, Manudeep, Tarjei Havnes, Edwin Leuven, and Magne Mogstad. 2013. "Broadband Internet: An Information Superhighway to Sex Crime?" *Review of Economic Studies* 80 (4): 1237 – 66.

Biasi, Barbara, and Petra Moser. 2018. "Effect of Copyrightson Science: Evidence from the U. S. Book Republication Program." National Bureau of Economic Research Working Paper 24255.

Bitzer, Jürgen, and Philipp J. H. Schröder. 2005. "Bug-Fixing and Code-Writing: The Private Provision of Open Source Software." *Information Economicsand Policy* 17 (3): 389 – 406.

Blake, Thomas, Chris Nosko, and Steven Tadelis. 2015. "Consumer Heterogeneity and Paid Search Effectiveness: A Large-Scale Field Experiment." *Econometrica* 83 (1): 155 – 74.

Blake, Thomas, Sarah Moshary, Kane Sweeney, and Steven Tadelis. 2018. "Price Salience and Product Choice." National Bureau of Economic Research Working Paper 25186.

Bloom, Nicholas, Mirko Draca, Tobias Kretschmer, and Raffaella Sadun. 2010. "The Economic Impactof ICT." London School of Economics Centre for Economic Performance Final Report.

Bloom, Nicholas, Luis Garicano, Raffaella Sadun, and John Van Reenen. 2014. "The Distinct Effects of Information Technology and Communication Technologyon Firm Organization." *Management Science* 0 (12): 2859 – 85.

Bloom, Nicholas, Raffaella Sadun, and John VanReenen. 2012. "Americans Do IT Better: US Multinationals and the Productivity Miracle." *American Economic Review* 102 (1): 167 – 201.

Blum, Bernardo S., and Avi Goldfarb. 2006. "Does the Internet Defy the Law of Gravity?" *Journal of International Economics*70 (2): 384 – 405.

Böhme, Rainer, Nicolas Christin, Benjamin Edelman, and Tyler Moore. 2015. "Bitcoin: Economics, Technology, and Governance." *Journal of Economic Perspectives* 29 (2): 213 – 38.

Borenstein, Severin, and Garth Saloner. 2001. "Economics and Electronic Commerce." *Journal of Economic Perspectives* 15 (1): 3 – 12.

Bourreau, Marc, Frago Kourandi, and Tommaso Valletti. 2015. "Net Neutrality with Competing Internet Platforms." *Journal of Industrial Economics* 63 (1): 30 – 73.

Boxell, Levi, Matthew Gentzkow, and Jesse M. Shapiro. 2017. "Greater Internet Use is Not Associated with Faster Growth in Political Polarization among US Demographic Group." *Proceedings of the National Academy of Sciences* 114 (40): 10612 – 17.

Brand, Keith, Martin Gaynor, Patrick McAlvanah, David Schmidt, and Elizabeth Schneirov. 2014. "Economics at the FTC: Office Supply Retailers Redux, Healthcare Quality – Efficiencies Analysis, and Litigation of an Alleged Get-Rich-Quick Scheme." *Review of Industrial Organization* 45 (4): 325 – 44.

Brandimarte, Laura, Alessandro Acquisti, and George Loewenstein. 2012. "Misplaced Confidences: Privacy and the Control Paradox." *Social Psychological and Personality Science* 4 (3): 340 – 47.

Bresnahan, Timothy F., Erik Brynjolfsson, and Lorin M. Hitt. 2002. "Information Technology, Workplace Organization, and the Demand for Skilled Labor: Firm-Level Evidence." *Quarterly Journal of Economics* 17 (1): 339 – 76.

Bresnahan, Timothy, and Shane Greenstein. 1996. "Technical Progress and Co-invention in Computing and in the Uses of Computers." In *Brookings Paperson Economic Activity: Microeconomics*: 1 – 78.

Brown, Jeffrey R., and Austan Goolsbee. 2002. "Does the Internet Make Markets More Competitive? Evidence from the Life Insurance Industry." *Journal of Political Economy* 110 (3): 481 – 507.

Brynjolfsson, Erik, Felix Eggers, and Avinash Gannamaneni. 2017. "Using Massive Online Choice Experiments to Measure Changes in Well-Being." MIT Working Paper.

Brynjolfsson, Erik, and Lorin M. Hitt. 2003. "Computing Productivity: Firm-Level Evidence." *Review of Economics and Statistics* 85 (4): 793 – 808.

Brynjolfsson, Erik, Yu Hu, and Mohammad S. Rahman. 2009. "Battle of the Retail Channels: How Product Selection and Geography Drive Cross-Channel Competition." *Management Scie nce* 55 (11): 1755 – 65.

Brynjolfsson, Erik, Yu Hu, and Duncan Simester. 2011. "Goodbye Pareto Principle, Hello

Long Tail: The Effect of Search Costs on the Concentration of Product Sales." *Management Science* 57 (8): 1373-86.

Brynjolfsson, Erik, Yu Hu, and Michael D. Smith. 2003. "Consumer Surplus in the Digital Economy: Estimating the Value of Increased Product Variety at Online Booksellers." *Management Science* 49 (11): 1580-96.

Brynjolfsson, Erik, and Kristina McElheran. 2016. "The Rapid Adoption of Data-Driven Decision-Making." *American Economic Review* 106 (5): 133-39.

Brynjolfsson, Erik, and Joo Hee Oh. 2012. "The Attention Economy: Measuring the Value of Free Digital Services on the Internet." https://aisel.aisnet.org/cgi/viewcontent.cgi?article=1045&context=icis2012.

Brynjolfsson, Erik, and Adam Saunders. 2010. *Wired for Innovation: How Information Technology Is Reshaping the Economy*. Cambridge and London: MIT Press.

Brynjolfsson, Erik, and Michael D. Smith. 2000. "Frictionless Commerce? A Comparison of Internet and Conventional Retailers." *Management Science* 46 (4): 563-85.

Cabral, Luís. 2012. "Reputation on the Internet." In *The Oxford Handbook of the Digital Economy*, edited by Martin Peitz and Joel Waldfogel, 344-54. Oxford and New York: Oxford University Press.

Cabral, Luís, and Ali Hortaçsu. 2010. "The Dynamics of Seller Reputation: Evidence from eBay." *Journal of Industrial Economics* 58 (1): 54-78.

Caillaud, Bernard, and Bruno Jullien. 2003. "Chicken & Egg: Competition among Intermediation Service Providers." *RAND Journal of Economics* 34 (2): 309-28.

Cairncross, Frances. 1997. *The Death of Distance: How the Communications Revolution Is Changing Our Lives*. Cambridge and London: Harvard Business School Press.

Calzada, Joan, and Ricard Gil. Forthcoming. "What Do News Aggregators Do? Evidence from Google News in Spain and Germany." *Marketing Science*.

Campbell, James, Avi Goldfarb, and Catherine Tucker. 2015. "Privacy Regulation and Market Structure." *Journal of Economics and Management Strategy* 24 (1): 47-73.

Campbell-Kelly, Martin. 2004. *From Airline Reservations to Sonic the Hedgehog: A History of the Software Industry*. Cambridge and London: MIT Press.

Carbajo, José, David de Meza, and Daniel J. Seidmann. 1990. "A Strategic Motivation for Commodity Bundling." *Journal of Industrial Economics* 38 (3): 283-98.

Carlton, Dennis W., Joshua S. Gans, and Michael Waldman. 2010. "Why Tie a Product Consumers Do Not Use?" *American Economic Journal: Microeconomics* 2 (3): 85-105.

Castells, Manuel. 2001. *The Internet Galaxy: Reflectionson the Internet, Business, and Society*. Oxford and New York: Oxford University Press.

Catalini, Christian, and Joshua S. Gans. 2016. "Some Simple Economics of the Blockchain." https://papers.ssrn.com/sol3/papers.cfm?abstract_id=2874598.

Catalini, Christian, and Catherine E. Tucker. 2017. "When Early Adopters Don't Adopt." *Science* 357 (6347): 135-36.

Ceruzzi, Paul E. 2003. *A History of Modern Computing*, Second edition. Cambridge and London: MIT Press.

Chan, Jason, Anindya Ghose, and Robert Seamans. 2016. "The Internet and Racial Hate Crime: Offline Spillovers from Online Access." *MIS Quarterly* 40 (2): 381 – 403.

Chen, Yongmin. 1997. "Paying Customers to Switch." *Journal of Economics and Management Strategy* 6 (4): 877 – 97.

Chen, Yongmin, and Tianie Zhang. 2011. "Equilibrium Price Dispersion with Heterogeneous Searchers." *International Journal of Industrial Organization* 29 (6): 645 – 54.

Chevalier, Judith A., and Dina Mayzlin. 2006. "The Effect of Word of Mouth on Sales: Online Book Reviews." *Journal of Marketing Research* 43 (3): 345 – 54.

Chiou, Lesley, and Catherine Tucker. 2012. "How Does the Use of Trademarks By Third-Party Sellers Affect Online Search?" *Marketing Science* 31 (5): 819 – 37.

Chiou, Lesley, and Catherine Tucker. 2013. "Paywalls and the Demand for News." *Information Economics and Policy* 25 (2): 61 – 69.

Chiou, Lesley, and Catherine Tucker. 2017. "Content Aggregation By Platforms: The Case of the News Media." *Journal of Economics and Management Strategy* 26 (4): 782 – 805.

Choi, Jeonghye, and David R. Bell. 2011. "Preference Minorities and the Internet." *Journal of Marketing Research* 48 (4): 670 – 82.

Choi, Jay Pil, Doh-Shin Jeon, and Byung-Cheol Kim. 2015. "Net Neutrality, Business Models, and Internet Interconnection." *American Economic Journal: Microeconomics* 7 (3): 104 – 41.

Choi, Tsan-Ming., ed. 2012. *Handbook of Newsvendor Problems: Models, Extensions and Applications.* NewYork: Springer Science and Business Media.

Chu, Chenghuan Sean, Phillip Leslie, and Alan Sorensen. 2011. "Bundle-Size Pricing as an Approximation to Mixed Bundling." *American Economic Review* 101 (1): 263 – 303.

Clarke, George R. G. 2008. "Has the Internet Increased Exports for Firms from Low and Middle-Income Countries?" *Information Economics and Policy* 20 (1): 16 – 37.

Cohen, Peter, Robert Hahn, Jonathan Hall, Steven Levitt, and Robert Metcalfe. 2016. "Using Big Datato Estimate Consumer Surplus: The Case of Uber." National Bureau of Economic Research Working Paper 22627.

Cornes, Richard, and Todd Sandler. 1986. *The Theory of Externalities, Public Goods, and Club Goods*, Second edition. Cambridge and New York: Cambridge University Press.

Corrado, Carol A., Charles Hulten, and Daniel Sichel. 2009. "Intangible Capital and U. S. Economic Growth." *Review of Income and Wealth* 55 (3): 661 – 85.

Corrado, Carol A., and Charles R. Hulten. 2010. "How Do You Measure a 'Technological Revolution'?" *American Economic Review* 100 (2): 99 – 104.

Corts, Kenneth S. 1998. "Third-Degree Price Discriminationin Oligopoly: All-Out Competition and Strategic Commitment." *RAND Journal of Economics* 29 (2): 306 – 23.

Crémer, Jacques, Patrick Rey, and Jean Tirole. 2000. "Connectivity in the Commercial Internet." *Journalof Industrial Economics* 48 (4): 433 – 72.

Cristea, Anca D. 2011. "Buyer-Seller Relationships in International Trade: Evidence from

U. S. States' Exports and Business-Class Travel." *Journal of International Economics* 84 (2): 207 – 20.

Cullen, Zoe, and Chiara Farronato. 2016. "Outsourcing Tasks Online: Matching Supply and Demand on Peer-to-Peer Internet Platforms." HBS Working Paper.

Cullen, Zoe, and Bobak Pakzad-Hurson. 2017. "Equilibrium Effects of Pay Transparency in a Simple Labor Market." Harvard University Working Paper.

Dana, James D., Jr., and Eugene Orlov. 2014. "Internet Penetration and Capacity Utilization in the US Airline Industry." *American Economic Journal: Microeconomics* 6 (4): 106 – 37.

Danaher, Brett, and Michael D. Smith. 2014. "Gone in 60 Seconds: The Impact of the Megaupload Shutdown on Movie Sales." *International Journal of Industrial Organization* 33: 1 – 8.

Danaher, Brett, Michael D. Smith, and Rahul Telang. 2014a. "Piracy and Copyright Enforcement Mechanisms. In *Innovation Policy and the Economy*, Volume 14, edited by Josh Lerner and Scott Stern, 25 – 61. Chicago: University of Chicago Press.

Danaher, Brett, Michael D. Smith, Rahul Telang, and Siwen Chen. 2014b. "The Effect of Graduated Response Anti-piracy Laws on Music Sales: Evidence from an Event Study in France." *Journal of Industrial Economics* 62 (3): 541 – 53

de Cornière, Alexandre. 2016. "Search Advertising." *American Economic Journal: Microeconomics* 8 (3): 156 – 88.

De Los Santos, Babur, Ali Hortaçsu, and Matthijs R. Wildenbeest. 2012. "Testing Models of Consumer Search Using Data on Web Browsing and Purchasing Behavior." *American Economic Review* 102 (6): 2955 – 80.

Dellarocas, Chrysanthos. 2003. "The Digitization of Word of Mouth: Promise and Challenges of Online Feedback Mechanisms." *Management Science* 49 (10): 1407 – 24.

Deneckere, Raymond J., and R. Preston McAfee. 1996. "Damaged Goods." *Journal of Economics and Management Strategy* 5 (2): 149 – 74.

Diamond, Peter A. 1971. "A Model of Price Adjustment." *Journal of Economic Theory* 3 (2): 156 – 68.

Dinerstein, Michael, Liran Einav, Jonathan Levin, and Neel Sundaresan. 2018. "Consumer Price Search and Platform Design in Internet Commerce." *American Economic Review* 108 (7): 1820 – 59.

Dinlersoz, Emin M., and Pedro Pereira. 2007. "On the Diffusion of Electronic Commerce." *International Journal of Industrial Organization* 25 (3): 541 – 74.

Disdier, Anne-Célia, and Keith Head. 2008. "The Puzzling Persistence of the Distance Effect on Bilateral Trade." *Review of Economics and Statistics* 90 (1): 37 – 48.

Doleac, Jennifer L. 2017. "The Effects of DNA Databaseson Crime." *American Economic Journal: Applied Economics* 9 (1): 165 – 201.

Doleac, Jennifer L., and Luke C. D. Stein. 2013. "The Visible Hand: Race and Online Market Outcomes." *Economic Journal* 123 (572): F469 – 92.

Draca, Mirko, Raffaella Sadun, and John Van Reenen. 2009. "Productivity and ICTs: A Review of the Evidence." In *The Oxford Handbook of Information and Communication Technolo-*

gies, edited by Chrisanthi Avgerou, Robin Mansell, Fanny Quah, and Roger Siverstone, 100-147. Oxford and New York: Oxford University Press.

Dranove, David, Chris Forman, Avi Goldfarb, and Shane Greenstein. 2014. "The Trillion Dollar Conundrum: Complementarities and Health Information Technology." *American Economic Journal: Economic Policy* 6 (4): 239 – 70.

Dube, Jean-Pierre, and Sanjog Misra. 2017. "Scalable Price Targeting." University of Chicago Working Paper.

Duch-Brown, Néstor, Lukasz Grzybowski, André Romahn, and Frank Verboven. 2017. "The Impact of Online Sales on Consumers and Firms: Evidence from Consumer Electronics." *International Journal of Industrial Organization* 52: 30 – 62.

Economides, Nicholas, and Benjamin E. Hermalin. 2012. "The Economics of Network Neutrality." *RAND Journal of Economics* 43 (4): 602 – 29.

Economides, Nicholas, and Przemyslaw Jeziorski. 2017. "Mobile Money in Tanzania." *Marketing Science* 36 (6): 815 – 37.

Edelman, Benjamin G. 2009. "Priced and Unpriced Online Markets." *Journal of Economic Perspectives* 23 (3): 21 – 36.

Edelman, Benjamin G., and Michael Luca. 2014. "Digital Discrimination: The Case of Airbnb. com." Harvard Business School Working Paper 14 – 054.

Edelman, Benjamin G., Michael Ostrovsky, and Michael Schwarz. 2007. "Internet Advertising and the Generalized Second-Price Auction: Selling Billions of Dollars Worth of Keywords." *American Economic Review* 97 (1): 242 – 59.

Eichengreen, Barry, Romain Lafarguette, and Arnaud Mehl. 2016. "Cables, Sharks and Servers: Technology and the Geography of he Foreign Exchange Market." National Bureau of Economic Research Working Paper 21884.

Einav, Liran, Chiara Farronato, Jonathan Levin, and Neel Sundaresan. 2018. "Auctions versus Posted Prices in Online Markets." *Journal of Political Economy* 126 (1): 178 – 215.

Einav, Liran, Peter J. Klenow, Benjamin Klopack, Jonathan D. Levin, Larry Levin, and Wayne Best. 2017. "Assessing the Gains from E-Commerce." Unpublished.

Einav, Liran, Dan Knoepfle, Jonathan Levin, and Neel Sundaresan. 2014. "Sales Taxes and Internet Commerce." *American Economic Review* 104 (1): 1 – 26.

Ellison, Glenn. 2011. "Is Peer Review in Decline?" *Economic Inquiry* 49 (3): 635 – 57.

Ellison, Glenn, and Sara Fisher Ellison. 2005. "Lessons about Markets from the Internet." *Journal of Economic Perspectives* 19 (2): 139 – 58.

Ellison, Glenn, and Sara Fisher Ellison. 2009a. "Search, Obfuscation, and Price Elastici ties on the Internet." *Econometrica* 77 (2): 427 – 52.

Ellison, Glenn, and Sara Fisher Ellison. 2009b. "Tax Sensitivity and Home State Preferences in Internet Purchasing." *American Economic Journal: Economic Policy* 1 (2): 53 – 71.

Ellison, Glenn, and Sara Fisher Ellison. 2014. "Match Quality, Search, and the Internet Market for Used Books." Massachusetts Institute of Technology.

Ershov, Daniel. 2017. "The Effects of Consumer Search Costs on Entry and Quality in the

Mobile AppMarket." University of Toronto Working Paper.

Evans, David S. 2009. "The Online Advertising Industry: Economics, Evolution, and Privacy." *Journal of Economic Perspectives* 23 (3): 37 – 60.

Falck, Oliver, Robert Gold, and Stephan Heblich. 2014. "E-lections: Voting Behavior and the Internet." *American Economic Review* 104 (7): 2238 – 65.

Farrell, Joseph. 2012. "Can Privacy be Just Another Good?" *Journal on Telecommunications and High Technology Law* 10 (2): 251 – 64.

Farrell, Joseph, and Timothy Simcoe. 2012. "Four Paths to Compatibility." In *The Oxford Handbook of the Digital Economy*, edited by Martin Peitz and Joel Waldfogel, 34-58. Oxford and New York: Oxford University Press.

Farronato, Chiara, and Andrey Fradkin. 2018. "The Welfare Effects of Peer Entry in the Accommodation Market: The Case of Airbnb." National Bureau of Economic Research Working Paper 24361.

Fay, Scott, and Jinhong Xie. 2008. "Probabilistic Goods: A Creative Way of Selling Products and Services." *Marketing Science* 27 (4): 674 – 90.

Ferreira, Fernando, and Joel Waldfogel. 2013. "Pop Internationalism: Has Half a Century of World Music Trade Displaced Local Culture?" *Economic Journal* 123 (569): 634 – 64.

Fleder, Daniel, and Kartik Hosanagar. 2009. "Blockbuster Culture's Next Rise or Fall: The Impact of Recommender Systems on Sales Diversity." *Management Science* 55 (5): 697 – 712.

Forman, Chris, Anindya Ghose, and Avi Goldfarb. 2009. "Competition between Local and Electronic Markets: How the Benefit of Buying Online Depends on Where You Live." *Management Science* 55 (1): 47 – 57.

Forman, Chris, Anindya Ghose, and Batia Wiesenfeld. 2008. "Examining the Relationship between Reviewsand Sales: the Role of Reviewer Identity Disclosure in Electronic Markets." *Information Systems Research* 19 (3): 291 – 313.

Forman, Chris, Avi Goldfarb, and Shane Greenstein. 2005. "How Did Location Affect Adoption of the Commercial Internet? Global Village vs. Urban Leadership." *Journal of Urban Economics* 58 (3): 389 – 420.

Forman, Chris, Avi Goldfarb, and Shane Greenstein. 2008. "Understanding the Inputs into Innovation: Do Cities Substitute for Internal Firm Resources?" *Journal of Economics and Management Strategy* 17 (2): 295 – 316.

Forman, Chris, Avi Goldfarb, and Shane Greenstein. 2012. "The Internet and Local Wages: A Puzzle." *American Economic Review* 102 (1): 556 – 75.

Forman, Chris, and Kristina McElheran. 2013. "The Digital Reorganization of Firm Boundaries." Unpublished.

Forman, Chris, and Nicolas van Zeebroeck. 2012. "From Wires to Partners: How the Internet Has Fostered R&D Collaborations within Firms." *Management Science* 58 (8): 1549 – 68.

Fradkin, Andrey. 2017. "Search, Matching, and the Role of Digital Marketplace Design in Enabling Trade: Evidence from Airbnb." Unpublished.

Fradkin, Andrey, Elena Grewal, and David Holtz. 2017. "The Determinants of Online Review Informativeness: Evidence from Field Experiments on Airbnb." MIT Sloan School of Management Working Paper.

Freund, Caroline L., and Diana Weinhold. 2004. "The Effect of the Internet on International Trade." *Journal of International Economics* 62 (1): 171–89.

Friedman, Thomas L.. 2005. *The World Is Flat: A Brief History of the Twenty-First Century.* New York: Farrar, Straus and Giroux.

Fudenberg, Drew, and Jean Tirole. 1998. "Upgrades, Tradeins, and Buybacks." *RAND Journal of Economics* 29 (2): 235–58.

Fudenberg, Drew, and Jean Tirole. 2000. "Customer Poaching and Brand Switching." *RAND Journal of Economics* 31 (4): 634–57.

Fudenberg, Drew, and J. Miguel Villas-Boas. 2007. "Behavior-Based Price Discrimination and Customer Recognition." In *Economics and Information Systems*, edited by Terrence Hendershott, 377–436. Bingley, UK: Emerald.

Fudenberg, Drew, and J. Miguel Villas-Boas. 2012. "Price Discrimination in the Digital Economy." In *The Oxford Handbook of the Digital Economy*, edited by Martin Peitz and Joel Waldfogel, 254–72. Oxford and New York: Oxford University Press.

Gal-Or, Esther, and Anindya Ghose. 2005. "The Economic Incentives for Sharing Security Information." *Information Systems Research* 16 (2): 186–208.

Gandal, Neil. 2006. "Native Language and Internet Usage." *International Journal of the Sociology of Language* 182: 25–40.

Gans, Joshua S., Avi Goldfarb, and Mara Lederman. 2016. "Exit, Tweets, and Loyalty." University of Toronto Rotman School of Management Working Paper 2889388.

Garicano, Luis. 2000. "Hierarchies and the Organization of Knowledge in Production." *Journal of Political Economy* 108 (5): 874–904.

Garicano, Luis. 2010. "Policemen, Managers, Lawyers: New Results on Complementarities between Organization and Information and Communication Technology." *International Journal of Industrial Organization* 28 (4): 355–58.

Gaspar, Jess, and Edward L. Glaeser. 1998. "Information Technology and the Future of Cities." *Journal of Urban Economics* 43 (1): 136–56.

Gentzkow, Matthew. 2007. "Valuing New Goods in a Model with Complementarity: Online Newspapers." *American Economic Review* 97 (3): 713–44.

Gentzkow, Matthew. 2014. "Trading Dollars for Dollars: The Price of Attention Online and Offline." *American Economic Review* 104 (5): 481–88.

Gentzkow, Matthew, and Jesse M. Shapiro. 2011. "Ideological Segregation Online and Offline." *Quarterly Journal of Economics* 126 (4): 1799–839.

Gertner, Robert H., and Robert S. Stillman. 2001. "Vertical Integration and Internet Strategies in the Apparel Industry." *Journal of Industrial Economics* 49 (4): 417–40.

Ghani, Ejaz, William R. Kerr, and Christopher Stanton. 2014. "Diasporas and Outsourcing: Evidence from oDesk and India." *Management Science* 60 (7): 1677–97.

Giorcelli, Michela, and Petra Moser. 2016. "Copyrights and Creativity: Evidence from Italian

Operas." Unpublished.

Goetz, Daniel. 2017. "Competition and Dynamic Bargaining in the Broadband Industry." University of Toronto Working Paper.

Goldfarb, Avi. 2006. "The (Teaching) Role of Universities in the Diffusion of the Internet." *International Journal of Industrial Organization* 24 (2): 203 - 25.

Goldfarb, Avi. 2014. "What Is Different about Online Advertising?" *Review of Industrial Organization* 44 (2): 115 - 29.

Goldfarb, Avi, Ryan C. McDevitt, Sampsa Samila, and Brian S. Silverman. 2015. "The Effect of Social Interaction on Economic Transactions: Evidence from Changes in Two Retail Formats." *Management Science* 61 (12): 2963 - 81.

Goldfarb, Avi, and Jeff Prince. 2008. "Internet Adoption and Usage Patterns Are Different: Implications for the Digital Divide." *Information Economics and Policy* 20 (1): 2 - 15.

Goldfarb, Avi, and Catherine Tucker. 2011a. "Advertising Bans and the Substitutability of Online and Offline Advertising." *Journal of Marketing Research* 48 (2): 207 - 27.

Goldfarb, Avi, and Catherine Tucker. 2011b. "Online Advertising." *Advances in Computers* 81: 289 - 315.

Goldfarb, Avi, and Catherine Tucker. 2011c. "Online Display Advertising: Targeting and Obtrusiveness." *Marketing Science* 30 (3): 389 - 404.

Goldfarb, Avi, and Catherine Tucker. 2011d. "Privacy Regulation and Online Advertising." *Management Science* 57 (1): 57 - 71.

Goldfarb, Avi, and Catherine Tucker. 2011e. "Search Engine Advertising: Channel Substitution When Pricing Ads to Context." *Management Science* 57 (3): 458 - 70.

Goldfarb, Avi, and Catherine Tucker. 2011f. "Substitution between Offline and Online Advertising Markets." *Journal of Competition Law and Economics* 7 (1): 37 - 44.

Goldfarb, Avi, and Catherine Tucker. 2012a. "Privacy and Innovation." In *Innovation Policy and the Economy*, Volume 12, edited by Josh Lerner and Scott Stern, 65 - 89. Chicago and London: University of Chicago Press.

Goldfarb, Avi, and Catherine Tucker. 2012b. "Shifts in Privacy Concerns." *American Economic Review* 102 (3): 349 - 53.

Goldin, Claudia, and Lawrence F. Katz. 2008. *The Race between Education and Technology*. Cambridge and London: Harvard University Press.

Goldmanis, Maris, Ali Hortaçsu, Chad Syverson, and Önsel Emre. 2010. "E-Commerce and the Market Structure of Retail Industries." *Economic Journal* 120 (545): 651 - 82.

Gomez-Herrera, Estrella, Bertin Martens, and Geomina Turlea. 2014. "The Drivers and Impediments for Cross-Border e-Commerce in the EU." *Information Economics and Policy* 28: 83 - 96.

Goolsbee, Austan. 2000. "In a World without Borders: The Impact of Taxes on Internet Commerce." *Quarterly Journal of Economics*115 (2): 561 - 76.

Goolsbee, Austan. 2001. "Competition in the Computer Industry: Online versus Retail." *Journal of Industrial Economics* 49 (4): 487 - 99.

Goolsbee, Austan, and Peter J. Klenow. 2006. "Valuing Consumer Products By the Time Spent

Using Them: An Application to the Internet." *American Economic Review* 96 (2): 108 – 13.

Gordon, Brett R, Florian Zettelmeyer, Neha Bhargava, and Dan Chapsky. 2016. "A Comparison of Approaches to Advertising Measurement: Evidence from Big Field Experiments at Facebook." Unpublished.

Gordon, Lawrence A., and Martin P. Loeb. 2002. "The Economics of Information Security Investment." *ACM Transactions on Information and System Security* 5 (4): 438 – 57.

Gorodnichenko, Yuriy, and Oleksandr Talavera. 2017. "Price Setting in Online Markets: Basic Facts, International Comparisons, and Cross-Border Integration." *American Economic Review* 107 (1): 249 – 82.

Greenstein, Shane. 2000. "Building and Delivering the Virtual World: Commercializing Services for Internet Access." *Journal of Industrial Economics* 48 (4): 391 – 411.

Greenstein, Shane. 2015. *How the Internet Became Commercial: Innovation, Privatization, and the Birth of a New Network.* Princeton and Oxford: Princeton University Press.

Greenstein, Shane, and Ryan C. McDevitt. 2011. "The Broadband Bonus: Estimating Broadband Internet's Economic Value." *Telecommunications Policy* 35 (7): 617 – 32.

Greenstein, Shane, and Frank Nagle. 2014. "Digital Dark Matter and the Economic Contribution of Apache." *Research Policy* 43 (4): 623 – 31.

Greenstein, Shane, Martin Peitz, and Tommaso Valletti. 2016. "Net Neutrality: A Fast Lane to Understanding the Trade-Offs." *Journal of Economic Perspectives* 30 (2): 127 – 50.

Greenstein, Shane, and Feng Zhu. 2012. "Is Wikipedia Biased?" *American Economic Review* 102 (3): 343 – 48.

Hafner, Katie, and Matthew Lyon. 1996. *Where Wizards Stay Up Late: The Origins of the Internet.* New York: Touchstone, Simon & Schuster.

Hagiu, Andrei. 2012. "Software Platforms." In *The Oxford Handbook of the Digital Economy*, edited by Martin Peitz and Joel Waldfogel, 59 – 82. Oxford and New York: Oxford University Press.

Hagiu, Andrei, and Bruno Jullien. 2011. "Why Do Intermediaries Divert Search?" *RAND Journal of Economics* 42 (2): 337 – 62.

Halaburda, Hanna, and Yaron Yehezkel. 2013. "Platform Competition under Asymmetric Information." *American Economic Journal: Microeconomics* 5 (3): 22 – 68.

Hall, Jonathan, Cory Kendrick, and Chris Nosko. 2016. "The Effects of Uber's Surge Pricing: A Case Study." Unpublished.

Haltiwanger, John, and Ron S. Jarmin. 2000. "Measuring the Digital Economy." In *Understanding the Digital Economy: Data, Tools, and Research*, edited by Erik Brynjolfsson and Brian Kahin, 13 – 33. Cambridge and London: MIT Press.

Hampton, Keith, and Barry Wellman. 2003. "Neighboring in Netville: How the Internet Supports Community and Social Capital in a Wired Suburb." *City and Community* 2 (4): 277 – 311.

Hart, Oliver D., and Jean Tirole. 1988. "Contract Renegotiation and Coasian Dynamics." *Review of Economic Studies* 55 (4): 509 – 40.

Heald, Paul J. 2009. "Does the Song Remain the Same? An Empirical Study of Bestselling

Musical Compositions (1913 – 1932) and Their Use in Cinema (1968 – 2007) ." *Case Western Reserve Law Review* 60 (1): 1 – 46.

Henkel, Joachim. 2009. "Champions of Revealing—The Role of Open Source Developers in Commercial Firms." *Industrial and Corporate Change* 18 (3): 435 – 71.

Hermalin, Benjamin E., and Michael L. Katz. 2006. "Privacy, Property Rights and Efficiency: The Economics of Privacy as Secrecy." *Quantitative Marketing and Economics* 4 (3): 209 – 39.

Hirschman, Albert O. 1970. *Exit, Voice, and Loyalty: Responses to Decline in Firms, Organizations, and States.* Cambridge and London: Harvard University Press.

Hollenbeck, Brett. 2018. "Online Reputation Mechanisms and the Decreasing Value of Chain Affiliation." *Journal of Marketing Research* 55 (5): 636 – 54.

Honka, Elisabeth. 2014. "Quantifying Search and Switching Costs in the US Auto Insurance Industry." *RAND Journal of Economics* 45 (4): 847 – 84.

Hortaçsu, Ali, F. Asís Martínez-Jerez, and Jason Douglas. 2009. "The Geography of Trade in Online Transactions: Evidence from eBay and Mercado Libre." *American Economic Journal: Microeconomics* 1 (1): 53 – 74.

Horton, John J., and Richard J. Zeckhauser. 2016. "Owning, Using and Renting: Some Simple Economics of the 'Sharing Economy'." National Bureau of Economic Research Working Paper 22029.

Hossain, Tanjim, and John Morgan. 2006. "... Plus Shipping and Handling: Revenue (non) Equivalence in Field Experiments on eBay." *Advances in Economic Analysis and Policy* 5 (2).

Houser, Daniel, and John Wooders. 2006. "Reputation in Auctions: Theory, and Evidence from eBay." *Journal of Economics and Management Strategy* 15 (2): 353 – 69.

Hui, Xiang. Forthcoming. "Facilitating Inclusive Global Trade: Evidence from a Field Experiment." *Management Science.* Hui, Xiang, Maryam Saeedi, Zeqian Shen, and Neel Sundaresan. 2016. "Reputation and Regulations: Evidence from eBay." *Management Science* 62 (12): 3604 – 16.

Jensen, Robert. 2007. "The Digital Provide: Information (Technology), Market Performa nce, and Welfare in the South Indian Fisheries Sector." *Quarterly Journal of Economics* 122 (3): 879 – 924.

Jin, Ginger Zhe, and Andrew Kato. 2006. "Price, Quality, and Reputation: Evidence from an Online Field Experiment." *RAND Journal of Economics* 37 (4): 983 – 1005.

Jin, Ginger Zhe, and Andrew Kato. 2007. "Dividing Online and Offline: A Case Study." *Review of Economic Studies* 74 (3): 981 – 1004.

Jin, Wang, and Kristina McElheran. 2017. "Economies before Scale: Survival and Performa nce of Young Plants in the Age of Cloud Computing." Rotman School of Management Working Paper 3112901.

Johnson, Garrett A. 2014. "The Impact of Privacy Policy on the Auction Market for Online Display Advertising." SSRN 233193.

Johnson, Justin Pappas. 2002. "Open Source Software: Private Provision of a Public Good." *Journal of Economics and Management Strategy* 11 (4): 637 – 62.

Johnson, Justin Pappas. 2013. "Targeted Advertising ad Advertising Avoidance." *RAND Journal of Economics* 44 (1): 128 – 44.

Jorgenson, Dale W., Mun S. Ho, and Kevin J. Stiroh. 2008. "A Retrospective Look at the U. S. Productivity Growth Resurgence." *Journal of Economic Perspectives* 22 (1): 3 – 24.

Jullien, Bruno. 2012. "Two-Sided B to B Platforms." In *The Oxford Handbook of the Digital Economy*, edited by Martin Peitz and Joel Waldfogel, 161 – 85. Oxford and New York: Oxford University Press.

Katz, Lawrence, and David H. Autor. 1999. "Changes in the Wage Structure and Earnings Inequality." In *Handbook of Labor Economics*: Volume 3A, edited by Orley Ashenfelter and David Card, 1463 – 555. Amsterdam and New York: Elsevier: North-Holland.

Kim, Jin-Hyuk, and Liad Wagman. 2015. "Screening Incentives and Privacy Protection in Financial Markets: A Theoretical and Empirical Analysis." *RAND Journal of Economics* 46 (1): 1 – 22.

Kolko, Jed. 2012. "Broadband and Local Growth." *Journal of Urban Economics* 71 (1): 100 – 113.

Krautheim, Sebastian. 2012. "Heterogeneous Firms, Exporter Networks and the Effect of Distance on International Trade." *Journal of International Economics* 87 (1): 27 – 35.

Kremer, Michael, Conner Brannen, and Rachel Gelnnerster. 2013. "The Challenge of Education and Learning in the Developing World." *Science* 340 (6130): 297 – 300.

Kroft, Kory, and Devin G. Pope. 2014. "Does Online Search Crowd Out Traditional Search and Improve Matching Efficiency? Evidence from Craigslist." *Journal of Labor Economics* 32 (2): 259 – 303.

Krugman, Paul. 1979. "A Model of Innovation, Technology Transfer, and the World Distribution of Income." *Journal of Political Economy* 87 (2): 253 – 66.

Kuhn, Peter, and Hani Mansour 2014. "Is Internet Job Search Still Ineffective?" *Economic Journal* 124 (581): 1213 – 33.

Kuhn, Peter, and Mikal Skuterud. 2004. "Internet Job Search and Unemployment Durations." *American Economic Review* 94 (1): 218 – 32.

Kummer, Michael, Olga Slivko, and Michael Zhang. 2015. "Economic Downturn and Volunteering: Do Economic Crises Affect Content Generationon Wikipedia?" Centre for European Economic Research Discussion Paper 15 – 078.

Laffont, Jean-Jacques, Scott Marcus, Patrick Rey, andJean Tirole. 2001. "Internet Peering." *American Economic Review* 91 (2): 287 – 91.

Laffont, Jean-Jacques, Scott Marcus, Patrick Rey, and Jean Tirole. 2003. "Internet Interconnection and the Off-Net-Cost Pricing Principle." *RAND Journal of Economics* 34 (2): 370 – 90.

Lambrecht, Anja, and Kanishka Misra. 2017. "Fee or Free: When Should Firms Charge for Online Content?" *Management Science* 63 (4): 1150 – 65.

Lambrecht, Anja, and Catherine Tucker. Forthcoming. "When Does Retargeting Work? Information Specificity in Online Advertising." *Journal of Marketing Research* 50 (5): 561 – 76.

Lambrecht, Anja, and Catherine Tucker. 2018. "Algorithmic Bias? An Empirical Study into

Apparent Gender-Based Discrimination in the Display of STEM Career Ads." *Management Science.*

Leamer, Edward E. 2007. "A Flat World, a Level Playing Field, a Small World After all, or None of the Above? A Review of Thomas L. Friedman's *The World Is Flat.*" *Journal of Economic Literature* 45 (1): 83 - 126.

Lee, Jinhyung, Jeffrey S. McCullough, and Robert J. Town. 2013. "The Impact of Health Information Technology on Hospital Productivity." *RAND Journalof Economics* 44 (3): 545 - 68.

Lee, Robin S., and Tim Wu. 2009. "Subsidizing Creativity through Network Design: Zero - Pricing and Net Neutrality." *Journal of Economic Perspectives* 23 (3): 61 - 76.

Lemley, Mark A. 2003. "Place and Cyberspace." *California Law Review* 91 (2): 521 - 42.

Lenard, Thomas M., and Paul H. Rubin. 2009. "In Defence of Data: Information and the Costs of Privacy." Washington, DC: Technology Policy Institute.

Lendle, Andreas, Marcelo Olarreaga, Simon Schropp, and Pierre-Louis Vezina. 2016. "There Goes Gravity: eBay and the Death of Distance." *Economic Journal* 126 (591): 406 - 41.

Lerner, Josh, Parag A. Pathak, and Jean Tirole. 2006. "The Dynamics of Open-Source Contributors." *American Economic Review* 96 (2): 114 - 18.

Lerner, Josh, and Jean Tirole. 2002. "Some Simple Economics of Open Source." *Journal of Industrial Economics* 50 (2): 197 - 234.

Levin, Jonathan, and Paul Milgrom. 2010. "Online Advertising: Heterogeneity and Conflation in Market Design." *American Economic Review* 100 (2): 603 - 07.

Lewis, Randall, and Justin M. Rao. 2015. "The Unfavorable Economics of Measuring the Returns to Advertising." *Quarterly Journal of Economics* 130 (4): 1941 - 73.

Lewis, Randall, Justin M. Rao, and David H. Reiley. 2015. "Measuring the Effects of Advertising: The Digital Frontier." In *Economic Analysis of the Digital Economy*, edited by Avi Goldfarb, Shane M. Greenstein, and Catherine E. Tucker, 191 - 218. Chicago and London: University of Chicago Press.

Lewis, Randall, and David H. Reiley. 2014. "Online Ads and Offline Sales: Measuring the Effect of Retail Advertising via a Controlled Experiment on Yahoo!" *Quantitative Marketing and Economics* 12 (3): 235 - 66.

Li, Xing, Megan MacGarvie, and Petra Moser. 2015. "Dead Poet's Property—How Does Copyright Influence Price?" National Bureau of Economic Research Working Paper 21522.

Lieber, Ethan, and Chad Syverson. 2012. "Online versus Offline Competition." In *The Oxford Handbook of the Digital Economy*, edited by Martin Peitz and Joel Waldfogel, 189 - 223. Oxford and New York: Oxford University Press.

Liebowitz, Stan J. 2008. "Research Note—Testing File Sharing's Impact on Music Album Sales in Cities." *Management Science* 54 (4): 852 - 59.

Liebowitz, Stan J., and Alejandro Zentner. 2012. "Clash of the Titans: Does Internet Use Reduce TelevisionViewing?" *Review of Economics and Statistics* 94 (1): 234 - 45.

Livingston, Jeffrey A. 2005. "How Valuable Is a Good Reputation? A Sample Selection Model of Internet Auctions." *Review of Economics and Statistics* 87 (3): 453 - 65.

Loginova, Oksana. 2009. "Real and Virtual Competition." *Journal of Industrial Economics*

57 (2): 319 – 42.

Luca, Michael. 2011. "Reviews, Reputation, and Revenue: The Case of Yelp. com." Harvard Business School Working Paper 12 – 016.

Luca, Michael, and Georgios Zervas. 2016. "Fake It Till You Make It: Reputation, Competition, and Yelp Review Fraud." *Management Science* 62 (12): 3412 – 27.

Lucking-Reiley, David. 1999. "Using Field Experiments to Test Equivalence between Auction Formats: Magic on the Internet." *American Economic Review* 89 (5): 1063 – 80.

Lucking-Reiley, David, Doug Bryan, Naghi Prasad, and Daniel Reeves. 2007. "Pennies from eBay: The Determinants of Price in Online Auctions." *Journal of Industrial Economics* 55 (2): 223 – 33.

Lucking-Reiley, David, and Daniel F. Spulber. 2001. "Business-to-Business Electronic Commerce." *Journal of Economic Perspectives* 15 (1): 55 – 68.

Lynch, John G., and Dan Ariely. 2000. "Wine Online: Search Costs Affect Competition on Price, Quality, and Distribution." *Marketing Science* 19 (1): 83 – 103.

Lyons, Elizabeth. 2017. "Team Production in International Labor Markets: Experimental Evidence from the Field." *American Economic Journal: Applied Economics* 9 (3): 70 – 104.

MacGarvie, Megan, and Petra Moser. 2015. "Copyright and the Profitability of Authorship: Evidence from Payments to Writers in the Romantic Period." In *Economic Analysis of the Digital Economy*, edited by Avi Goldfarb, Shane M. Greenstein, and Catherine E. Tucker, 357-79. Chicago and London: University of Chicago Press.

MacKie-Mason, Jeffrey K., and Hal Varian. 1994. "Economic FAQs about the Internet." *Journal of Economic Perspectives* 8 (3): 75 – 96.

Marrano, Mauro Giorgio, Jonathan Haskel, and Gavin Wallis. 2009. "What Happened to the Knowledge Economy? ICT, Intangible Investment, and Britain's Productivity Record Revisited." *Review of Income and Wealth* 55 (3): 686 – 716.

Marthews, Alex, and Catherine E. Tucker. 2014. "Government Surveillance and Internet Search Behavior." SSRN 2412564.

Maskin, Eric, and John Riley. 1984. "Monopoly with Incomplete Information." *RAND Journal of Economics* 15 (2): 171 – 96.

Mayzlin, Dina, Yaniv Dover, and Judith Chevalier. 2014. "Promotional Reviews: An Empirical Investigation of Online Review Manipulation." *American Economic Review* 104 (8): 2421 – 55.

McCabe, Mark J., and Christopher M. Snyder. 2015. "Does Online Availability Increase Citations? Theory and Evidence from a Panel of Economics and BusinessJournals." *Review of Economics and Statistics* 97 (1): 144 – 65.

McCullough, Jeffrey S., Stephen T. Parente, and Robert Town. 2016. "Health Information Technology and Patient Outcomes: The Role of Information and Labor Coordination." *RAND Journal of Economics* 47 (1): 207 – 36.

McElheran, Kristina. 2014. "Delegation in Multi-establishment Firms: Evidence from I. T. Purchasing." *Journal of Economics and Management Strategy* 23 (2): 225 – 58.

McKnight, Lee W., and Joseph P. Bailey. 1998. *Internet Economics*. Cambridge and London: MIT Press.

McLuhan, Marshall. 1964. *Understanding Media: The Extensions of Man*. New York: McGraw-Hill.

Melnik, Mikhail I., and James Alm. 2002. "Does a Seller's eCommerce Reputation Matter? Evidence frome Bay Auctions." *Journal of Industrial Economics* 50 (3): 337-49.

Miller, Amalia R., and Catherine Tucker. 2009. "Privacy Protection and Technology Diffusion: The Case of Electronic Medical Records." *Management Science* 55 (7): 1077-93.

Miller, Amalia R., and Catherine Tucker. 2011. "Can Health Care Information Technology Save Babies?" *Journal of Political Economy* 119 (2): 289-324.

Miller, Amalia R., and Catherine Tucker. 2018. "Privacy Protection, Personalized Medicine, and Genetic Testing." *Management Science* 64 (10): 4648-68.

Moore, Tyler, Richard Clayton, and Ross Anderson. 2009. "The Economics of Online Crime." *Journal of Economic Perspectives* 23 (3): 3-20.

Mortimer, Julie Holland, Chris Nosko, and Alan Sorensen. 2012. "Supply Responses to Digital Distribution: Recorded Music and Live Performances." *Information Economics and Policy* 24 (1): 3-14.

Morton, Fiona Scott, Florian Zettelmeyer, and Jorge Silva-Risso. 2003. "Consumer Information and Discrimination: Does the Internet Affect the Pricing of New Cars to Women and Minorities?" *Quantitative Marketing and Economics* 1 (1): 65-92.

Mustonen, Mikko. 2005. "When Does a Firm Support Substitute Open Source Programming?" *Journal of Economics and Management Strategy* 14 (1): 121-39.

Nagaraj, Abhishek. 2016. "The Private Impact of Public Information: Lands at Satellite Maps and Gold Exploration." Unpublished.

Nagaraj, Abhishek. 2018. "Does Copyright Affect Reuse? Evidence from Google Books and Wikipedia." *Management Science* 64 (7): 3091-107.

Nocke, Volker, Martin Peitz, and Konrad Stahl. 2007. "Platform Ownership." *Journal of the European Economic Association* 5 (6): 1130-60.

Nosko, Chris, and Steven Tadelis. 2015. "The Limits of Reputation in Platform Markets: An Empirical Analysis and Field Experiment." National Bureau of Economic Research Working Paper 20830.

Oberholzer-Gee, Felix, and Koleman Strumpf. 2007. "The Effect of File Sharing on Record Sales: An Empirical Analysis." *Journal of Political Economy* 115 (1): 1-42.

Ockenfels, Axel, David Reiley, and Abdolkarim Sadrieh. 2006. "Online Auctions." National Bureau of Economic Research Working Paper 12785.

Orlov, Eugene. 2011. "How Does the Internet Influence Price Dispersion? Evidence from the Airline Industry." *Journal of Industrial Economics* 59 (1): 21-37.

Overman, Henry G., Stephen Redding, and Anthony Venables. 2003. "The Economic Geography of Trade, Production and Income: A Survey of Empirics." In *Handbook of International Trade*, edited by E. Kwan Choi and James Harrigan, 353-87. Malden: Blackwell.

Parker, Chris, Kamalini Ramdas, and Nicos Savva. 2016. "Is IT Enough? Evidence from a Natural Experiment in India's Agriculture Markets." *Management Science* 62 (9): 2481 – 503.

Peitz, Martin, and Patrick Waelbroeck. 2006. "Why the Music Industry May Gain from Free Downloading—The Role of Sampling." *International Journal of Industrial Organization* 24 (5): 907 – 13.

Petty, Ross D. 2000. "Marketing without Consent: Consumer Choice and Costs, Privacy, and Public Policy." *Journal of Public Policy and Marketing* 19 (1): 42 – 53.

Peukert, Christian, Jorg Claussen, and Tobias Kretschmer. 2017. "Piracy and Box Office Movie Revenues: Evidence from Megaupload." *International Journal of Industrial Organization* 52: 188 – 215.

Pope, Devin G., and Justin R. Sydnor. 2011. "What's in a Picture? Evidence of Discrimination from Prosper. com." *Journal of Human Resources* 46 (1): 53 – 92.

Pozzi, Andrea. 2013. "E-commerce as a Stockpiling Technology: Implications for Consumer Savings." *International Journal of Industrial Organization* 31 (6): 677 – 89.

Prince, Jeffrey T. 2007. "The Beginning of Online/Retail Competition and Its Origins: An Application to Personal Computers." *International Journal of Industrial Organization* 25 (1): 139 – 56.

Quan, Thomas W., and Kevin R. Williams. 2018. "Product Variety, Across-Market Demand Heterogeneity, and the Value of Online Retail." *RAND Journal of Economics* 49: 877 – 913.

Rao, Anita. 2015. "Online Content Pricing: Purchase and Rental Markets." *Marketing Scie nce* 34 (3): 430 – 51.

Rao, Justin M., and David H. Reiley. 2012. "The Economics of Spam." *Journal of Economic Perspectives* 26 (3): 87 – 110.

Reimers, Imke. 2016. "Can Private Copyright Protection Be Effective? Evidence from Book Publishing." *Journal of Law and Economics* 59 (2): 411 – 40.

Resnick, Paul, and Richard Zeckhauser. 2002. "Trust among Strangers in Internet Transactions: Empirical Analysis of eBay's Reputation System." In *The Economics of the Internet and E-Commerce*, edited by Michael R. Baye, 127 – 57. Amsterdam and Boston: Elsevier, JAI.

Rob, Rafael, and Joel Waldfogel. 2006. "Piracy on the High C's: Music Downloading, Sales Displacement, and Social Welfare in a Sample of College Students." *Journal of Law and Economics* 49 (1): 29 – 62.

Rob, Rafael, and Joel Waldfogel. 2007. "Piracy on the Silver Screen." *Journal of Industrial Economics* 55 (3): 379 – 95.

Rochet, Jean-Charles, and Jean Tirole. 2003. "Platform Competition in Two-Sided Markets." *Journal of the European Economic Association* 1 (4): 990 – 1029.

Rosen, Sherwin. 1981. "The Economics of Superstars." *American Economic Review* 71 (5): 845 – 58.

Rosenblat, Tanya S., and Markus M. Mobius. 2004. "Getting Closer or Drifting Apart?" *Quarterly Journal of Economics* 119 (3): 971 – 1009.

Roth, Alvin E., and Axel Ockenfels. 2002. "Last-Minute Bidding and the Rules for Ending

Second-Price Auctions: Evidence from eBay and Amaz on Auctionson the Internet." *American Economic Review* 92 (4): 1093 - 103.

Rysman, Marc. 2007. "An Empirical Analysis of Payment Card Usage." *Journal of Industrial Economics* 55 (1): 1 - 36.

Rysman, Marc, and Timothy Simcoe. 2008. "Patents and the Performance of Voluntary Standard-Setting Organizations." *Management Science* 54 (11): 1920 - 34.

Salop, Steven C. 1979. "Monopolistic Competition with Outside Goods." *Bell Journal of Economics* 10 (1): 141 - 56.

Savage, Scott James, and Donald M. Waldman. 2009. "Ability, Location and Household Demand for Internet Bandwidth." *International Journal of Industrial Organization* 27 (2): 166 - 74.

Scott, Steven L., and Hal R. Varian. 2015. "Bayesian Variable Selection for Nowcasting Economic Time Series." In *Economic Analysis of the Digital Economy*, edited by Avi Goldfarb, Shane M. Greenstein, and Catherine E. Tucker, 119 - 35. Chicago and London: University of Chicago Press.

Scott Morton, Fiona, Florian Zettelmeyer, and Jorge Silva-Risso. 2001. "Internet Car Retailing." *Journal of Industrial Economics* 49 (4): 501 - 19.

Seamans, Robert, and Feng Zhu. 2014. "Responses to Entry in Multi-sided Markets: The Impact of Craigsliston Local Newspapers." *Management Science* 60 (2): 476 - 93.

Shapiro, Carl, and Hal R. Varian. 1998. *Information Rules: A Strategic Guide to the Network Economy*. Cambridge: Harvard Business School Press.

Shiller, Ben, and Joel Waldfogel. 2011. "Music for a Song: An Empirical Look at Uniform Pricing and Its Alternatives." *Journal of Industrial Economics* 59 (4): 630 - 60.

Shiller, Ben, Joel Waldfogel, and Johnny Ryan. 2018. "The Effect of Ad Blocking on Website Traffic and Quality." *RAND Journal of Economics* 49: 43 - 63.

Shin, Jiwoong, and K. Sudhir. 2010. "A Customer Management Dilemma: When is It Profitable to Reward One's Own Customers?" *Marketing Science* 29 (4): 671 - 89.

Simcoe, Timothy. 2012. "Standard Setting Committees: Consensus Governance for Shared Technology Platforms." *American Economic Review* 102 (1): 305 - 36.

Simonov, Andrey, Chris Nosko, and Justin M. Rao. 2018. "Competition and Crowd-Out for Brand Keywords in Sponsored Search." *Marketing Science* 37 (2): 200 - 215.

Sinai, Todd, and Joel Waldfogel. 2004. "Geography and the Internet: Is the Internet a Substitute or a Complement for Cities?" *Journal of Urban Economics* 56 (1): 1 - 24.

Smith, Michael D., Joseph Bailey, and Erik Brynjolfsson. 2001. "Understanding Digital Markets: Reviewand Assessment." In *Understanding the Digital Economy: Data, Tools, and Research*, edited by Erik Brynjolfsson and Brian Kahin, 99 - 136. Cambridge and London: MIT Press.

Smith, Michael D., and Erik Brynjolfsson. 2001. "Consumer Decision-Making at an Internet Shopbot: Brand Still Matters." *Journal of Industrial Economics* 49 (4): 541 - 58.

Soloveichik, Rachel. 2010. "Artistic Originals as a Capital Asset." *American Economic Review* 100 (2): 110 - 14.

Solow, Robert M. 1987. "We'd Better Watch Out." *NewYork Times Book Review*, July

12, 36.

Stanton, Christopher T., and Catherine Thomas. 2016. "Landing the First Job: The Value of Intermediaries in Online Hiring." *Review of Economic Studies* 83 (2): 810 – 54.

Stigler, George J. 1961. "The Economics of Information." *Journal of Political Economy* 69 (3): 213 – 25.

Stigler, George J. 1964. "Public Regulation of the Securities Markets." *Journal of Business* 37 (2): 117 – 42.

Sunstein, Cass. 2001. *Echo Chambers: Bush v. Gore, Impeachment, and Beyond.* Princeton and Oxford: Princeton University Press.

Tadelis, Steven. 1999. "What's in a Name? Reputation as a Tradeable Asset." *American Economic Review* 89 (3): 548 – 63.

Takeyama, Lisa N. 1994. "The Welfare Implications of Unauthorized Reproduction of Intellectual Property in the Presence of Demand Network Externalities." *Journal of Industrial Economics* 42 (2): 155 – 66.

Tambe, Prasanna, and Lorin M. Hitt. 2012. "Now IT's Personal: Offshoring and the Shifting Skill Composition of the U. S. Information Technology Workforce." *Management Science* 58 (4): 678 – 95.

Tambe, Prasanna, Lorin M. Hitt, and Erik Brynjolfsson. 2012. "The Extroverted Firm: How External Information Practices Affect Innovation and Productivity." *Management Science* 58 (5): 843 – 59.

Taylor, Curtis R. 2004. "Consumer Privacy and the Market for Customer Information." *RAND Journal of Economics* 35 (4): 631 – 50.

Taylor, Curtis R., and Liad Wagman. 2014. "Consumer Privacy in Oligopolistic Markets: Winners, Losers, and Welfare." *International Journal of Industrial Organization* 34: 80 – 84.

Tucker, Catherine E. 2012a "Patent Trolls and Technology Diffusion." Paper presented at the Standards, Patents and Innovations Conference, January20 – 21.

Tucker, Catherine E. 2012b. "The Economics of Advertising and Privacy." *International Journal of Industrial Organization* 30 (3): 326 – 29.

Tucker, Catherine E. 2014. "Social Networks, Personalized Advertising, and Privacy Controls." *Journal of Marketing Research* 51 (5): 546 – 62.

Tucker, Catherine E. 2015. "Privacy and the In ternet." In *Handbook of Media Economics: Volume 1B*, edited by Simon P. Anderson, Joel Waldfogel, andDavid Stromberg, 541 – 62. Amsterdam and Boston: Elsevier, North-Hampton.

Tucker, Catherine E., and Shuyi Yu. 2017. "Technology and Inequality: The Role of Mobile Applications in the Inequality of Treatment of Customer Complaints." Unpublished.

Tucker, Catherine E., and Juanjuan Zhang. 2011. "How Does Popularity Information Affect Choices? A Field Experiment." *Management Science* 57 (5): 828 – 42.

Varian, Hal R. 1980. "A Model of Sales." *American Economic Review* 70 (4): 651 – 59.

Varian, Hal R. 2005. "Copying and Copyright." *Journal of Economic Perspectives* 19 (2): 121 – 38.

Varian, Hal R. 2007. "Position Auctions." *International Journal of Industrial Organization* 25 (6): 1163 -78.

Varian, Hal R. 2010. "Computer Mediated Transactions." *American Economic Review* 100 (2): 1 -10.

Varian, Hal R., Fredrik Wallenberg, and Glenn Woroch. 2005. "The Demographics of the Do-Not-Call List." *IEEE Security and Privacy*3 (1): 34 -39.

Villas-Boas, J. Miguel. 2004. "Price Cycles in Markets with Customer Recognition." *RAND Journal of Economics* 35 (3): 486 -501.

Vogelsang, Ingo. 2003. "Price Regulation of Accessto Telecommunications Networks." *Journal of Economic Literature* 41 (3): 830 -62.

Waldfogel, Joel. 2010. "Music File Sharing and Sales Displacement in the iTunes Era." *Information Economics and Policy* 22 (4): 306 -14.

Waldfogel, Joel. 2012a. "Copyright Research in the Digital Age: Moving from Piracy to the Supply of New Products." *American Economic Review* 102 (3): 337 -42.

Waldfogel, Joel. 2012b. "Digital Piracy: Empirics." In *The Oxford Handbook of the Digital Economy*, edited by Martin Peitz and Joel Waldfogel, 531 -46. Oxford and New York: Oxford University Press.

Waldfogel, Joel. 2015. "First Degree Price Discrimination Goes to School." *Journal of Industrial Economics* 63 (4): 569 -97.

Waldfogel, Joel. 2016. "Cinematic Explosion: New Products, Unpredictability and Realized Quality in the Digital Era." *Journal of Industrial Economics* 64 (4): 755 -72.

Waldfogel, Joel, and Lu Chen. 2006. "Does Information Undermine Brand? Information Intermediary Use and Preference for Branded Web Retailers." *Journal of Industrial Economics* 54 (4): 425 -49.

Waldfogel, Joel, and Imke Reimers. 2015. "Storming the Gatekeepers: Digital Disintermediation in the Market for Books." *Information Economics and Policy* 31: 47 -58.

Wallsten, Scott. 2013. "What Are We Not Doing When We're Online." National Bureau of Economic Research Working Paper 19549.

Weyl, E. Glen. 2010. "A Price Theory of Multi-sided Platforms." *American Economic Review* 100 (4): 1642 -72.

White, Alexander. 2013. "Search Engines: Left Side Quality versus Right Side Profits." *International Journal of Industrial Organization* 31 (6): 690 -701.

Williams, Heidi L. 2013. "Intellectual Property Rights and Innovation: Evidence from the Human Genome." *Journal of Political Economy* 121 (1): 1 -27.

Xu, Lei, Tingting Nian, and Luis Cabral. 2016. "What Makes Geeks Tick? A Study of Stack Overflow Careers." Unpublished.

Yang, Huanxing. 2013. "Targeted Search and the Long Tail Effect." *RAND Journal of Economics* 44 (4): 733 -56.

Zentner, Alejandro. 2006. "Measuring the Effect of File Sharing on Music Purchases." *Journal of Law and Economics* 49 (1): 63 -90.

Zervas, Georgios, Davide Proserpio, and John W. Byers. 2017. "The Rise of the Sharing Economy: Estimating the Impact of Airbnb on the Hotel Industry." *Journal of Marketing Research* 54 (5): 687 – 705.

Zhang, Juanjuan, and Peng Liu. 2012. "Rational Herding in Microloan Markets." *Management Science* 58 (5): 892 – 912.

Zhang, Laurina. 2018. "Intellectual Property Strategy and the Long Tail: Evidence from the Recorded Music Industry." *Management Science* 64 (1): 24 – 42.

Zhang, Xiaoquan (Michael), and Feng Zhu. 2011. "Group Size and Incentives to Contribute: A Natural Experiment at Chinese Wikipedia." *American Economic Review* 101 (4): 1601 – 15.

特稿

Feature

Comparative

叙事经济学、公共政策与心理健康

安妮·图巴吉　弗雷德里克·布瓦　唐·韦伯

1. 引言

心理健康有其正常范围（Spijker et al.，2010；Gotts et al.，2012）。将个人（或整个社会）心理健康维持在该范围中心值附近的能力被定义为心理复原力（Fletcher and Sarkar，2013）。心理复原力是对社会经济环境，以及社会环境中的冲击和生存不确定性做出的反应（Cornum et al.，2011）。生存是人类进化的主要关切，对生存的恐惧是人类心理状态最重要的基本要素之一（LeDoux，1995；Akerlof and Shiller，2010；Tversky and Kahneman，1979）。因此，在全球动荡时期，譬如面对当前的新冠疫情，生存这一核心问题必然显得分外突出。

社会经济环境不仅仅受自然现象的影响，很大一部分还取决于人们生存所依赖的生活组织和安全网络的作用。这种作用与人们生活和活动的多个地方以及经济发展交织在一起（Castells，1996）。各个地方和经济体是由一系列社会

* Annie Tubadji，英国斯旺西大学；Frédéric Boy，英国伦敦大学学院；Don J. Webber，谢菲尔德大学。本文收录在欧洲经济政策研究中心（CEPR）于 2020 年 5 月 20 日发布的由 Charles Wyplosz、Graduate Institute Geneva 和 CEPR 编辑的 *Covid Economics：Vetted and Real-Time Papers* 第 20 辑上。感谢林至人先生在本文授权过程中提供的帮助。——编者注

经济政策管理的。虽然在有关企业家精神的研究中，这种多个网络和社会经济政策中的嵌入性已经得到认可（Kloosterman et al.，1999；Tubadji et al.，2020），但在心理健康方面尚未引起关注。社会经济政策及其实施，尤其在危机期间，是塑造心理环境和公众情绪的重要因素，然而政客往往只在选举时期才考虑这一点（Norpoth et al.，1991）。本文考察在负面的外生冲击下，公共政策如何影响公民的心理健康，特别是，我们探讨了新冠疫情流行初期公共政策对公众心理复原力的影响。

区域经济脆弱性一直是经济学文献关注的焦点（Reggiani et al.，2002；Bristow and Healy，2020），可尽管最近的文献关注经济政策方面的复原力，却很少有人探索经济政策、公共政策与心理健康之间的联系，即便人们知道存在这种关联（Foucault，1954，1961）。改善心理健康的公共政策被狭隘地定义为着重协调处在正常状态极端位置的公民的需求和供给（Frank and McGuire，2000a，b），然而最近的证据表明，公共政策选择与一国的平均心理健康水平有更深层的因果和响应关系。此外，公共政策可能是造成一国人口心理健康状况不佳的原因，而这在经济学领域也没有得到充分研究。据我们所知，本项研究是对公共政策决策如何影响人口心理健康的首次探讨。

为了建立关于国民心理健康与公共政策管理之间因果关系的假设模型，我们比较了同一国家在不同公共政策制度下的心理健康状况，并对比了不同国家对这场新冠疫情的不同反应。在第一种情况下，准自然实验评估了意大利和英国公共政策从“一切照旧”到“完全封闭”的变化。在第二种情况下，准自然实验研究瑞典采用的不同政策，瑞典坚持“一切照旧”的措施，意大利和英国则改变策略，转向了社会隔离和封闭的立场。我们把报告的死亡率作为焦虑加剧的一个干扰因素。我们的分析有助于深入了解依赖于文化的公共死亡率统计（死亡人数）产生的认知偏差效应，以及这一重要信息对公共心理健康的影响。

这两个自然实验的定量分析方法应用了“基于文化的发展”（CBD）范式（Tubadji，2012，2013）和语言的叙事经济学方法（Tubadji，2020a；Tubadji、Pattitoni and Nijkamp，2020）。本文的创新点在于采纳这种方法分析公共政策对心理健康的影响。基于文化的发展范式力图解释受文化偏见影响的经济选择。在这一情境下，我们要分析的选择就是“一切照旧”和“完全封闭”之间的公共政策决策。语言的叙事经济学定量方法（Tubadji，2020a，b）受启发于行为经济学之父赫伯特·西蒙对齐普夫词频分布规律的论述（Simon，1955），以及最近叙事经济学对语言的流行病学分析法（Shiller，2017，2019）*。基于文化的发展范式将这两种方法结合起来研究语言的历史计量学，以此作为思维、意义形成和思想历史的统计记录来源。就社会话语的强度而言，基于文化的发展方法假设思维、意义、思想的形成和历史与齐普夫定律呈正相关关系，并随时间影响语言与经济事件及其演变过程的统计关系（Tubadji，2020a）。我们比较了在新冠疫情大流行之前和流行期间，“死亡”（作为死亡焦虑的代理指标）和“自杀”（作为寻求死亡倾向的代理指标）这两个关键词在谷歌搜索引擎上的搜索频率；同时分析了作为应对手段的封闭公共政策，这种政策导致这些词的搜索频率随时间发生变化，进而反映了社会在担忧新冠病毒致死的情况下经历的精神困扰强度。我们的研究结果表明，公共决策是影响公众心理健康的一个强大的内生信息来源。

本文的结构如下：第 2 节讨论心理复原力的定义，并简要回顾有关心理健康、公共政策、话语和意义的文献。第 3 节总结关于地方经济复原力的区域经济文献。第 4 节提供基于文化的发展方法，以确定公共心理健康复原力与公共政策之间的因果关系。第 5 节介绍我们的数据和方法，主要使用来自谷歌趋势的语言统计学和计量经济学方法进行因果推断。第 6 节呈现了我们的结果和发现。第 7 节总结并得出政策含义。

2. 心理复原力、心理健康与公共政策

心理学从个人层面定义心理复原力，主要是因为它对日常生活有直接的意义和影响（Fletcher and Sarkar，2013）。每个人都有权维护自己的心理复原力，这是联合国和大多数国家宪法提供的基本需求和人权保障（Malkina-Pykh，2013）。然而在政策评估中，个人不再是关注的焦点。人们从不同视角研究心理健康，通常都从提供制度化心理健康保健的角度展开讨论，甚至一些最关注社会行为的研究也以同样的方式探讨这个问题（Dear et al.，1979；Wahl，2003；Frank and McGuire，2000b；Hatzenbuehler，2010；Knapp et al.，2011）。

米歇尔·福柯（Foucault，1954，1961）曾经提出，可以通过构建社会经济环境和话语来探索公共政策与民众心理健康之间的关系。福柯属于建构主义

* 可参见罗伯特·希勒，《叙事经济学》，中信出版集团，2020 年。

哲学流派，认为所有的思想和意义都可以用叙述的语言来记录（Derrida，1967；Derrida and Dutoit，1992；Tubadji，2020）。确切地说，福柯的这个语言记录例子是基于有关疯癫和心理健康的语言。他解释了在不同历史时期，人们如何通过公共政策区别对待精神病患者，这又如何对他们的生活质量产生了巨大的负面影响，特别是他们被送进收容机构，禁止待在社交场合。福柯的论证对反精神病学运动极具影响力（Crossley，2006），这反映在非住院治疗这一公共政策转向上（Haveman，1986），人们对这一政策转向态度不一（Stavis，2000；Sercu and Bracke，2016）。我们认为，不仅福柯的解构主义理论对他感兴趣的临床心理健康有重要意义，而且公共话语也影响着公众的心理健康。

福柯对心理健康与政策制定之间相互作用的思考，聚焦于普通人群中孤立的弱势少数群体的痛苦。本研究提出了一种新的观点，即福柯建构主义机制对人类心理健康与政策制定之间的联系具有普遍适用性。我们的论点源于积极心理学，其中每个人的心理健康状况都是一个精细平衡的动态系统，有其正常范围（Seligman，2002；Yates and Masten，2004；Brunzell et al.，2016），而且每个社会成员的心理健康在压力条件下都有可能发生变化（Babazono et al.，2005）。这包括国家层面的环境和社会经济叙事引起的压力条件，比如社会动荡、叛乱和投票模式，这些都反映了当下的和不断演变的社会经济叙事（Benabou and Tirole，2006，2009，2011，2016）。还有人注意到，社会动荡与公共政策息息相关（Hirschman and Rothschild，1973）。新冠疫情以及伴随而来的高度不确定性，为探讨总体心理健康指标与社会经济公共政策之间的关系创造了机会。

3. 经济复原力与社会经济环境

复原力没有统一的定义，也并非总是用经济术语衡量。在心理学和物理学领域之外，复原力一词首先得到生态科学的认可，被用来解释动物种群的波动（MacArthur，1955）。随后，关于复原力的生态学研究显著增加（Neubert and Caswell，1997；Reggiani et al.，2002），其中复原力的一个现代定义指出，复原力指的是“一个实体或系统在某种干扰或破坏之后恢复形态和位置的能力”（Martin，2012，第 4 页）。众多学者（Nijkamp，1999；Reggiani et al.，2002；Bristow and Healy，2020；Osth et al.，2018）找到了一些研究经济复原力的最重要方法，这些方法主要关注复原力的经济方面，而非社会经济方面。迄今为止，还没有人尝试使用复原力的概念，将经济与总体心理健康（aggregate mental health）联系起来，尽管这种联系显而易见。我们认为，从社会经济的角度看，人口心理复原力（Psycoligical Resillience of Population）指的是确保经济系统生产运行的公众心理健康状态的稳定性。① 我们认为，公共政策可以显著影响任何地方的总体心理健康及其复原力。

复杂性理论认为，环境对整个经济体系极为重要。环境是支撑创业研究的主要因素之一，而地方环境的文化历史制度根源通常以路径依赖的方式决定创业成败（Acemoglu and Robinson，2010，2012）。多样性和企业家精神研究表明，当代环境会影响团队的效率及其创新能力和取得成功的能力（Brunow、Nijkamp and Poot，2015；Brunow and Nijkamp，2018）。更一般的文化环境是社会经济系统中多种复杂交互作用的源泉，随地域和时间而变化。这些相互作用使得内坎普（Nijkamp，2007）推断，倘若研究者假设文化环境方面的其他条件不变，就没有人能够成功地研究任何一种经济体系。

环境和心理特征（尤其是人格特质）作为两个紧密相连的存在，已经得到相关文献的深入研究。经济学家采纳了五大人格特质的量化方法，用于研究欧洲和美国各地的心理环境（Steel et al.，1997；Schmitt，2004；Rentfrow，2014）。现代企业家精神研究使用这五大类人格特征的数据，间接量化企业家所处的文化环境（Obschonka et al.，2013；Fritsch et al.，2019；Fritsch et al.，2020）。这些研究与早期采用“世界价值观调查”所做的研究相一致，探索冒险精神，他们将冒险精神作为代理变量，用于衡量有益于创新的心理文化（Shackle，1949；Tubadji、Huggins and Nijkamp，2020）。

环境影响与焦虑相关的社会经济行为，这可以用深层的进化行为加以解释。虽然社会经济环境的重要性首先在金融领域的行为经济学中得到说明（Akerlof and Shiller，2010），但是从进化的观点来讲，人是另一种类型的群居动物。群居动物把群体当作识别危险的信号工具，从而有效降低对威胁的焦虑，通过研究群居动物，我们可以将它们与人类种群进行比较（Hall，1966）。因此，对人类来说，当系统受到外部冲击（如疫情）时，选择从众行为既是

① 这一陈述明显与讨论集体癫狂的文献有关（Reich，1980；Ulman and Abse，1983；Tubadji and Nijkamp，2019），Tubadji、Boy and Webber（2020）进一步阐述了集体癫狂与欧洲国家激进主义和语言叙事经济学之间的关系。集体癫狂的另一个侧写是新冠疫情期间的厕纸抢购热潮，这和郁金香狂热的行为动态类似（Garber，1989）。

理性的也是本能的（认知偏见）（Kahneman，2011）。根据前景理论，个体在正常时期会与文化上的同质群体保持一致（“物以类聚，人以群分”，参见 McPherson et al.，2001），而当新冠疫情这样的负面冲击带来较大不确定性时，我们可以观察到大得多的正面冲击。这种本能的进化行为是心理复原力的驱动机制，帮助确保在遭遇威胁时得以生存。对此我们认为，人类不仅可以从群体的信号显示行为中察觉危险，还可以通过高效的社交沟通技能，使用理性的公共政策减少引起焦虑的威胁。因此，人的焦虑程度与公共政策有关。

本研究探讨新冠疫情期间，这种进化的心理复原机制如何响应不同国家与文化相关的不同公共政策。我们提倡使用特定的文化经济学范式分析公共政策的影响，这个范式与新兴的语言实证研究方法相一致，下一节将对此予以叙述。

4. 基于文化的发展：心理复原力与公共政策

一个群体的心理复原力应该被视为一种空间演变的内生因素，它左右我们对新冠疫情的反应，同时也受疫情的影响。本研究检验新冠疫情对心理健康的直接影响，而这些心理健康效应是公众对所有其他公共政策干预做出反应的第二影响源。

与这项研究相关的基于文化的发展范式的主要操作性定义（Tubadji，2012，2013，2020）包括文化、文化资本、文化环境和文化引力。已经有人定义并解析过这些操作性定义，可以将它们总结为：

（1）文化是存在于一个地方并激发人们做出选择和采取行动的一组信念与态度（Tubadji，2012，2013）。

（2）文化资本是物质和非物质资产的禀赋，它量化一个地方的文化储备。文化资本有两个主要维度：文化遗产（在各历史时期制造和继承的资产，会产生路径依赖）和生活文化（在当前构建并代表某地文化创新和文化变革的资产）（Tubadji et al.，2020；Tubadji and Montalto，2020）。

（3）文化环境是各种主流态度的综合体，这些态度形成一种环境（或普遍话语），并由一个地方的文化创造，其他的社会经济过程都根植于其中（Tubadji et al.，2020）。

（4）文化引力是指一个地方吸引和聚集人力资本的吸引力，它取决于该地区所处的文化环境类型（Tubadji and Nijkamp，2015）。

从基于文化的发展范式的观点看，心理健康是文化环境的一部分；它创造一个地方当前的环境，并记录其文化遗产。因此，保护一个地方健康、有利和诱人的文化环境，不仅可以维护该地区的现有成员，也维护了该地区的发展。

从方法论的角度看，语言叙事经济学（Tubadji，2020）是一种崭新的基于文化的发展分析方法，它借助语言统计特征中记录的信息，研究社会经济发展与思维、意义和观念之间的联系。基于文化的发展方法需要两个前提：（i）把语言视为思维和意义之可靠进化记录的统计方面的原因，以及（ii）使用详细的大数据时间序列分析各现象之间关系的经验优势。因此，这种方法受以下因素影响：

（1）赫伯特·西蒙指出，齐普夫分布①（Zipf，1935，1949）是许多社会经济现象（如城市、人口和企业的增长）分布的基础。语言视角下基于文化的发展叙事经济学建立在西蒙（Simon，1955）的观察基础上，认为一个词在词语分布中的统计优势符合齐普夫定律的排名，也与当代公共话语中的叙事优势相对应。同样，心理学使用词语作为情绪状态（比如心理健康焦虑）的可验证符号（Löwe et al.，2008）。② 因此基于文化的发展方法认为，在地方文化话语（或环境）中，能够表示某种情绪状态且齐普夫排名较高的词汇，其相应的心理特质也较为普遍。

（2）来自谷歌、照片墙（Instagram）、脸书、推特等在线资源的公开大数据，以细化的时间序列形式提供信息记录。例如，谷歌的搜索量数据可以针对任何关键词进行挖掘，并对过去 15 年每隔 7.95 分钟的时间段标记一次。本文使用了这些数据。高频样本数据的长时间序列为因果计量经济学的推理和预测提供了机会。它可以用于历史的和持续的监测，以及预测公众对内生和外生处理措施的反应，譬如应对疫情危机。最重要的是，这是真实的行为数据，优于任何模拟模型，可以实时分析公众舆论以及公众对任何公共传播及经济政策的反应。

下文将使用基于文化的发展范式及其新颖的语言叙事经济学定量方法，研究新冠疫情时期公共政策的使用和传播及其对心理健康的影响。我们的数据、分析和解释为决策者提供启示，并强调语言叙事经济学方法论在以低成本快速

---

① 词汇频率显现出重度的重尾分布，因此可以使用齐普夫分布合理地建模。

② 有关该动机的更多细节，参见 Tubadji（2020a，b）。

获取可靠见解方面是有价值的，这是以前的研究人员或决策者不容易获得的。

5. 数据和方法

我们的语言数据集包含使用谷歌趋势的关键词搜索频率。最受关注的关键词是“死亡”，我们认为它是新冠疫情期间由死亡导致的焦虑心理状态的最佳代理变量。我们也获得了“自杀”一词的搜索频率，作为由死亡欲望激发的另一种焦虑心理状态的控制变量。最后，我们获得了与焦虑无关的单词“椅子”的搜索频率，作为封闭期间因居家导致的关键词搜索行为增加的控制变量，由此我们可以区分封闭期间互联网使用量的增加和焦虑程度的增加。

先前的研究显示，谷歌关键词搜索量会随着一周的不同日期而变化（Boy and Tubadji，2020），所以它也出现在我们的谷歌趋势数据中。我们的回归分析采用了周虚拟变量，在固定效应的意义上，我们使用这些虚拟变量刻画数据在一周中的变化，并用它们重新确认和分析一周内经历的焦虑有何差异。

我们用官方统计数据扩充了语言数据，纳入每个相关国家因新冠疫情造成的死亡人数。接着，我们加进实施封闭规定的日期信息，该规定在不同国家也不相同。意大利和英国的相应日期分别是 2020 年 3 月 12 日和 2020 年 3 月 23 日。我们给每一天创建一个虚拟变量，其中封闭前的值为 0，封闭期间的值为 1；并将这些虚拟变量与时间趋势相乘，以获得政策影响交互项。

我们考虑了 2020 年 1 月 23 日世界卫生组织在关于新冠疫情的《国际卫生条例》会议上发表的声明。这个日期与瑞典的数据有着特别紧密的联系，在这个特殊的日子，“死亡”关键词的搜索行为激增。最后，我们构建了一个模型，其语言数据中关键词搜索数量的变化可以用死亡率数据和实施封闭的公共政策决策来解释。

文化被视为一种“心理编程”（Hofstede and Hofstede，1991；Signorini et al.，2009），是我们主张封闭政策的文化差异会影响一般公众心理健康的原因。认为公共政策对心理健康产生影响的理论基础源自演化行为经济学的观点，即公共行为是对群体传递不确定性和焦虑信号的反应（Hall，1966；Akerlof and Shiller，2010）。在当今信息自由流通的时代，公众可以观察、比较和对照自己国家与其他国家对新冠疫情的反应。人类这一群体最终超越了我们的文化民族群体，本能地将自己视为普通人类群体的一部分。因此，我们利用基于文化的发展观，检验了与社会应对新冠疫情的心理健康行为相关的三个假说：

假说1：封闭的公共政策减少了居住国民众对死亡的焦虑。

假说2：报告的死亡人数增加，恶化了居住国民众对死亡的焦虑。

假说3：一国采取封闭政策的决定，使实行不同封闭政策的其他国家的民众对死亡更感焦虑。

上述假设基于以下构想：公众心理健康取决于可量化的客观因素（如死亡率），以及公众对处理客观因素而采取的公共政策的情感敏感性。这项公共政策反映了一国应对新冠疫情等突发事件的管理文化，相对而言，可以表示为实施（或完全避免实施）封闭规定的时间与其他国家的差异。我们用来检验工作假说（working hypothesis）的操作模型如下：

$$ANXIETY\_FROM\_DEATH = \alpha + \beta_1 LOCK\_DOWN + \beta_2 DEATH\_NUM + \beta_3 X + e_1 \quad (1)$$

其中 *ANXIETY_FROM_DEATH* 是某一特定国家某天搜索“死亡”关键词的频率，基于文化的发展方法将这一频率作为国家层面心理健康焦虑的语言能指（linguistic signifier）。*LOCK_DOWN* 刻画该国对实施封闭政策的心理敏感度；它是一个向量，包括每天的时间趋势和一个在实施封闭的当天和之后等于1的虚拟变量，以及这两个变量的交互项。*DEATH_NUM* 是官方公布的死亡人数，这是影响公众认知的重要数字。*X* 是其他干扰因素（confounding fator）的向量，例如邻国的封闭日期。纳入那些记录了邻国封闭日期的数据是合理的，因为它显示了另一群体在处理相同焦虑时的行为不一致性，以及他们在不确定条件下的不同生存策略。这种政策选择上的差异和犹豫不决的不对称性，会进一步加剧焦虑。

首先，我们使用双重差分法和带有时间趋势的 OLS（普通最小二乘法）回归分析，其中本国的封闭日可视为一种应对，双重差分效应则是每天的时间趋势与虚拟变量的交互项，从做出应对的当天起等于1（Conley and Taber，2011）。我们对每周的周期性变化进行校正，并探讨国家和国际封闭对关键词表达的焦虑程度的影响。其次，我们采用了中断时间序列分析方法（ITSA），中断表示国家或国际封闭；同时将上述的季节性、本国的封闭日期和额外的封闭措施作为干扰因素。①

① 我们还进行了第三步，使用 ITSA 方法检验了国家和国际闭锁造成的双重中断时间序列数据的影响（Heckman et al.，1999；Hahn et al.，2001；Lee and Lemieux，2010；Hausman and Rapson，2018；McDowall et al.，2019）。这些结果与之前的结果一致，也可向我们索取。

瑞典没有实行封闭，因而可以作为英国和意大利等实行封闭国家的对照组。为了利用这种准自然实验环境探究公众对公共政策的心理健康反应，我们计算了瑞典、英国和意大利之间关键词搜索的每日差异。这使我们可以将关键词搜索的这些差异作为瑞典与实施封闭政策的国家之间客观死亡人数差异，以及不同文化背景导致的封闭政策实施时间差异的函数，探究其变化。

为了检验我们的文化和语言方法的稳健性，我们应用模型（1）来解释“自杀”和“椅子”两个词的搜索行为。第一个词与我们的“死亡”结果有关，但“自杀”并不表示担心死亡会提早到来，而是预示一种与渴望死亡相关的焦虑。因此，根据基于文化的发展语言学方法，我们有望发现“自杀”一词的搜索量会下降，“死亡”一词的搜索量会增加，因为这两个概念在语言学上代表两种对立的心理状态。接下来，“椅子”一词将揭示我们创造的“宜家效应”，它近似于“一切照旧”的态度。“椅子”是日常生活方面的中性词，与我们关注的心理状态无关；“椅子”是家具，对空间的宜居性有特别重要的意义（Kirkham，2006）。

6. 研究结果和发现

初步观察“死亡”一词的搜索频率随时间的变化，可以发现自新冠疫情开始以来，人们对这个词的关注与日俱增，如图1(a) 所示。图的形状是弯曲的，变化的幅度也不尽相同，但意大利和英国的轨迹都是上行，意味着这场疫情总体上加剧了两国的平均焦虑程度。我们认为，图1(a) 中观察到的趋势差异从文化相对性的角度折射了跨地域的文化差异。我们还发现，人们对相同处理方式的响应强度随空间而变化，基于文化的发展方法称之为文化滞后效应（Tubadji、Angelis and Nijkamp，2016）。

为了验证我们观察到的是死亡焦虑效应，而不是简单的由于封闭期间待在家里导致的在线搜索量普遍增加，我们比较了“死亡”一词和“自杀”一词的搜索趋势，如图1(b) 所示。“自杀”一词的搜索呈下降而非上升趋势。这证明，我们的语言分析方法以建构主义和解构主义的方式反映了公众的心理状态，其中观念和心理状态以文化情境化的方式形成对现实的态度，关键词则代表并从统计上记录了情境的演变发展。

通过比较疫情之前和期间有关变量的描述性统计数据，可以更深入地了解我们分析的三个国家的趋势。我们将英国和意大利的关键词搜索量与对照组瑞

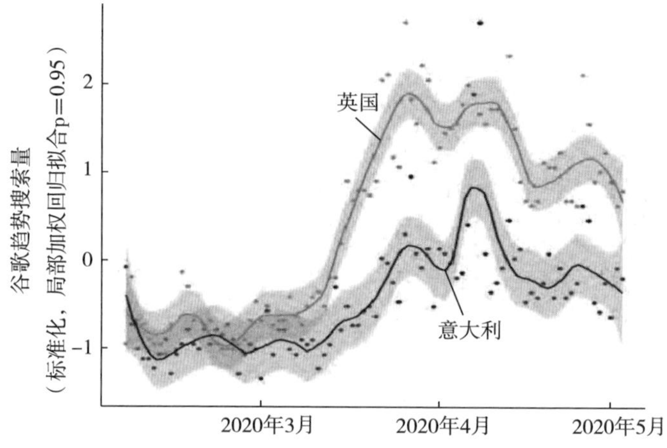

图 1(a)　疫情之前和期间对"死亡"的搜索

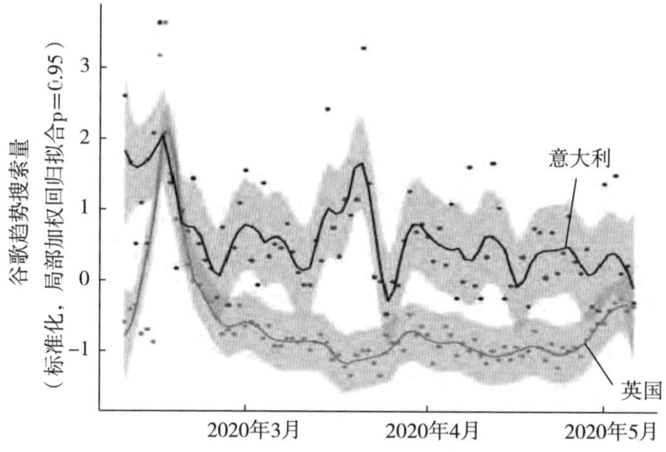

图 1(b)　疫情之前和期间对"自杀"的搜索

注：图 1(a) 和 1(b) 均使用谷歌趋势数据绘制。

典进行对比，得出了三个主要结论。第一，瑞典民众（意大利民众）在疫情之前和期间搜索"死亡"一词的次数最少（最多）。第二，疫情增加了所有国家搜索"死亡"一词的频率。最后，"死亡"一词的搜索量在英国增长最快，翻了一番；而意大利的"死亡"搜索量仅增长了 50%。这些统计观察结果与基于文化的发展范式得出的预测相吻合，即由于潜在的文化偏向，不同地域对相同的负面冲击会有不同的响应强度（Tubadji、Angelis and Nijkamp，2016）。我们需要从经验分析的角度，分离这种文化偏向效应与封闭效应的发生时间以及被分析国死亡人数增加引起的那部分效应。

双重差分分析

双重差分法可以用来对描述性统计数据进行更深入的经验分析。表1显示了实施封闭政策前后国内死亡焦虑的差异结果。表1展示了三个模型。模型（1）检验假说1，并探讨封闭对全国公众死亡焦虑程度的影响。模型（2）检验假说2，研究公开宣布的死亡人数对全国公众焦虑程度的影响，死亡人数代表了生命的不确定性。对模型（1）和模型（2）的结果进行比较有助于分辨假说1或假说2的效果是否在模型（1）中占据优势。模型（3）是一个扩充模型，加进了处理效应（treatment effect）及其时间和溢出交互项，从而考虑了意大利的封闭政策对英国民众焦虑的影响，反之亦然。这可以捕捉跨国溢出效应并检验假说3。

表1给出了若干见解。首先，意大利早期实行封闭政策对意大利和英国民众的心理健康均产生了不利影响。随后英国实施封闭措施，焦虑感才有所减轻，尤其是在英国。这一结果与基于文化的发展范式对群体信号显示和焦虑效应的假设相符，一如霍尔（Hall，1966）所述：英国的焦虑感日益加剧，是因为它看到意大利在相同的疫情威胁下采取了更严格的预防措施。英国政策的前后矛盾也对意大利产生了负面影响。在所有国家中，较高的死亡率增加了模型的解释力并影响了评估模型中的其他效应，因此对焦虑具有统计意义上的显著影响，而死亡率对焦虑的这一影响在意大利更为严重。

各国在死亡报告方面有不同的做法（例如，是在医院、疗养院还是在住所死亡），但具备可比性的是，报告的死亡人数反映了人们观察到的这场疫情的显著影响。因此，人们对计数方法和数字公布方法的差异所做的反应，有其根植于认知偏差的重要行为效应（Tversky and Kahneman，1979）。英国决定实行封闭政策似乎减轻了意大利人的焦虑情绪；我们对此的解释基于一种行为解读，即发出了确认所选生存策略的信号。

图2提供了数据的补充检查。我们呈现的是英国和意大利实行封闭措施前后的拟合线趋势。实行封闭措施时，两国的线性趋势似乎都呈明显的紊乱状况。与表1一致，在第72天意大利实行封闭政策之后，该趋势的中断与两个国家的焦虑加剧有关。同理，由于英国在第83天实行封闭政策，两个国家的死亡焦虑都有所减轻；我们认为这支持了从基于文化的发展范式所做的解释，

表 1　死亡焦虑：公共政策、死亡数字与溢出效应

因变量	公共政策效应				显著的死亡数量效应				跨国溢出效应			
	英国		意大利		英国		意大利		英国		意大利	
	死亡焦虑											
	回归系数	t 值	回归系数	t 值	回归系数	t 值	回归系数	t 值	回归系数	t 值	回归系数	t 值
封闭天数	0. 302	5. 90 ***	-0. 115	-2. 90 **	0. 296	6. 17 ***	-0. 135	-3. 25 ***	0. 117	5. 58 ***	-0. 125	-2. 90 **
处理效应_英国	104. 324	2. 15 *			229. 767	1. 89			268. 977	2. 46 *	-66. 164	-0. 71
中断_英国	-0. 867	-1. 62			-2. 376	-1. 62			-3. 272	-2. 50 **	107. 56	0. 97
平均死亡人数_英国					0. 029	1. 05			-0. 016	-0. 62		
处理效应_意大利			-82. 274	-3. 29 ***			-24. 892	-0. 95	-243. 200	-7. 20 ***	-1. 223	-0. 91
中断_意大利			1. 248	4. 07 ***			0. 351	0. 97	3. 473	7. 60 ***	0. 938	0. 75

（续表）

因变量	公共政策效应				显著的死亡数量效应				跨国溢出效应			
	英国		意大利		英国		意大利		英国		意大利	
	死亡焦虑											
	回归系数	t 值	回归系数	t 值	回归系数	t 值	回归系数	t 值	回归系数	t 值	回归系数	t 值
平均死亡人数_意大利							0.030	2.96 ***			0.017	1.12
每周不同日期固定效应	是		是		是		是		是		是	
_cons	25.016	9.65 ***	55.196	17.25 ***	25.123	9.76 ***	57.037	17.16 ***	29.828	19.38 ***	56.793	17.19 ***
观测值	94		94		94		94		94		94	
R^2	0.81		0.46		0.81		0.48		0.93		0.49	

注：本表给出了对“死亡”一词搜索频率的回归分析结果。表中列出了具有固定效应的 OLS，包括每周周期性变化的固定效应、日下降趋势，以及各国日下降趋势与作为直接处理效应的封闭日期之间的交互项。溢出效应则考虑额外纳入对另一国家的处理效应，以及这种额外处理效应与日趋势之间的相互作用。

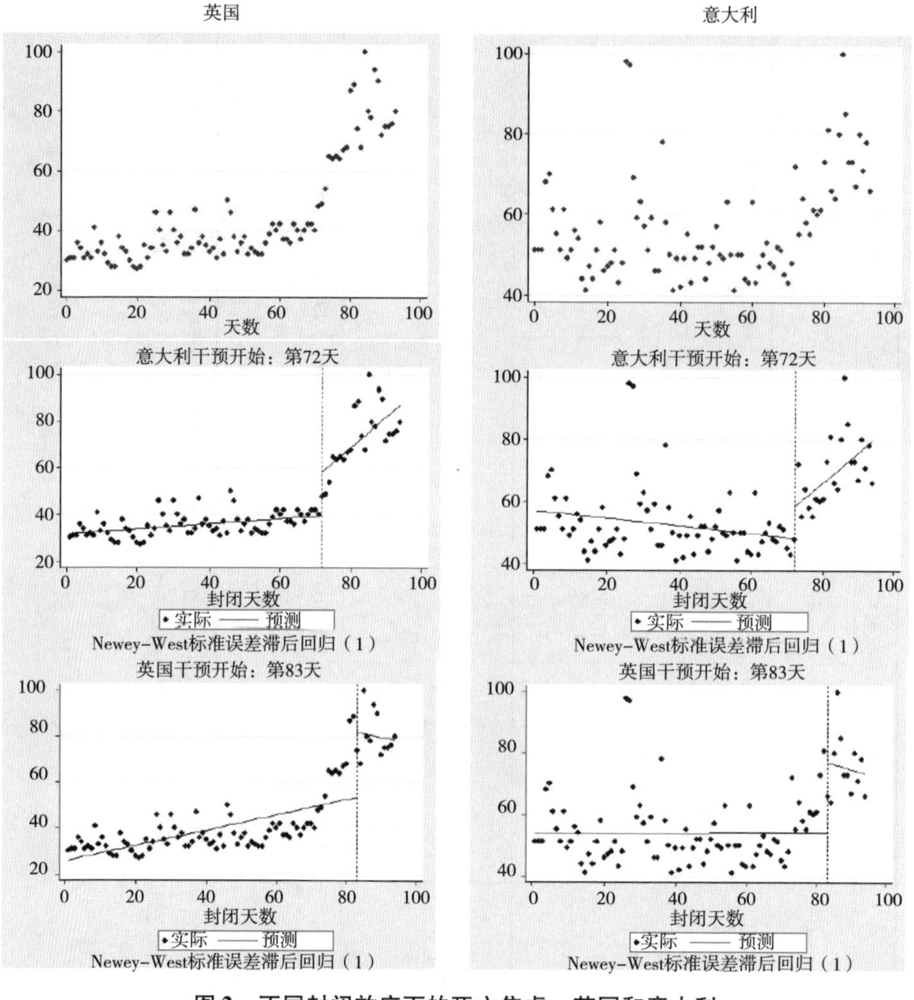

图2　不同封闭效应下的死亡焦虑：英国和意大利

注：第一排数字显示谷歌上搜索“死亡”一词的频率。第二排数字将意大利的封闭日期作为英国和意大利中断的时间序列（2020 年 3 月 12 日）的处理组。第三排显示与英国的封闭措施（2020 年 3 月 23 日）相关的中断的时间序列。

即在不确定时期，相关群体的行为可以作为一种信号，确认我们所选的生存策略是适当的或增强对这一策略的怀疑。

图2旨在证明使用中断时间序列分析（Interrupted Time-Series Analysis，ITSA）评估政策影响是合理的，这是非连续回归方法的一个特例，其中政策措施被界定在某个时间点上（Hausman and Rapson，2018）。我们的 ITSA 方法既适用于本国的封闭措施，也适用于他国的封闭决定。在这两种情况下，我们

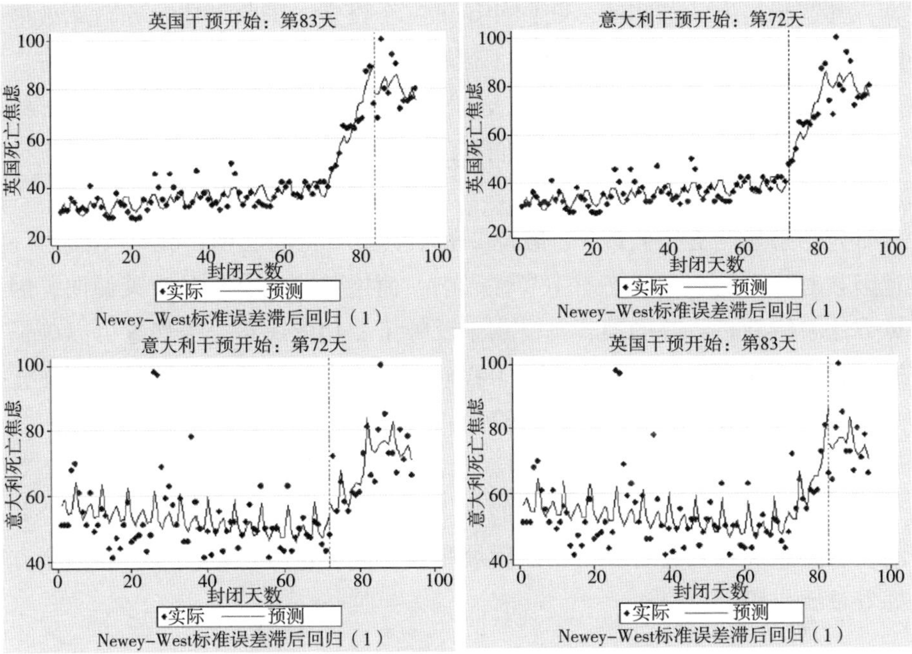

图 3　ITSA 评估后的死亡焦虑预测值

注：本图显示英国（第一排）和意大利（第二排）在谷歌上搜索“死亡”一词的预测频率，以及（其他相应国家的）有关国内和国际封闭政策的信息。

将其他的政策实施日期视为干扰因素。表 2 给出了这些结果①，并再次揭示了封闭政策对心理健康的影响。这种同一方法下的三角测量法证实，意大利和英国的封闭政策效应存在符号上的差异，如表 1 所示。图 3 是英国和意大利两种情况的预测值图，揭示了中断时间序列的典型趋势。

在与没有实行封闭政策的国家进行对比时，上述影响是值得考虑的，瑞典充当了这一对比角色。瑞典民众已经获得了死亡率信息，因此在模型（1）所示的焦虑函数中，瑞典民众是隔离和分析公共封闭政策实施效果的绝佳对照组。

封闭政策的对照国瑞典

一方面使用瑞典与英国的差异，另一方面使用瑞典与意大利的差异进行的

① 我们重新评估了 ITSA 方法的双重处理效应，结果与表 2 一致。

估算，其逻辑与上一节相同。我们使用了三个设定：国家效应、死亡率效应和跨国溢出效应。不过在这些估算中，因变量是基准国（瑞典）和处理国（分别是英国或意大利）之间的差异。表3所示的结果证实了以瑞典作为对照组时表1和表2的结果。此外，如果我们关注地域差异，那么估算的效应在统计上更显著。

研究结果显然支持假说1、假说2和假说3。它们表明，死亡率作为一个客观因素对公众的心理状态有主导性影响，而这并非没有公共政策偏向，因为计算方法、特别是数字的报告都受制于反映了文化的决策。虽然这可以确证人们通常是现实和理性的，却也强调了我们在不确定情况下的行动将受到文化偏向的影响。人们或许会知道本国计算死亡人数的方法和其他国家不同，但公开报道的死亡数字也能产生类似的效应。尽管这些结果揭示了公众心理状态对公开报道的死亡数字的敏感性，可我们并不主张操控这些数字，而是提请公共政策制定者要意识到其公告和行动的后续影响，因为这在稳定民众心理健康方面发挥着重要作用。

小时效应和其他稳健性检验

为了进一步交叉检验我们的发现，我们对语言的叙事经济学方法及其对各国应对新冠疫情的行为差异的解释力进行稳健性检验。图4详细呈现了英国平均每天对“死亡”一词的每小时搜索情况。这张图将搜索行为分成封闭前和封闭后两个时段，并以疫情的开始（1月1日至14日）作为基线。图4揭示了三个值得注意的方面。首先，“死亡”一词的搜索频率在20：00—02：00达到峰值。① 其次，使用谷歌搜索“死亡”关键词的时间模式在封闭之前已经存在，且延续到封闭之后。最后，封闭政策降低了白天在谷歌上搜索“死亡”一词的频率，这说明英国民众每天经历的焦虑程度较为一致。然而，临睡前的几个小时仍然是应对死亡焦虑的最困难时刻。

图5显示了瑞典、英国和意大利搜索情绪中性词“椅子”的时间模式。对于英国和意大利，我们还使用一条垂直线表示封闭期的时间，并在各自国家实施封闭之前和之后的观测值中得出一条拟合线。在整个时期，瑞典民众使用

① 正如Tubadji、Boy and Webber（2020）揭示的，这证实了欧洲各地对极右偏好的搜索密度日益增加。

表 2　死亡焦虑的中断的时间序列分析

因变量	样本 1				样本 2			
	英国				意大利			
	死亡焦虑							
	回归系数	Z 值	回归系数	Z 值	回归系数	Z 值	回归系数	Z 值
_t	0.117	4.86***	0.119	5.08***	−0.134	−2.63**	−0.124	−2.44**
_x83	−5.705	−0.91					5.624	0.67
_x_t83	−2.954	−1.74					−1.582	−1.11
_x72			7.342	3.12***	5.556	1.18		
_x_t72			3.366	6.70***	0.426	0.33		
平均死亡人数_英国	−0.022	−0.74	−0.016	−0.65				
平均死亡人数_意大利					0.016	1.12	0.016	1.21
处理效应_意大利	−257.606	−8.64***					−83.450	−1.08
中断_t_意大利	3.667	9.07***					1.177	1.14
处理效应_英国			261.927	2.32**	65.812	0.56		
中断_t_英国			−3.181	−2.34**	−0.686	−0.49		

（续表）

因变量		样本 1				样本 2			
		英国				意大利			
		死亡焦虑							
		回归系数	Z 值	回归系数	Z 值	回归系数	Z 值	回归系数	Z 值
每周不同日期固定效应									
	2	3.954	1.88	3.728	1.76	1.917	0.60	2.186	0.70
	3	0.673	0.38	0.490	0.28	−2.280	−0.72	−2.090	−0.61
	4	4.608	2.08*	4.458	2.03*	−1.903	−0.63	−1.862	−0.61
	5	4.599	2.02*	4.484	2.03*	7.898	1.77	8.559	1.93
	6	−0.911	−0.41	−1.141	−0.53	−0.619	−0.13	−0.558	−0.12
	7	−2.001	−0.87	−2.230	−0.98	−3.464	−1.08	−3.440	−1.06
_cons		30.002	17.91***	30.112	17.99***	59.996	15.88***	56.591	15.87***
N		94		94		94		94	
Treated		−2.837	−1.67	3.486	6.95***	0.292	0.22	1.706	1.21

注：本表给出了中断的时间序列分析的结果，其中“死亡”一词的搜索频率由处理措施解释，也可以将它分别视为意大利的第 72 天（2020 年 3 月 12 日）或英国的第 83 天（2020 年 3 月 23 日）。

表 3　瑞典作为英国和意大利公共政策的对照组

因变量	公共政策效应				显著的死亡数量效应				跨国溢出效应			
	英国与瑞典的差异		意大利与瑞典的差异		英国与瑞典的差异		意大利与瑞典的差异		英国与瑞典的差异		意大利与瑞典的差异	
	回归系数	t 值	回归系数	t 值	回归系数	t 值	回归系数	t 值	回归系数	t 值	回归系数	t 值
封闭天数	0. 268	3. 13 ***	-0. 144	-1. 43	0. 249	3. 01 ***	-0. 166	-1. 60	0. 086	0. 91	-0. 163	-1. 57
处理效应_英国	34. 875	0. 61			463. 322	2. 70 **			364. 864	20. 68 **	33. 752	0. 56
中断	-0. 033	-0. 05			-5. 180	-2. 50 **			-4. 137	-2. 54 **	0. 187	1. 67
英国与瑞典平均死亡人数差异					0. 110	2. 57 **			0. 087	3. 34 ***		
处理效应_意大利			-95. 562	-2. 57 **			-39. 408	-0. 76	0. 252	2. 60 **	0. 030	1. 41

（续表）

因变量	公共政策效应				显著的死亡数量效应				跨国溢出效应			
	英国与瑞典的差异		意大利与瑞典的差异		英国与瑞典的差异		意大利与瑞典的差异		英国与瑞典的差异		意大利与瑞典的差异	
	回归系数	t值	回归系数	t值	回归系数	t值	回归系数	t值	回归系数	t值	回归系数	t值
中断_意大利			1.435	3.12 ***			0.543	0.73			-0.435	-0.51
意大利与瑞典平均死亡人数差异							0.033	1.36				
每周不同时期固定效应	是		是		是		是		是		是	
_cons	12.099	2.05 *	43.177	6.69 ***	12.679	2.17 *	44.167	6.61	16.150	2.91 **	43.949	6.55 ***
N	94		94		94		94		94		94	
R	0.49		0.25		0.51		0.26		0.55		0.26	

注：本表给出了具有固定效应的 OLS，包括每周周期性变化的固定效应、日下降趋势，以及各国日趋势与作为直接处理效应的封闭日期之间的交互项。溢出效应则考虑额外纳入对另一国家的处理效应，以及这种额外处理效应与日趋势之间的相互作用。

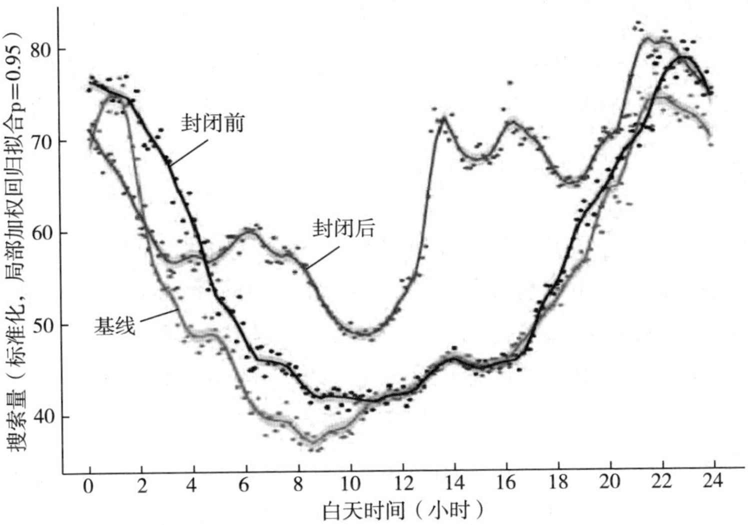

图 4　英国每日关于死亡焦虑的粒度数据（granular data）

注：本图给出了使用谷歌搜索“死亡”一词的频率，基线代表英国在疫情之前的 24 小时数。

资料来源：谷歌趋势数据。

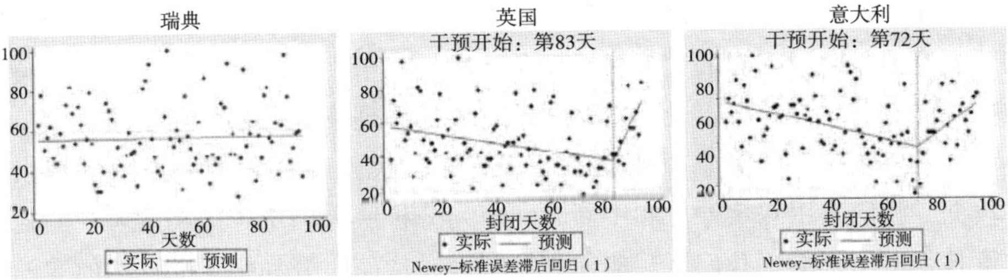

图 5　“一切照旧”式封闭政策：宜家效应

注：本图显示 2020 年 1 月 1 日至 2020 年 4 月 3 日期间，瑞典、英国和意大利（从左到右）每日在谷歌上搜索“死亡”一词的相对频率。英国和意大利的图形展示了封闭当天和封闭前后的拟合线。

谷歌搜索“椅子”的频率没有变化。相比之下，意大利和英国的数据较不稳定；拟合线表明，在封闭前的疫情初期，人们对椅子的兴趣逐渐下降，而封闭之后椅子的搜索量则有所提升。这说明，封闭之后，人们更热衷于在线搜索。① 但是搜索趋势没有间断，与焦虑相关的“死亡”一词的搜索频率也是如此。我们认为，这证明公共政策的确对民众焦虑产生影响，而且这并非一种完

① 它还可能表明家里椅子的使用率增加，所以需要购买/更新椅子。

全相同的、可以在所有词语中错误地观察到的倾向。因此统计研究证实，这种文化的叙事经济学实证方法是一种可靠且有意义的分析工具。在大数据时代，这是一个重要信息，毕竟语言证据虽然非常丰富，但是尚未应用于评估政策影响。

7. 政策启示

公共政策创造了一个社会运作的环境，也是导致地方社会经济决策和行为复杂化的主要因素。环境有助于解释不同地域相同条件下的反应和影响的差异，也有助于解释对相同冲击的不对称反应。根据这一推理，本文提出一种基于文化的发展方法，用于分析和理解应对新冠疫情的公共政策中根植于文化的地域差异，正如实施封闭政策的决定揭示的。

通过比较英国和意大利对封闭政策的反应，并将这些反应与瑞典作为对照国的“一切照旧”政策进行对比，我们可以剖析三组主要的影响。首先，我们得以研究封闭政策对实施国的影响及其对另一个国家的跨国溢出效应。意大利和英国借助媒体积极参与了这场疫情的国际监测，因此它们为研究跨国溢出效应奠定了良好的基础。我们的分析确定并区分了实施不同公共政策带来的影响以及死亡人数这一客观因素产生的影响，同时也区别了国家间的文化相对性和新冠疫情时期国家间的文化滞后现象。我们从中发现，瑞典、意大利和英国在疫情前后的死亡焦虑以及民众对封闭政策的心理反应，都存在差异。

借助谷歌趋势中对应“死亡”一词（表征民众对死亡的焦虑）的搜索频率数据，我们采用双重差分和中断时间序列分析法来确定英国和意大利的封闭政策是否产生影响。我们将瑞典作为对照国，从而充分利用了准自然的实验环境，因为瑞典不实施公共封闭政策。我们的研究结果证实，意大利的早期封闭加剧了意大利和英国的焦虑情绪，可能是因为政策制定的不对称预示着应对新冠疫情存在高度不确定性。与这一思路相契合，我们发现英国实行封闭政策减少了英国和意大利的焦虑，这或许是由于它证实了一个共识，即封闭政策是正确的生存策略。

然而，尽管目前的研究结果显示，一个国家的封闭政策影响其民众的心理健康，但是，对每日死亡人数统计的认知理解对心理健康的影响更大。意大利的死亡人数较高，因此完全压制了该国的其他影响，而英国的公共政策在整个新冠疫情期间能持续发挥作用。我们使用带有死亡焦虑含义的替代词（“自杀”）和情绪中性词（“宜家效应”驱动的词语“椅子”）对这些结果做了交义检验。这些稳健性检验表明，根据基于文化的发展方法提出的语言叙事经济学方法，足以为具有经济意义的政策提供依据。我们进而说明了如何使用这种方法评估公共政策和公共统计数据对公众心理健康的影响。最后，我们详细分析了有代表性的 24 小时窗口期的死亡焦虑，结果显示，一天中最易受到伤害（即对疫情感受最深）的时间是傍晚和凌晨。

（颜超凡　译）

参考文献

Acemoglu, D. and Robinson, J. A.(2010). Why Is Africa Poor?. *Economic History of Developing Regions*, 25 (1), 21 – 50.

Acemoglu, D. and Robinson, J. A.(2012). *Why Nations Fail: The Origins of Power, Prosperity, and Poverty*. Crown Books.

Akerlof, G. and R. Shiller (2010). *Animal Spirits: How Human Psychology Drives the Economy, and Why It Matters for Global Capitalism*. Princeton University Press.

Babazono, A., Mino, Y., Nagano, J., Tsuda, T. and T. Araki (2005). A Prospective Study on the Influences of Workplace Stress on Mental Health. *Journal of Occupational Health*, 47 (6), 490 – 495.

Banerjee, S.(2018). How Does the World Google the Internet, Anxiety, and Happiness? *Cyberpsychology Behavior Social Network* 21 (9): 569 – 574. doi: 10. 1089/cyber. 2018. 0206.

Benabou, R. and J. Tirole (2006). Belief in a Just World and Redistributive Politics, *Quarterly Journal of Economics*, 121 (2), 699 – 746.

Benabou, R. and J. Tirole (2009). Over My Dead Body: Bargaining and the Price of Dignity, *American Economic Review*, 99 (2), 459 – 465.

Benabou, R. and Tirole, J.(2011). Identity, Morals, and Taboos: Beliefs as Assets. *The Quarterly Journal of Economics*, 126 (2), 805 – 855.

Benabou, R. and Tirole, J.(2016). Mindful Economics: The Production, Consumption, and Value of Beliefs. *Journal of Economic Perspectives*, 30 (3), 141 – 64.

Boy, F. and A. Tubadji (2020). Search for Linguistic Signifiers of Hate Crime Propensity, mimeo.

Bristow, G. and A. Healy (2020). *Handbook of Regional Economic Resilience*. Edward Elgar, Cheltenham, UK.

Brunow, S., P. Nijkamp and J. Poot (2015). The Impact of International Migration on Economic Growth in the Global Economy. In *Handbook of the Economics of International Migration* (Vol. 1, pp. 1027 – 1075). North – Holland.

Brunow, S. and P. Nijkamp (2018). The Impact of a Culturally Diverse Workforce on Firms'

Revenues and Productivity: An Empirical Investigation on Germany. *International Regional Science Review*, 41 (1), 62-85.

Brunzell, T., Stokes, H. and Waters, L.(2016). Trauma-informed Positive Education: Using Positive Psychology to Strengthen Vulnerable Students. *Contemporary School Psychology*, 20 (1), 63-83.

Castells, M.(1996). *The Rise of the Network Society*. Oxford: Blackwell.

Conley, T. and C. Taber (2011). Inference with "Difference in Differences" with a Small Number of Policy Changes. *The Review of Economics and Statistics*, 93 (1), 113-125.

Cornum, R., M. Matthews and M. Seligman (2011). Comprehensive Soldier Fitness: Building Resilience in a Challenging Institutional Context. *American Psychologist*, 66 (1), 4.

Crossley, N.(2006). "Contextualizing Contention". *Contesting Psychiatry: Social Movements in Mental Health*. New York: Routledge. ISBN 978-0-415-35417-2.

Dear, M., Clark, G. and Clark, S.(1979). Economic Cycles and Mental Health Care Policy: An Examination of the Macro-context for Social Service Planning. *Social Science and Medicine. Part C: Medical Economics*, 13 (1), 43-53.

Derrida, J.(1967). *Of Grammatology*, *De la grammatologie* (Paris: Les Éditions de Minuit, 1967). The Johns Hopkins University Press: Baltimore.

Derrida, J. and T. Dutoit (1992). *Aporias*, Stanford: Stanford University Press.

Fletcher, D. and M. Sarkar (2013). Psychological Resilience: A Review and Critique of Definitions, Concepts, and Theory. *European Psychologist*, 18 (1), 12.

Foucault, M.(1961). *Madness and Civilisation: A History of Insanity in the Age of Reason*, Routledge Ltd: London.

Foucault, M.(1954). *Mental Illness and Psychology*, University of California Press: London.

Frank, R. G. and T. McGuire (2000a). Economics and Mental Health. *Handbook of Health Economics*, 1, 893-954.

Frank, R. G. and T. McGuire (2000b). Economics and Mental Health. *Handbook of Health Economics*, 1, 893-954.

Fritsch, M., Obschonka, M., Wahl, F. and Wyrwich, M.(2020). The Deep Imprint of Roman Sandals: Evidence of Long-lasting Effects of Roman Rule on Personality, Economic Performance, and Well-being in Germany.

Fritsch, M., Sorgner, A., Wyrwich, M. and Zazdravnykh, E.(2019). Historical Shocks and Persistence of Economic Activity: Evidence on Self-employment from a Unique Natural Experiment. *Regional Studies*, 53 (6), 790-802.

Garber, P. M.(1989). Tulipmania. *Journal of Political Economy*, 97 (3), 535-560.

Gotts, S. J., Simmons, W. K., Milbury, L. A., Wallace, G. L., Cox, R. W. and Martin, A.(2012). Fractionation of Social Brain Circuits in Autism Spectrum Disorders. *Brain*, 135 (9), 2711-2725.

Haddadi, P. and M. Besharat (2010). Resilience, Vulnerability and Mental Health. *Procedia - Social and Behavioral Sciences*, 5, 639-642.

Hahn, J., Todd, P. and Van der Klaauw, W.(2001). Identification and Estimation of Treatment Effects with a Regression–discontinuity Design. *Econometrica*, 69 (1), 201 –209.

Hall, E.(1966) *The Hidden Dimension*, *Garden City*, NY: Doubleday.

Hatzenbuehler, M. L.(2010). Social Factors as Determinants of Mental Health Disparities in LGB Populations: Implications for Public Policy. *Social Issues and Policy Review*, 4 (1), 31 –62.

Hausman, C. and Rapson, D. S.(2018). Regression Discontinuity in Time: Considerations for Empirical Applications. *Annual Review of Resource Economics*, 10, 533 –552.

Haveman, M. J.(1986). Dehospitalization of Psychiatric Care in the Netherlands. *Acta Psychiatrica Scandinavica*, 73 (4), 456 –463.

Heckman, J. J. , LaLonde, R. J. and Smith, J. A.(1999). The Economics and Econometrics of Active Labor , Market Programs. In *Handbook of Labor Eonomics* (Vol. 3, pp. 1865 – 2097). Elsevier.

Hirschman, A. O. and M. Rothschild (1973). The Changing Tolerance for Income Inequality in the Course of Economic Development, *Quarterly Journal of Economics*, 87 (4): 544 –566.

Hofstede, G. and J. Hofstede (1991). "Cultures and Organisations: Software of the Mind." McGrawHill USA.

Kirkham, P.(2006). Furniture History. In Design History (pp. 70 –97). Routledge.

Kloosterman, R. , Van Der Leun, J. and Rath, J.(1999). Mixed Embeddedness: (in) Formal Economic Activities and Immigrant Businesses in the Netherlands. *International Journal of Urban and Regional Research*, 23 (2), 252 –266.

Knapp, M. , McDaid, D. and Parsonage, M.(2011). Mental Health Promotion and Mental Illness Pevention: The Economic Case.

LeDoux, J. E. (1995). Emotion: Clues from the Brain. *Annual Review of Psychology*, 46 (1), 209 –235.

Lee, D. S. and T. Lemieux (2010). Regression Discontinuity Designs in Economics. *Journal of Economic Literature*, 48 (2), 281 –355.

Löwe, B. , Decker, O. , Müller, S. , Brähler, E. , Schellberg, D. , Herzog, W. and Herzberg, P. Y.(2008). Validation and Standardization of the Generalized Anxiety Disorder Screener (GAD–7) in the General Population. *Medical Care*, 266 –274.

MacArthur, R. H.(1955). Fluctuations of Animal Populations and a Measure of Community Stability. *Ecology* 36, 533–536.

Malkina – Pykh, I. G. and Pykh, Y. A. (2013). An Integrated Model of Psychological Preparedness for Threat and Impacts of Climate Change Disasters. In C. A. Brebbia (Ed.), *Disaster Management and Human Health Risk III. Reducing Risk*, *Improving Outcomes* (pp. 121 –132). Southampton, UK: WIT Press. doi: 10. 2495/DMAN13012.

Martin, R.(2012). Regional Economic Resilience, Hysteresis and Recessionary Shocks. *Journal of Economic Geography*, 12 (1), 1 –32.

McDowall, D. , McCleary, R. and Bartos, B. J.(2019). Interrupted Time Series and Analysis. Oxford University Press.

Neubert, M. G. and H. Caswell (1997). Alternatives to Resilience for Measuring the Responses of Ecological Systems to Perturbations. *Ecology* 78, 653–665.

Nijkamp, P.(2007). Ceterisparibus, Spatial Complexity and Spatial Equilibrium: An Interpretative Perspective, *Regional Science and Urban Economics*, 37: 509 – 516.

Nijkamp, P.(1999). Evaluation of Complex Resilience Strategies for Sustainable Cities. Aestimum.

Norpoth, H., Lewis–Beck, M. S. and Lafay, J. D.(Eds.).(1991). *Economics and Politics: The Calculus of Support.* University of Michigan Press.

Obschonka, M., Schmitt – Rodermund, E., Silbereisen, R. K., Gosling, S. D. and Potter, J.(2013). The Regional Distribution and Correlates of an Entrepreneurship–prone Personality Profile in the United States, Germany, and the United Kingdom: A Socioecological Perspective. *Journal of Personality and Social Psychology*, 105 (1), 104.

Ponticelli, J. and Voth, H. J.(2020). Austerity and Anarchy: Budget Cuts and Cocial Unrest in Europe, 1919–2008. *Journal of Comparative Economics*, 48 (1), 1 – 19.

Reggiani, A., De Graaff, T. and Nijkamp, P.(2002). Resilience: An Evolutionary Approach to Spatial Economic Systems. *Networks and Spatial* Economics, 2 (2), 211 – 229.

Reich, W.(1980). *The Mass Psychology of Fascism*, *Farrar*, *Straus and Giroux*: New York.

Rentfrow, P. J.(2014). Geographical Psychology: Exploring the Interaction of Environment and Nehavior (pp. xi – 343). American Psychological Association.

Schmitt, D. P.(2004). The Big Five Related to Risky Sexual Behaviour across 10 World Regions: Differential Personality Associations of Sexual Promiscuity and Relationship Infidelity. *European Journal of personality*, 18 (4), 301 – 319.

Seligman, M.(2002). Positive Psychology, Positive Prevention, and Positive Therapy. *Handbook of Positive Psychology*, 2 (2002), 3 – 12.

Sercu, C. and P. Bracke (2016). Stigma as a Structural Power in Mental Health Care Reform: An Ethnographic Study among Mental Health Care Professionals in Belgium. *Archives of Psychiatric nursing*, 30 (6), 710–716.

Shackle, G. L. S.(1949 [1952]). *Expectation in Economics.* Cambridge: Cambridge University Press.

Shiller, R. J.(2017). Narrative Economics. *American Economic Review*, 107 (4), 967 – 1004.

Shiller, R. J.(2019). *Narrative Economics: How Stories Go Viral and Drive Major Economic Events.* Princeton University Press.

Signorini, P., R. Wiesemes and R. Murphy (2009). Developing Alternative Frameworks for Exploring Intercultural Learning: A Ritique of Hofstede's Cultural Difference Model. *Teaching in Higher Education*, 14 (3), 253 – 264.

Simon, H.(1955). On a Class of Skew Distribution Functions, *Biometrika*, 42: 425 – 440.

Spijker, J., de Graaf, R., Ten Have, M., Nolen, W. A. and A. Speckens (2010). Predictors of Suicidality in Depressive Spectrum Disorders in the General Population: Results of the Netherlands Mental Health Survey and Incidence Study. *Social Psychiatry and Psychiatric Epidemiology*, 45 (5), 513 – 521.

Stavis, P.(2000). Why Prisons Are Brim–full of the Mentally Ill: Is Their Incarceration a Solution or a Sign of Failure. Geo. Mason UCRLJ, 11, 157.

Steel, G. D., Suedfeld, P., Peri, A. and Palinkas, L. A. (1997). People in High Latitudes: the "Big Five" Personality Characteristics of the Circumpolar Cojourner. *Environment and Behavior*, 29 (3), 324 - 347.

Tubadji, A. (2012). Culture-Based Development: Empirical Evidence for Germany. *International Journal of Social Economics*, 39 (9): 690 - 703.

Tubadji, A. (2013). Culture - Based Development: Culture and Institutions—Economic Development in the Regions of Europe. *International Journal of Society Systems Science*, 5 (4): 355 - 391.

Tubadji, A. (2020a). Narrative Economics of Religion: The Witch Question, forthcoming.

Tubadji, A. (2020b). UK Witches: Social Signaling for People and Places Left Behind, Manuscript.

Tubadji, A., V. Angelis and P. Nijkamp (2016). Cultural Hysteresis, Entrepreneurship and Economic Crisis: An Analysis of Buffers to Unemployment after Economic Shocks, *Cambridge Journal of Regions, Economy and Society*, 9 (1): 103 - 136.

Tubadji, A., F. Boy and D. J. Webber (2020). Narrative Cultural Economics on the Temporal Dynamics of Ultra Right Preferences, forthcoming.

Tubadji, A., E. Fetahu, T. Hinks and P. Nijkamp (2020). Entrepreneurship and Regional Development, forthcoming.

Tubadji, A., R. Huggins and P. Nijkamp (2020). Firm Survival as a Function of Individual and Local Uncertainties: An Application of Shackle's Potential Surprise Function, *Journal of Economic Issues*, forthcoming.

Tubadji, A. and P. Nijkamp (2019). Cultural Attitudes, Economic Shocks and Political Radicalization", *The Annals of Regional Science*, 62 (3): 529 - 562.

Tubadji, A. and P. Nijkamp (2015). Cultural Gravity Effects among Migrants: A Comparative Analysis of the EU15, *Economic Geography*, 91 (3): 343 - 380

Ulman, R. B. and Abse, D. W. (1983). The Group Psychology of Mass Madness: Jonestown. *Political Psychology*, 637 - 661.

Wahl, O. F. (2003). News Media Portrayal of Mental Illness: Implications for Public Policy. *American Behavioral Scientist*, 46 (12), 1594 - 1600.

Yates, T. M. and Masten, A. S. (2004). Fostering the Future: Resilience Theory and the Practice of Positive Psychology.

改革论坛

Reform Forum

Comparative

“特事特办”
中国经济增长的非正式制度基础

白重恩　谢长泰　宋铮　王鑫

一、引言

中国经济在过去40年经历了快速增长，其中民营企业的发展起到了举足轻重的作用。但一些数据显示，中国的正式经济制度仍然不甚完善。比如2015年以前的世界银行《营商环境报告》中，中国的整体营商环境排名在全球近190个经济体中始终位于第90位左右。其中的第一个子项“开办企业”（Starting a business）的排名，更在第150位左右。

中国是如何在正式经济制度并不健全的情况下实现快速经济增长的？我们认为，答案在于一系列非正式制度，我们称之为“特事特办”制度。它的主要特征是：地方政府帮助一部分民营企业突破正式制度中的一些不利规则，从而帮助这些企业进入、生存并成长。要论证这一观点，需要着重回答两个问题：

- 第一，类似的非正式制度在正式制度不健全的国家普遍存在，且有大

* 白重恩，清华大学经管学院弗里曼经济学讲席教授、院长；谢长泰，芝加哥大学布斯商学院教授；宋铮，香港中文大学经济学教授；王鑫，香港中文大学研究员。本文改写自作者的两篇英文论文（Bai、Hsieh and Song，2020；Bai、Hsieh、Song and Wang，2020）。

量证据表明，在许多情况下，那些因此获益的企业，其收益基本上都被其他企业承担的成本抵消了。① 全社会的福利并没有增加，经济增长更没有起色。中国为什么是一个特例？

- 第二，非正式制度往往具有很强的局部性，不像正式制度那样具有普惠性。对于中国“特事特办”制度的另一个怀疑是政府往往只能为数量有限的企业提供帮助（比如某个地方官员可能最多支持几十家企业，但一个地级市平均有10万家企业），这一理论如何解释中国如此大规模的民营企业的成长？

关于第一个问题，有三点原因可以解释为什么“特事特办”制度在中国带来的好处很可能超过其成本。首先，中国的地方政府有强大的行政能力，可以用来为其选定的企业提供“援助之手”。其次，出于发展地方经济的责任感，或是希望借此获得政绩和晋升机会，地方官员具有支持“特事特办”的强大激励。② 再次，地方政府之间就招商引资展开激烈竞争，可以有效限制因地方政府对部分企业给予保护而对其他企业造成的损害。在本文的第二节，我们将详细讨论这三个因素的影响，并提供一些支持性证据。③

关于第二个问题，通过研究全国范围内所有国有和民营企业之间以及民营企业相互之间成立合资企业的情况，我们发现（1）最大的民营出资人往往都和国有出资人有合资企业，这可能是这些民营企业获得“特事特办”待遇的

① Hallward-Driemeir and Pritchett（2015）记录了正式制度较弱的国家广泛使用类似非正式制度安排的情况。

② 已有大量文献提供了经验证据显示中国地方官员的晋升和地区经济成长有着显著的关联，比如：Li and Zhou（2005）；Jia、Kudamatsu and Seim（2015）。

③ 已有的研究中也有相关的讨论。许成钢（2011）认为经济上的地方分权使地方政府有强大的激励推动民营企业发展，而干部制度的相对集权则有利于促进地方竞争和缓解分权可能带来的问题。姚洋（2018）认为，中性的中央政府、地方分权和选贤任能的官员选拔体制是中国经济成就的政治经济学原因。周黎安的“晋升锦标赛模式”以及在此基础上发展而来的“官场+市场”理论（周黎安，2018）则描述了地方官员和辖区内企业的互动模式。聂辉华（2020）则从政企关系入手（合谋或合作）解释中国经济的快速成长以及同时出现的各类问题（比如矿难、环境污染等）。与这些研究相似的是，我们都强调了地方政府在推动经济增长中的巨大作用。而本文的特别之处在于，我们观察并强调了地方政府对民营企业的支持几乎总是采取“特事特办”的形式，这会给一部分得到帮助的企业带来好处，同时也给其他企业造成损失。我们指出，在中国过去30年特定的发展阶段和制度环境中，“特事特办”带来的好处很可能超过成本，从而推动了整体经济的快速增长。

主要模式或前提条件；更重要的是，（2）这些民营出资人可以通过成立合资企业的方式，一定程度上将“特事特办”的好处传递给更多的民营出资人，从而改善后者的经营环境。这一机制可以不断地传递到更多、规模相对更小的民营企业。如图 1(a）所示，黑色圆圈代表国有出资人，深灰色圆圈代表民营出资人，连线表示两者间有合资企业，d 是我们定义的民营出资人与国有出资人的距离（详细定义见下文）。通过类似的层级结构，“特事特办”制度惠及的企业范围大大扩展了。

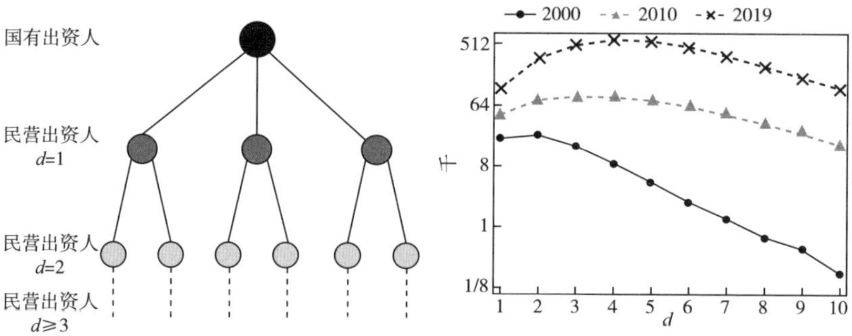

（a）示意图　　（b）中国数据（2000—2019年）

图 1　“特事特办”制度惠及范围的扩展

图 1(b）显示了 2000—2019 年通过上述层级结构直接获得“特事特办”待遇的民营出资人（$d=1$）及间接受益的民营出资人（$d\geqslant 2$）数量的增长情况。直接受益的民营出资人数量增长了约 5.5 倍，而间接受益的民营出资人则增长了近 60 倍。以注册资本衡量，2000 年受益于“特事特办”制度的民营企业占整个经济的 16%，2019 年这一比例上升至 35%。本文第三节将详细介绍相关工作。①

理解“特事特办”制度，有助于厘清中国当下和未来发展面临的挑战。比如，这一制度可能带来的要素分配扭曲、金融风险、贸易争端等问题在近年来都愈发突出。我们将在文章的最后一节讨论这些问题。

二、“特事特办”为什么在中国可以奏效?

类似“特事特办”的非正式制度在正式制度不健全的国家普遍存在。

① 关于“出资人”的定义，也将在第三节中解释。

这类制度的本质是，一部分企业能够获得政府的帮助和保护并因此受益，而另一部分企业则往往因为政府对前者的保护而受损。在很多例子中，前者的收益基本上都被后者承担的成本抵消了，因而全社会的福利并没有改善。

然而，我们认为有三个原因可以解释为什么“特事特办”制度在中国带来的好处可能会超过其成本。

首先，相比于大多数正式制度不完善的国家，中国的地方政府有强大的行政能力，可用来为选定的企业提供“援助之手”。这些帮助包括突破已有不利规则的限制（这正是“特事特办”这个词的本义）、改善当地的基础设施、提高办事效率、以优惠价格提供土地、放松信贷约束、阻止竞争者进入等。阻止竞争对手进入的措施会降低社会福利，土地和资本等要素过度向特事特办受惠企业倾斜，加大其他企业获得这些要素的难度，也有可能降低社会福利，其他很多措施都是有利于提高生产率并促进经济增长的，比如地方政府在帮助企业进入一些传统上由央企主导的行业时曾发挥过积极作用。①

其次，地方官员具有支持“特事特办”制度的强大激励。据我们观察，地方政府对吸引和支持民营企业的重视程度往往令人印象深刻，地方主要官员的大部分时间也都花在这项工作上。地方官员对民营企业的支持或是出于发展地方经济的责任感和成就感，也可能是希望借此获得政绩和晋升机会。② 因而，在时间和资源有限的前提下，如果为每一个企业提供“特事特办”待遇的成本大致相同，地方官员往往会选择生产率更高、规模更大、更具发展前景的企业给予支持。

再次，大量地方政府之间就招商引资展开激烈竞争，可以有效限制因保护部分企业而对其他企业造成的损害。在“特事特办”制度下，地方政府只可能在当地保护其选定的企业免于竞争，而无法将这种保护拓展到其他地区。因此，即便有些效率不高的企业因为受到保护得以存续，也只能占据某个地区的市场，更有效率的企业可以在其他地区生存并发展。地方政府之间的竞争也给了企业更多的选择，尤其是当它们面对不能解决问题或存在腐败行为的地方官员时。

---

① 比如铝、汽车行业等。

② 当然也可能存在一些腐败现象，地方官员从中获得经济利益。

我们认为，在上述三个因素的共同作用下，“特事特办”制度是过去40年中国经济增长的主要驱动力。下面我们提供了几组与这一解释一致的支持性证据。

1. 生产率更高的企业更容易获得帮助

前文提到，在时间和资源有限的情况下，地方政府更愿意向生产率更高（规模更大）的企业提供“特事特办”待遇。因此，我们观察了大企业重要性的变化。表1显示了就业规模处于前1%工业企业产出份额的变化。左栏使用的是规模以上工业企业数据，前1%企业的销售份额在1998年至2007年间从25%增加到33%；右栏使用经济普查数据中全部工业企业，观察到了类似的上升趋势，前1%企业的销售份额在1995年至2008年间从32%增加到45%。

表1　前1%企业的销售份额

规模以上工业企业		全部工业企业	
1998	25. 2%	1995	31. 6%
2002	28. 9%	2004	37. 5%
2007	33. 3%	2008	45. 1%

资料来源：中国工业企业数据库、经济普查数据。

类似的，我们可以从城市层面提供相关证据。具体来说，如果一个城市生产率高的民营企业比例较高，那么在“特事特办”制度下，受到地方政府帮助的企业也就比较多，从而该城市的经济增长速度就比较快。图2展示了分城市1998年至2007年平均年度就业增长率（Y轴，代表经济增长速度）与雇员超过500人的民营企业在1998年的初始就业份额（X轴，代表生产率高的民营企业比例）的散点图，可以看出两者之间有明显的正相关关系。在控制了城市的初始就业水平、省固定效应及与最近港口的距离后，就业增长率对大型民营企业初始就业份额回归得出的估计系数仍显著为正。①

2. 土地供给

地方政府还可能以低于市场成本的价格向获得“特事特办”待遇的企业

① 系数估计值为0. 196，标准误为0. 029。

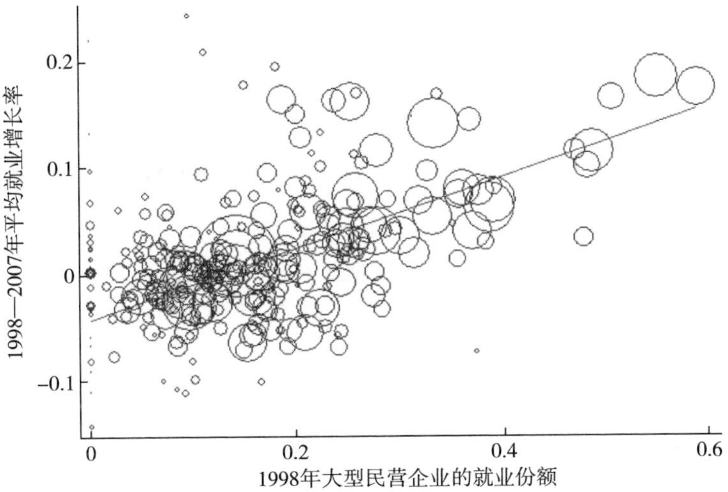

图 2　就业增长和大型民营企业的初始就业份额

资料来源：中国工业企业数据库。

提供土地。我们从国土资源部获得了 2000 年至 2014 年的土地销售数据。① 每笔交易都提供了地块面积、地理位置、销售价格以及土地用途（住宅用地、商业用地或工业用地）等信息。②

表 2 展示了在控制一系列区位因素后不同用途的土地价格差距。第 1 列没有控制任何区位因素，工业用地平均价格仅为住宅用地的 18%。③ 第 2 列回归控制了所在区县的固定效应，价格差距有所下降。这说明，土地较便宜的区县将更多的土地分配给工业用地，但在同一区县内，工业用地仍然比住宅用地便宜。第 3 列控制了区县固定效应，并控制了地块与县中心的距离，但这对价格差距几乎没有影响。最后，第 4 列在更窄的社区层面考察价格差距，比较了同一社区内不同用途的土地价格。④ 结果仍显示，工业用地的平均价格仅为住宅用地的四分之一左右。较低的工业用地价格实际上是对这类土地使用者的一种补贴。

① 具体到每块土地的交易信息，共计 979206 条记录。

② 其中，50%—60% 的新土地被用于工业用途。

③ $e^{-1.72} \approx 0.18$。

④ 社区被定义为 9 平方公里的正方形街区。

表 2　相对住宅用地的工商业用地价格

	(1)	(2)	(3)	(4)
商业用地	-0.37	-0.25	-0.24	-0.20
	(0.00)	(0.00)	(0.00)	(0.00)
工业用地	-1.72	-1.51	-1.47	-1.46
	(0.00)	(0.00)	(0.00)	(0.00)
控制变量:				
县固定效应	否	是	是	否
离县中心的距离	否	否	是	否
社区固定效应	否	否	否	是

注：样本个体是地方政府出售的地块（国土资源部的土地销售数据，样本量：979206）。表内数字是每公顷销售价格的对数值对商业用地和工业用地虚拟变量（相对于住宅用地）回归的系数（和标准误）。所有回归都控制了年度固定效应。

3. 地方保护和企业出口行为

前文提到，在“特事特办”制度下，一些效率不高的企业可能因为受到地方政府的保护得以存续并占据某个地区的市场，更有效率的企业只能在其他地区生存并发展。因而，地方保护打破了企业生产率和国内市场销售额之间的关系，那些更有效率的企业本应占据更大的国内市场份额。但是在开放经济中考虑企业的出口时，由于地方政府并不能将类似保护行为扩展到国际市场上，所以那些效率相对较高的企业只能出口，它们在国内市场的销售比例不高。

图 3(a) 利用 2007 年规模以上工业企业数据显示了制造业企业出口的概率和国内销售额（对数值，且减去了平均值）之间的关系。① 可以看到，一个显著且符合上述预测的特征是，有一群国内销售额很低的企业同时在出口国外市场。这些企业有半数以上的出口份额超过 50%。为了进行比较，图 3(b) 展示了美国制造业企业的数据，并没有类似的特征。② 美国企业的出口比例与企业规模单调正相关，而且出口企业的国内市场销售比例不高，在 20% 左右。

① 我们在样本中剔除了出口加工企业。其他年份的数据也可看到同样的特征。
② 数据来自 1987 年美国制造业普查。

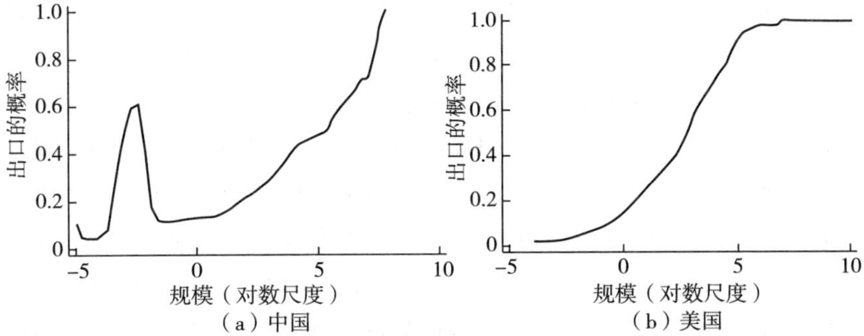

图3　按规模分出口企业比例

三、“特事特办”是如何惠及大量民营企业的?

上一节中，我们分析了“特事特办”这种非正式制度能在中国奏效的原因。但仍待回答的一个问题是，地方政府、地方官员的资源和时间有限，只能为数量有限的民营企业提供帮助，这一理论如何解释中国如此大规模的民营企业的成长？

我们的答案是，上一节中描述的“特事特办”机制不仅存在于地方政府和选定的民营企业之间，从地方政府那里获得“特事特办”待遇的企业，也可以借助类似的机制将“特事特办”的好处传递给更多的企业。这种如上文图1(a) 所示的层级结构，使得“特事特办”制度可以惠及范围更广的民营企业。

1. 以国有出资人为核心的股权联系网络

上述发现得益于对若干“特事特办”案例的观察。我们注意到，当某家民营企业试图进入一个被垄断的市场时，经常采取的策略或是寻求与掌握关键资源的地方政府成立合资企业，或者尝试与拥有生产许可或一定垄断力量的大型国有企业成立合资企业。类似的故事更是在各类讲述企业史的财经类文章或书籍中频繁出现，有的民营企业为了获得上市配额与国有企业或单位成立合资企业，更多的民营企业为了更便利的融资采取类似的策略……

这些观察启发了我们的思考，与国有部门成立合资企业（建立股权联系）要么是实现“特事特办”安排的前提条件，要么是实现这种安排的主要模式。这为我们研究“特事特办”制度提供了一个新的视角。

来自国家市场监督管理总局的企业登记注册数据为我们更广泛地研究民营

部门和国有部门之间的股权联系提供了条件。这一数据提供了在中国注册的每一家企业（包括那些已经注销的企业）的成立日期、注销日期、地理位置、行业、注册资本、直接股东和股东的出资比例等信息。① 由于这一数据包括了整个经济中所有企业的信息，所以当一家企业的股东是另一家企业时（这种情况在企业集团中广泛存在），我们可以穿透这个股权结构，从这一层股东找到更上一层的股东。对于每一家企业，我们都可以采用这种方式直至找到它的最终股东。②

我们将最终股东分成两类：国有出资人和民营出资人。国有出资人可以是某一级政府（中央、省、市、县），我们将同一个地方政府的不同部门视为同一出资人。③ 此外，考虑到某些大型国有企业可能有不亚于地方政府的影响力，我们将由某一级政府直接且完全控股的国有企业视为一个独立的国有出资人。民营出资人在绝大多数情况下是自然人，但同时也包括了在海外注册的企业、在国内注册的非企业机构等。利用 2019 年的企业登记注册数据，我们共识别了约 4 万个国有出资人和 6300 万个民营出资人，分别拥有全国 21% 和 79% 的注册资本。本文报告的使用企业登记注册数据得出的结果，如无特别说明，都是基于 2019 年数据的结果。

接下来我们以最终股东为对象，研究它们之间的股权联系，这一定程度上可以理解为从企业集团层面（而非企业层面）研究“特事特办”制度。④ 相比于以企业为对象，以最终股东为对象有两个好处：首先，单个企业的股权层级可能非常多，这其中许多结构安排很可能与我们关注的“特事特办”制度无关，以最终股东为对象可以帮助我们排除这些繁杂的股权结构的干扰。其次，考虑到资源可以较为容易地在属于同一个最终股东的企业之间调配，以最终股东为对象研究“特事特办”制度给民营企业带来的好处，也更有合理性。

我们将最终股东之间的股权联系定义如下：如果两个最终股东有共同的合资企业，可以是直接投资，也可以是通过若干层其他企业进行的间接投资，那么我们就认为两个最终股东之间存在股权联系。⑤ 比如，一个民营出资人拥有

---

① 我们使用的数据排除了个体工商户。

② 部分企业的股权结构可能非常复杂，需要穿透 20 层以上的股东才能识别出最终股东。

③ 比如，山东省财政厅和山东省国资委就被视为同一个国有出资人——山东省政府。但山东省政府和济南市政府仍是两个不同的国有出资人。

④ 仍存在的差异是一个企业集团可能对应多个最终股东，未来的研究可以考虑如何识别和合并属于同一个企业集团的最终股东。

⑤ 我们进一步要求两个最终股东分别持有该合资企业 10% 以上的股份。

的企业集团和一家地方大型国有企业合资成立了一家新的企业，这个民营出资人就和该国有企业建立了股权联系。

在构造完成所有最终股东之间的股权联系后，我们发现了一个清晰的层级结构［如图 1(a) 所示］。这个层级结构的最上端是国有出资人，尤其是那些规模最大的国有出资人。每个国有出资人都与多个民营出资人有股权联系，在下文中我们提供的证据显示，这些是规模最大的民营出资人，我们称之为与国有出资人直接相连的民营出资人，并将它们与国有出资人的距离 d 定义为 1。进一步，我们发现有一些其他的民营出资人，虽然与国有出资人并没有股权联系，却与 $d=1$ 的民营出资人有股权联系，我们将此距离 d 定义为 2。再进一步，我们可以找到 $d\geqslant 3$ 的民营出资人，并将它们与 $d=2$ 的民营出资人统称为与国有出资人间接相连的民营出资人。

2. 与国有出资人的距离和民营出资人的特征

表 3 显示最大的出资人之间普遍存在股权联系。在最大的 100 个出资人中，有 63 个国有出资人，它们都有至少一个民营出资人与其存在股权联系；剩余的 37 个民营出资人中，有 31 个与国有出资人直接相连，另有 3 个与国有出资人间接相连。随着出资人规模的下降，存在股权联系的比例也相应下降。在最大的 10 万个出资人中，约有 9.3 万个是民营出资人，其中 1.7 万个与国有出资人直接相连，另有 3.7 万个与国有出资人间接相连。

表 3　规模最大的出资人的股权联系

	按出资人规模排序			
	前 100	前 1000	前 10000	前 100000
国有出资人	63	458	2438	6826
与民营出资人有股权联系	63	452	2305	5243
民营出资人	37	542	7562	93174
与国有出资人直接相连	31	358	3466	17236
与国有出资人间接相连	3	73	1953	37360

注：出资人的规模以该出资人拥有的所有企业的注册资本之和（以该出资人在相应企业的出资比例为权重）来衡量。

如果观察与国有出资人的距离 d 和民营出资人的一些主要特征之间的关系（如图 4 所示），将更直观地理解图 1(a) 显示的层级结构的含义。

图 4(a) 展示了民营出资人的规模（以其拥有的注册资本衡量）与距离 d 的关系。① 可以看到，与国有出资人直接相连的（$d=1$）是规模最大的民营出资人，它们平均拥有的注册资本，大约是与国有出资人没有直接或间接股权联系的民营出资人的 200 倍，这与上一节提到的，地方政府更愿意向生产率更高（规模更大）的民营企业提供“特事特办”待遇是一致的。随着与国有出资人距离 d 的增大，民营出资人的平均规模也相应减小，但可以看到所有与国有出资人有直接或间接股权联系的民营出资人，其规模平均都比没有股权联系的民营出资人更大（大于 1）。

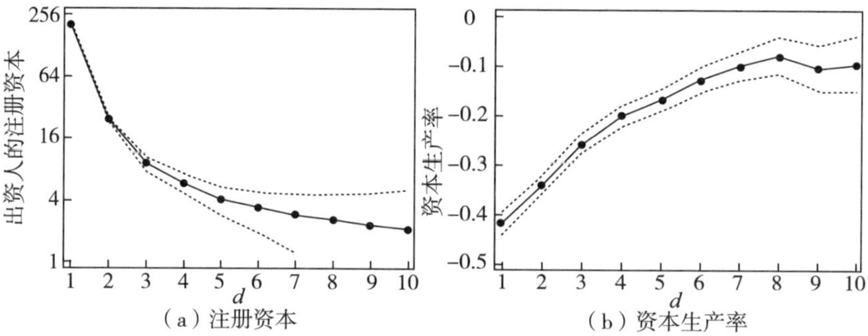

图 4　与国有出资人的距离和民营出资人特征

图 4(b) 则展示了民营出资人拥有的企业的资本生产率与距离 d 的关系。② 与国有出资人直接相连的民营出资人（$d=1$），其企业的资本生产率平均比行业中位数低 40% 左右，这说明这些企业能够以比中位数企业更低的成本获得融资。随着距离 d 的增大，相应民营出资人拥有的企业的资本生产率逐步提高，但所有与国有出资人有直接或间接股权联系的民营出资人，其拥有的企业的资本生产率都低于行业中位数。图中并没有显示，国有出资人拥有的企业的资本生产率平均比行业中位数低 50% 左右。

① 与国有出资人没有直接或间接股权联系的民营出资人平均拥有的注册资本作为基准，被标准化为 1。

② 资本生产率用企业的销售额与固定资产净值的比来衡量，除以四位数行业中位数并取对数。由于企业登记注册数据并没有提供销售额、固定资产等信息，我们使用了 2013 年的中国工业企业数据，并将其与 2013 年版本的企业登记注册数据进行匹配，得到了图 4(b) 的结果。

图 4 向我们传达了这样一个信息，即“特事特办”机制并不限于地方政府和获得“特事特办”待遇的民营企业（$d=1$）之间，类似的机制还广泛存在于获得“特事特办”待遇的民营企业和其他与其有股权联系的民营企业（$d\geqslant 2$）之间，前者可以将一部分“特事特办”的好处传递给后者。换句话说，通过图 1(a) 所示的层级结构，“特事特办”制度有差别地惠及了更大范围的民营企业。

图 5 从另一个角度为上述观点提供了佐证。在上一节中，我们提到由于时间和资源的限制，每个地方政府只能为有限的民营企业提供“特事特办”待遇，在 2019 年的数据中，所有与民营出资人有股权联系的国有出资人，平均与 15 个左右的民营出资人相连。若如前文所述，“特事特办”的好处通过图 1(a) 所示的层级结构由上至下传递的过程中逐渐减弱，同时我们假设这种机制的成本在不同层级之间大致相同，那么我们应该观察到每一层出资人平均向下一层提供的连接数不断减少，正如图 5 所示的结果。

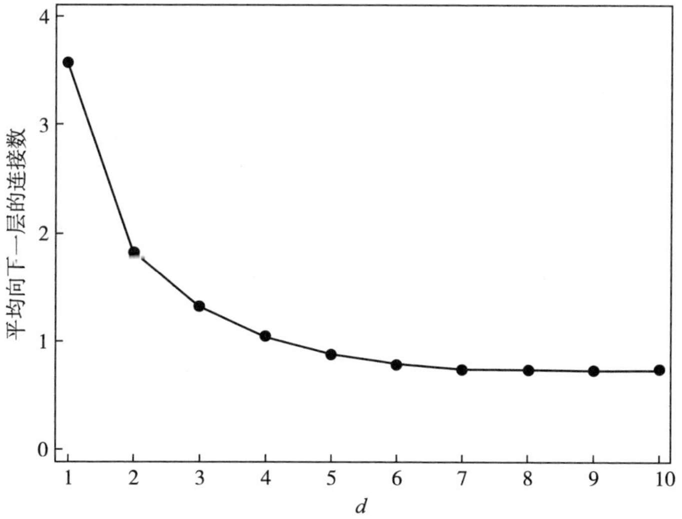

图 5　平均向下一层的连接数

图 4 和图 5 的另一层含义是，在“特事特办”制度下，国有、民营的界限并不是那么清晰。民营企业之间的差异（比如 $d=1$ 的民营出资人和没有股权联系的民营出资人的差异）甚至远远大于部分民营企业（$d=1$）与国有企业之间的差异。未来的学术研究和政策讨论，有必要对这一情况进行深入分析，

避免国有经济和民营经济的简单二元化。

3. 股权联系网络的扩张

前文指出,“特事特办”制度可以通过图1(a)所示的层级结构惠及更大范围的民营企业,我们进而关心的问题是,这个范围在“特事特办”制度萌生以来发生了什么样的变化?利用2013年版本的企业登记注册数据,我们追溯了2010年和2000年国有、民营出资人之间的股权联系情况,① 并在此基础上观察了2000年至2019年国有、民营出资人之间的股权联系网络的扩张情况,以此观察“特事特办”制度惠及企业范围的变化。

图6(a)显示了国有出资人中与民营出资人有股权联系的比例不断上升,从2000年的12%左右上升至2019年的25%。同时,在有这种股权联系的国有出资人中,平均每个国有出资人与民营出资人的连接数量也在不断上升[如图6(b)所示],从2000年的不足6个增长到2019年的约15个民营出资人。② 上述两个因素共同作用的结果,是与国有出资人有直接股权联系的民营出资人数量的上升[如图6(d)横轴 $d=1$ 的情况所示]:从2000年至2019年,这类民营出资人的数量增长了约5.5倍。

同时如图6(c)所示,每个与国有出资人直接相连的民营出资人($d=1$)都与更多规模更小的民营出资人($d=2$)有股权联系,从而进一步帮助数量更为庞大的民营出资人与国有出资人间接相连。从2000年至2019年,与国有出资人间接相连的民营出资人的数量增长了近60倍[如图6(d)所示]。

表4则总结了与国有出资人直接、间接相连的民营出资人注册资本比重在2000年至2019年间的变化情况。2000年,直接相连的民营出资人注册资本占整个经济的比重为10.3%,2019年上升到16.7%;间接相连的民营出资人注册资本占整个经济的比重则从2000年的5.6%上升至2019年18.7%。可以看到,与国有出资人直接、间接相连的民营出资人的增长是整个民营经济成长的主要推动力量。2019年,“特事特办”制度惠及的民营企业注册资本已占到整

---

① 开展这种追溯工作需要假设企业的直接股东不发生变化。实际上,企业的直接股东是可能发生变更的,企业登记注册数据显示的是相应时点(比如2013年末、2019年末)企业的直接股东情况。为此,我们开展了一些稳健性检验,结果显示正文中的结论大致都保持不变。

② 国有出资人的数量在2000年至2019年变化不大,2000年、2010年、2019年我们分别识别出约3.5万、3.2万、4.1万个国有出资人。

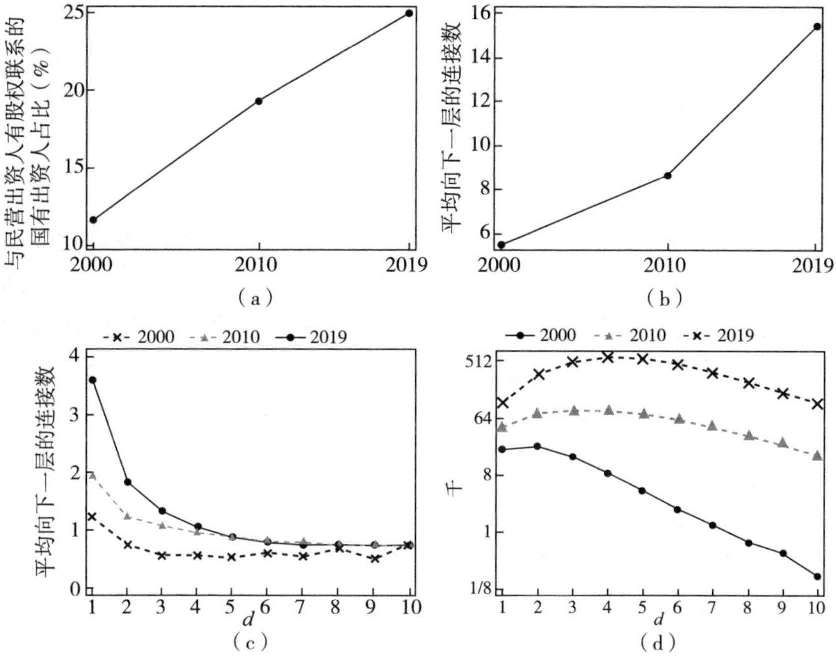

图 6　股权联系网络的扩张

个经济的 35%，全部民营经济的 45%。相应地，虽然国有部门在此期间也在增长，就比例而言却是在不断下降的。

表 4　2000—2019 年有股权联系的出资人注册资本占比　　（单位：%）

	与民营出资人有股权联系的国有出资人	民营出资人		
		全部	与国有出资人直接相连	与国有出资人间接相连
2000	33.0	64.2	10.3	5.6
2010	28.0	70.6	13.6	11.3
2019	20.8	78.6	16.7	18.7

注：出资人的规模以该出资人拥有的所有企业的注册资本之和（以该出资人在相应企业的出资比例为权重）来衡量。

我们建立了一个模型来更好地理解 2000—2019 年股权联系网络的扩张对经济增长的影响。在模型中，民营出资人可以选择与国有出资人的距离 d，其获得的好处（生产率的提高）γ_d、需要为股权联系付出的成本、可以为下一层民营出资人提供的连接数都由 d 决定。利用2000年、2010年、2019年的数据，我们对模型进行了结构估计，结果显示 γ_d 的提高是这一时期股权联系网络扩张的决定性因素。

我们进一步开展了一些反事实分析，即假设某一时期其他参数不变，只有 γ_d 发生变化，以此观察 γ_d 的提高对经济增长的影响。表5的第一行显示了实际数据中民营经济GDP的增长率，第二行显示了 γ_d 的提高（对于所有的 d）带来的股权联系网络扩张对总产出的影响。2000—2019年，股权联系网络扩张推动民营经济总产出年均增长了4.2%，几乎是当期民营经济GDP增长率的一半。在2000—2010年以及2010—2019年，股权联系网络扩张的贡献分别是3.4%和5.1%。

表5　2000—2019年股权联系网络的扩张对经济增长的影响　（单位：%）

	2000—2019	2000—2010	2010—2019
民营经济GDP年均增长率（实际数据）	10.2	11.6	8.6
总产出年均增长率（模型）：			
$\Delta\gamma_d$，$d \geq 1$	4.2	3.4	5.1
$\Delta\gamma_d$，$d = 1$	2.4	2.4	2.3
$\Delta\gamma_d$，$d \geq 2$	1.9	1.1	2.8
总产出年均增长率（模型）：			
直接相连的民营出资人	2.5	2.4	2.5
间接相连的民营出资人	2.4	1.5	3.4

注：实际数据中民营经济GDP年均增长率是根据2019年《中国统计年鉴》和2019年《国民经济和社会发展统计公报》中实际GDP增长速度以及我们计算的相应年份民营经济比重计算得到的。

第三行、第四行将上述影响分解为与国有出资人直接相连的好处（γ_1）的提高和间接相连的好处（γ_d，$d \geq 2$）的提高对总产出的影响。γ_1 的提高对总产出增长的贡献在2000—2010年占到了三分之二，而在2010—2019年也占到了几乎一半。这期间 γ_1 的提高幅度实际上小于其他的 γ_d，之所以能够有如此大的贡献，是因为 γ_1 的提高增加了与国有出资人直接相连的民营出资人数量，这会进一步增加间接相连的民营出资人（$d \geq 2$）的数量，我们称之为股权联系网络的"乘数效应"。表5的最后两行则将总产出的增长分解为直接相连、间接相连的民营出资人产出的增长。2000—2019 年，两者约各占 50%，但是 2010 年之后，间接相连的民营出资人对产出增长的贡献要更大一些。

在本节中，我们从国有、民营出资人以及民营出资人之间股权联系的视角提供了一些证据，显示“特事特办”机制不仅存在于地方政府和直接获得“特事特办”待遇的民营企业之间，这些企业还可以通过股权联系一定程度上将“特事特办”的好处传递给更多的民营企业。从而，“特事特办”制度惠及的民营企业范围大大扩展了，当然，这个范围中民营企业得到的好处是有差别的。我们还提供了一些证据，显示在 2000—2019 年，通过股权联系获得“特事特办”制度好处的企业范围有显著扩大。我们利用一个模型指出，建立股权联系带来的好处的增加，是这一现象的主要原因。反事实分析的结果显示，2000—2019 年，获得“特事特办”制度好处的企业范围扩张推动民营经济年均增长了 4.2%，约占这一时期民营经济增长的一半左右。

四、风险和挑战

本文提出了一个观点，即中国自 20 世纪 90 年代初以来的快速经济增长、民营经济的快速发展，主要是由一种我们称之为“特事特办”的非正式制度推动的。它的主要特征是：在正式制度尚不完善的情况下，地方政府帮助一部分民营企业突破正式制度中约束企业发展的一些不利规则，从而帮助这些企业进入、生存并成长。

我们进一步回答了两个问题。首先，由于（1）中国政府有强大的行政能力，（2）地方官员有支持这一制度的强大激励，以及（3）众多地方政府之间的竞争降低了这一制度可能产生的不利影响，“特事特办”制度在中国带来的好处可以超过其给企业造成的损失，从而推动整体经济的增长，而在其他正式制度不健全的国家，类似的制度安排就可能无法奏效。

其次，直接从政府帮助中受益的企业，可以通过股权联系网络将“特事特办”的一部分好处传递给更多的民营企业，从而使“特事特办”制度可以有差别地惠及范围更广的企业。

然而，这并不意味着“特事特办”制度对中国经济增长的推动作用是可持续的。完善的正式制度的形成是一个非常艰难且耗时日久的过程，而“特事特办”制度是在正式制度完善之前的一个“次优解”。在本文提及的一些前提条件下，“特事特办”制度确实能推动经济增长，但随着中国经济的发展和各方面条件的变化，该制度带来的各种问题在近年来都变得愈发突出。

比如，在2008年之前，地方政府为企业提供的主要帮助是降低制度成本，这是有利于经济增长的。然而从2009年开始，地方政府通过融资平台获得了大量资金，从而可以向获得“特事特办”待遇的企业直接提供更多资源，这就可能对经济中的要素分配造成更大的扭曲，阻碍经济增长（Bai、Hsieh and Song，2016）。

此外，个别投机者窥见了“特事特办”制度下与国有企业建立股权联系可能带来的好处，将所属企业的部分股份交由地方国企代持，然后以国企子公司的名义获得大量贷款并违规将资金转移至关联企业。① 更有甚者，凭借挂靠边缘事业单位，或者与国有企业的股权联系，将自己的企业伪装成国有企业，为关联企业发行的私募基金产品提供担保，而这些基金产品近期出现了逾期的情况。② 这些行为给相关国有企业、投资者造成了巨额损失，且可能给并不成熟的中国金融市场带来重大风险。

第三，“特事特办”制度也可能造成中国和贸易伙伴之间的一些摩擦。在中国进行投资的外国企业如果不能获得“特事特办”待遇，就会发现在与获得类似待遇的中国企业竞争时处于不利地位，其知识产权和合同在正式制度下不能得到很好的保护。

或许正是因为意识到了“特事特办”制度的弊端，近年来，中国政府做出了多项努力以建设一个更加公平、透明、普惠的正式经济制度。2013年11月，中共十八届三中全会通过了《关于全面深化改革若干重大问题的决定》，提出“使市场在资源配置中起决定性作用”，“保证各种所有制经济依法平等使用生产要素、公开公平公正参与市场竞争、同等受到法律保护”，“严禁和惩处各类违法实行优惠政策行为，反对地方保护，反对垄断和不正当竞争”。2016年以来，中国整体营商环境的排名不断上升，根据2020年的《营商环境报告》，整体排名已经上升至第31位，其中“开办企业”的排名跃升至第27位。

但是，在“特事特办”制度行之有年的背景下，实现这一雄心勃勃的目

① 见《财新周刊》2019年8月9日文章“陕西金控代持民企坐收管理费，骗子卷款跑了”，链接：http：//weekly. caixin. com/2019-08-09/101449156. html？ p0#page2。

② 见《财新周刊》2020年6月19日文章“中铁系假国资募资40亿涉非集，10人被拘留”，链接：http：//finance. caixin. com/2020-06-19/101570036. html？ utm_source = 。

标是一项艰巨而复杂的任务，面临诸多挑战。以税收领域的优惠政策为例，提供税收优惠是地方政府常见的“特事特办”措施，国务院在2014年11月发布的一份文件中关于税收优惠政策利弊的描述与本文对“特事特办”制度的分析有异曲同工之处。该文件指出“一些地区和部门对特定企业及其投资者（或管理者）等，在税收、非税等收入和财政支出等方面实施了优惠政策，一定程度上促进了投资增长和产业集聚”。但是，“一些税收等优惠政策扰乱了市场秩序……甚至可能违反我国对外承诺，引发国际贸易摩擦”。因此，要求各地“开展一次专项清理，认真排查本地区、本部门制定出台的税收等优惠政策，特别要对与企业签订的合同、协议、备忘录、会议或会谈纪要以及‘一事一议’形式的请示、报告和批复等进行全面梳理……违反国家法律法规的优惠政策一律停止执行”。① 然而，2015年5月，国务院发布了一份新的文件暂停了这项激进的专项清理工作，“已经出台的优惠政策，有规定期限的，按规定期限执行；没有规定期限又确需调整的……设立过渡期，在过渡期内继续执行”。② 至本文完稿时，尚没有关于是否继续这项清理工作的新政策颁布。

清理税收优惠的措施难以推行，原因可能是多方面的。首先，“特事特办”制度已经运行了近30年，产生的利益影响根深蒂固，骤然取消势必会损害从“特事特办”制度中获得好处的地方政府、官员、企业的利益，从而遇到阻碍。其次，在正式经济制度完善之前，骤然停止“特事特办”制度，可能对短期经济增长产生不利影响，因而改革的推进也会面临更大阻力。再次，从技术层面上，部分“特事特办”安排已经以地方政府和企业签订协议的方式确定下来，贸然取消也牵涉政府信誉和法律方面的问题。由此可见，改革“特事特办”制度，真正建立一个公平、透明、普惠的正式经济制度仍然任重道远。

参考文献

聂辉华 . 2020. 从政企合谋到政企合作——一个初步的动态政企关系分析框架［J］. 学术月刊（6）：1 – 14.

---

① 见2014年11月27日发布的《国务院关于清理规范税收等优惠政策的通知》（国发〔2014〕62号）。

② 见2015年5月10日发布的《国务院关于税收等优惠政策相关事项的通知》（国发〔2015〕25号）。

姚洋.2018. 中国经济成就的政治经济学原因［J］. 经济与管理研究（39）：3－12.

周黎安.2018. "官场＋市场"与中国增长故事［J］. 社会（2）：1－45.

Bai, Chong-En, Chang-Tai Hsieh, and Zheng Michael Song. 2016. "The Long Shadow of China's Fiscal Expansion." *Brookings Papers on Economic Activity* 47 (2): 129–81.

Bai, Chong-En, Chang-Tai Hsieh, and Zheng Michael Song. 2020. "Special Deals with Chinese Characteristics." *NBER Macroeconomics Annual* 34 (1): 341–379.

Bai, Chong-En, Chang-Tai Hsieh, Zheng Michael Song, and Xin Wang. 2020. "Special Deals from Special Investors: The Rise of State-Connected Private Owners in China." *NBER Working Paper* w28170.

Hallward-Driemeir, Mary, and Lant Pritchett. 2015. "How Business Is Done in the Developing World: Deals versus Rules." *Journal of Economic Perspective* 29 (3): 121–40.

Jia, Ruixue, Masayuki Kudamatsu, and David Seim. 2015. "Political Selection in China: The Complementary Roles of Connections and Performance." *Journal of the European Economic Association* 13 (4): 631–668.

Li, Hongbin, and Li-An Zhou. 2005. "Political Turnover and Economic Performance: The Incentive Role of Personnel Control in China." *Journal of Public Economics* 89 (9–10): 1743–1762.

Xu, Chenggang. 2011. "The Fundamental Institutions of China's Reforms and Development." *Journal of Economic Literature* 49 (4): 1076–151.

中国房地产税改革的治理意义

房地产市场的长效机制与地方公共财政转型

张平　张传勇

中国政府对房地产税改革的关注始于2003年（当时叫物业税），迄今已经18年（2003—2021年），2011年实施的上海和重庆房产税试点也已10年，其中历经多个过程但仍然没有明确的时间表，甚至具体的税制要素设计方案也尚未明确。尽管大多数国家都实行了房地产税制度，其作用主要是调节收入和财富分配以促进社会公平，同时筹集财政收入满足政府提供公共服务的需求。[①] 但中国房地产税改革的治理意义到底是什么，很有说服力的阐述仍然付之阙如。在中国房地产市场和财税体制改革的特殊背景下，对于房地产税改革仍存在一些争议。社会上关于房地产税流传的一些不实说法更增添了房地产税的"恶税"气氛。例如，一些说法认为房地产税应该是拥有很多房产的少数富豪才需要缴纳，税率根据房产套数大幅度累进，完全是政府敛财的工具，只会给老百姓带来额外负担。这些说法使人们对房地产税改革的初衷和设想产生了一些误解和思想上的混乱，不加以解释会对房地产税改革的推进造成不必要

* 张平，复旦大学国际关系与公共事务学院副教授，公共行政系副系主任，主要研究领域为公共财政、房地产税与政府治理。张传勇，上海交通大学中国城市治理研究院、国际与公共事务学院副教授，主要研究领域为城市和房地产经济。

① 2018年3月7日，十三届全国人大第一次会议召开，财政部副部长史耀斌回答中外记者提问。

的阻力。本文试图从中国房地产税改革的目标、约束和可能路径出发，结合其税制要素设计，探讨中国房地产税改革的治理意义。具体来说，房地产税将在房地产市场长效机制中起到何种作用？房地产税将如何改变中国的税制结构、完善地方税制体系并提升地方治理能力？本文将从多个维度尽可能系统全面地回答和阐述这些问题。

一、房地产税改革的目标、约束与可能路径

房地产税改革的政策目标是什么：是为了调节房价，还是为了给地方政府增加稳定的财政收入？这一问题在社会上受到广泛议论，其实质也是在问房地产税到底是调节税，还是财产税。房地产税固然会对房价和租金产生重要影响（张平、侯一麟、李博，2020），但中国政府可用于调节房价的政策工具较多，如果仅仅为了调控房价显然无须在该税种有较多争议和潜在风险的情况下推进改革和实施。实际上，多数居民对房地产税的了解仍存在不同程度的片面性，推进房地产税改革需要解决的问题很多，尤其是如果设计不当还会面临一定的阻力，在这种情况下，政府仍然不断强调“推进房地产税改革”，除了调节作用外，有着更为深刻的治理意义。在现有关于房地产税改革目标的阐述中，我们认为较合理的界定是：直接目的是赋予基层政府稳定的自有财源，使之能够更好地提供基本公共服务；间接和最终目的则是从多个维度促进和改善地方治理（侯一麟、马海涛，2016）。

对政府来说，无论是直接目的还是间接目的，要实现的前提是房地产税收入需要达到一定的体量，成为地方政府收入的重要组成部分；但同时，维护房地产市场稳定（“房住不炒”）无疑也是政府和全社会需要共同坚持的目标。很明显，在高房价收入比背景下，“保持房地产市场平稳”和“房地产税成为地方主体税种”这两个目标是相互冲突的：要使房地产市场总体保持稳定，税率必然不能过高；但要使房地产税成为地方政府的重要财源，税率就必须达到一定幅度。因此，中国房地产税改革背负着更多的约束条件：由于房价收入比高，居民的纳税能力相对较低，税制要素设计和征管的难度都会更大。房地产税的开征在整个社会亦面临着一些疑议和阻力，政府可以对相关的疑问进行解释，但房地产税的复杂性决定了其开征不会风平浪静，因此政府需要做好针对各类情况的预案措施。

如何兼顾两个相互冲突的政策目标，改革路径就显得尤为重要。从“保

持房地产市场平稳”和“房地产税成为地方主体税种”这两个政策目标看，“保持房地产市场平稳”显然更具紧迫性也是必须达到的政策目标，“房地产税成为地方主体税种”则是一个长期愿景。因此，房地产税改革可以结合短期需求和长期愿景进行设计，通过渐进改革的方式调和两个目标的冲突：以低税率高减免起步（初期税率低就不至于对房地产市场造成很大冲击）；减免逐步降低，税率逐步提高，使得房地产税在未来有潜力成为地方政府主体税种；最终稳定的房地产税制度将成为房地产市场的重要长效机制之一（张平、姚志勇、冯懿男，2021）。渐进改革方式也符合中国过去几十年里在多个领域的改革路径，政府、居民、社会都更加易于接受和消化政策的变化，政府也可以在渐进变化的过程中因地制宜适时调整，完善其他的配套政策，不断优化自身治理结构，提升整体治理能力。

二、中国房地产税的税制要素设计

房地产税的税制要素主要包括税基、税率、减免范围和征收方式，以及税收用途等。

从税基角度看，按套数和面积征收的做法已渐渐少有提及，房地产税按评估价值征收逐步成为共识。官方也明确表态，将按照“立法先行、充分授权、分步推进”的原则，推进房地产税立法和实施。对工商业房地产和个人住房按照评估值征收房地产税。① 但也有人提出可以考虑以租金作为税基（类似香港的差饷）。当房价快速上涨而收入相对稳定时，以评估价值作为税基可能会导致居民的税负突然加大（纳税能力下降）。美国和日本都曾出现过房价快速上涨时期，居民因为税负过重而要求降低税率，或者给评估值设置上限（1978年美国加利福尼亚州的13号法案）等方式降低税负。租金往往与收入水平直接相关，如果税基是租金则没有上述问题。同时，中国的房产除商品房之外，还有单位分房、经济适用房、房改房、小产权房等其他产权类型，以租金作为税基相对可以更好地综合考虑不同产权类型的房产。市场评估价值和租金在一定条件下也可以换算，未来需要进一步分析讨论“市场评估价值”和“租金”作为税基的优点和缺点。

---

① 资料来源：人民日报（新浪财经转述），http：//finance. sina. com. cn/china/2017-12-20/doc-ifypxmsq8428264. shtml。刘昆《建立现代财税体制》，载于《<中共中央关于制定国民经济和社会发展第十四个五年规划和二〇三五年远景目标的建议>辅导读本》。

从税率角度看，参考国内学者的测算，0.1%—1%是大致的起始参考区间。但房地产税在中国场景下有较大的特殊性，我们不应该也无法直接参考国外的税率设计。例如，美国全国平均1%，最高可以达到2.5%—3%，这在中国高房价背景下居民恐怕无力承担。中国更应该基于居民收入的纳税能力（房地产税税额占收入比重）来设计税率，且不同地区应该有差异。根据测算，从纳税能力看，平均不超过0.5%的税率可能比较适当，但每个地区最终采用的税率将是充分考虑不同基层政区之间差异的本地化差别税率。从居民纳税能力出发测算不同地区的差异化税率，北京、上海等地为0.1%—0.2%，居民的房地产税税额为家庭收入的3%—6%，这样的占比与国际水平也较为接近（张平、侯一麟，2016a，2016b）。由于中国的大城市房价收入比很高，房地产税改革中的税率设计至关重要，且地区差异化设计的必要性显著。但中国地方政府没有税率的决定权，需要中央在给定税率区间的情况下赋予地方政府选择具体税率的权限；或者在税率统一的前提下，通过不同地区设定差异化的评估率（税基评估值/市场评估值）达到将实际税率差异化的目的。

关于房地产税有没有免除的问题，无论从效率还是公平的角度，宽税基、少豁免甚至无豁免地对所有业主征收是理论上的最优。针对某些特定群体的减免或差别税率，其动态结果并不公平，随着时间推移，不公平的程度还会加速放大，造成严重的社会问题（侯一麟、马海涛，2016；马海涛、侯一麟、张平，2017）。鉴于房地产税牵涉面广，开征新税也往往面临方方面面的阻力，为了获得大多数人的支持，不少专家学者主张，开征房地产税必须以大范围的减免为前提。从减免范围和方式看，实证分析表明：就对不同收入群体的公平性、对调节收入分配的作用以及简化政策实施难度等方面而言，相比于对价值和区位等因素缺乏考虑的“家庭首套减免”和“人均面积减免”，“人均价值减免”的方案都明显更优（张平、侯一麟，2016a）。而且，人均价值减免方案与作为税基的市场评估价值也互相匹配，从而房地产税作为财产税也符合财产价值越高纳税越多的纵向公平原则。

从税收用途的角度看，基于税收理论考虑并经很多国家的长期实践证明，房地产税最适宜由基层政府征收、使用（Almy，2013），居民缴纳当地的房地产税，同时享受与税负相应的公共服务。房地产税由“基层政区专用”是迄今最广泛的做法，也是基层政府征管动力最高、居民纳税意愿最高的设计（侯一麟等，2019；张平、侯一麟，2019）。如果房地产税全部归基层政府，可能进一步拉大地方政府财力差距。房地产税的潜在税基是当地的房地产市场总价值，各地税基差别很大，用房地产税提供公共服务会进一步放大当前就已存在的地区间财力差距；甚至在同一城市范围内的不同辖区间，房地产税的税基差异也很显著。一种可能的做法是部分房地产税收入归高层级政府用于调节地区差异。例如，60%属于区县，40%属于地市或省级，具体如何划分可以根据数据进行测算和讨论。过多的收入比重归于上级政府会削弱房地产税的受益税属性，另一种方式是通过完善转移支付机制调节不同地区的财力差异。房地产税作为治理工具的一个重要特征是可以连接收入和支出的两端。房地产税用于当地基本公共服务，提高公共服务供给的经济效率，促进居民监督和政府透明，从而改善地方治理，这一逻辑路径已经得到理论证明。因此，房地产税作为地方税是其发挥治理意义的重要前提，下文将基于房地产市场的长效机制与地方税体系建设，从多个维度阐述房地产税的治理意义。

三、房地产税在房地产市场长效机制建设中的意义

1. 促使地方政府摆脱对土地财政的依赖

1994 年的分税制改革，中央将税收体制改变为生产性的，征收生产型增值税，将 75%的增值税收入归中央，25%归地方，极大地压缩了地方政府的税收分成比例。分税制改革明确了土地出让金收入全部划归地方政府支配，以利于城市基础设施等建设和发展，这是地方政府通过征用土地取得土地出让收益而走向“土地财政”依赖的制度基础（蒋省三、刘守英、李青，2010）。在分税制后的事权划分上，中央政府负责国防、外交、转移支付、战略性开发等预算开支，地方政府则负责提供普通教育、医疗等公共服务。随着城镇化和房地产市场的快速扩张和增长，土地财政已经逐步成为中国地方政府的重要收入来源。如图 1 所示，1998 年以来，土地出让金（预算外）占地方一般预算收入（预算内）的比重持续上升。2010 年土地出让金占地方一般预算收入的比重达到 67%，之后虽有所回落仍在 50%左右，2015 年下降至 37.6%，之后又有上升趋势。① 在某些城市，土地出让金甚至超过了地方一般预算收入。对土地财政的过度依赖已成为中国地方财政众所周知的特征。

---

① 数据来源：历年《中国统计年鉴》和《中国国土资源统计年鉴》。

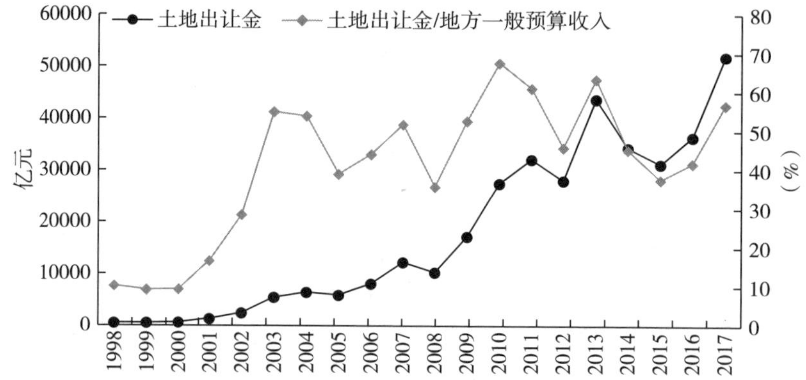

图1　中国“土地财政”的发展趋势（1998—2017 年）

房地产税改革的目标之一就是弥补“营改增”以来地方政府的财力紧缺。由此，对于房地产税的改革能否替代“土地财政”成为地方政府的主体税种受到广泛关注。相关测算表明，上海和重庆两地现行的房产税由于税基较窄，税收收入还远不能弥补营业税带来的地方政府财政缺口，大致仅能弥补缺口的20%左右。① 从宽税基房地产税的财政收入潜力看，房地产税在某些地区可以达到基层财政收入的50%以上，有潜力成为地方政府稳定的主体收入来源（侯一麟、任强、张平，2014）。

2. 形成地方“房地产税 - 公共服务”调节机制

根据“用脚投票”理论（Tiebout，1956；Oates，1969；Hamilton，1976），居民有动机在缴纳的房地产税水平与可享受的公共服务之间选择自己偏好的“税收 - 公共服务”组合，并迁入满足其偏好的地区。从公共财政的角度看，房地产税与地方公共服务激励相容，也就是说，提高房产价值的公共支出会增加地方房地产税收入。在一些国家如美国，房地产税贡献了主要的地方财政收入，并用于提供地方公共服务，因此地方政府有激励将公共支出用于能通过房价资本化提高地方房产价值的公共产品和服务。我国的地方政府在支出上向来有“重视发展型支出、轻视服务型支出”的传统，而没有将为居民提供良好

① 上海市从2012 年开始营业税改增值税试点以前，2011 年的营业税收入为1041 亿元，而截至2018 年，房产税收入仅为214 亿元，大致能弥补营业税带来的地方政府财政缺口的20%；同时，“营改增”扩围以前重庆市2012 年营业税收入为368 亿元，2017 年重庆房产税收入为65 亿元，约为17. 6%。

的公共产品和服务作为主体职能（田传浩等，2014）。政府要担负起相应的公共服务供给职能，需要充分的财力作为保障。针对这一问题，从充分性上，房地产税可以成为地方政府的重要财源；从必要性上，房地产税改革亦是要达到改善政府治理、提高公共服务水平势在必行的一步（张平、邓郁松，2018）。

当然已有的研究也发现：一方面，房价资本化现象广泛存在，特别是地方财政收支的情况会反映到房价中；另一方面，房价资本化与用脚投票相一致，并不必然会带来地方公共产品和服务的有效供给（Hilber，2017）。因此，房地产税的开征，应该伴随着公共服务种类的增加和质量的提升。作为地方税，房地产税的设立和开征，应该是地方公共服务升级的契机，而不应单单成为抽去了公共服务的稳定庞大的税收来源。尤其是在税收法定原则没有得到彻底执行，财政预、决算的内外部约束皆软的情况下，开征房地产税之后的税金使用，就更应该公开透明，以便于纳税人对税金的去处及其使用情况进行监督。

3. 揭示住房持有成本以抑制房地产投机

从现实来看，我国的房价涨跌主要受整体的宏观环境和市场主体的预期等因素影响，而不是房地产税单一因素（张永岳、张传勇、谢晖，2010）。房产税试点的出台，短期内确实明显抑制了房价的涨幅，但并没有抑制住房价的长期上涨趋势。2011 年上海实行房产税试点政策后，房屋挂牌价由 2010 年的 20% 增速迅速降到 2%，但从 2013 年开始，房价又开始逐年上涨，甚至 2015 年和 2016 年的房价涨幅分别达到 17% 和 34%（邬展霞、王旭、须崇杰，2020）。从重庆的情况看，重庆房产税试点政策实施后，对高档住房消费产生了一定的抑制作用，相比 2010 年，房产税试点实施后，2011 年重庆市的别墅和高档公寓无论是成交套数还是消费面积都出现明显的下降。

房地产税作为一种财产税，除了筹集政府收入之外，还会增加住房持有成本，具有抑制房地产投机需求的目的。当前中国的房价收入比之所以长时间维持在高位，除了货币和政策等各项因素外，没有宽税基的房地产税也是重要原因之一。由于房地产税与房产价值直接相关，房价上涨的同时也会考验居民对房地产税的纳税能力（收入）；房地产税可以成为联系房价和收入的纽带，使得房价不至于偏离收入太远，形成房地产市场稳定的长效机制之一。如果房价出现快速上涨，居民收入支撑的纳税能力不足，这时候往往通过下调税率，或者将评估值与市场价值脱钩（例如，美国加利福尼亚州 13 号法案）的方式降低房地产税的负担。长期来看，将评估值与市场价值脱钩会带来很多效率和公平问题，具体使用何种应对政策还值得深入研究。

房地产税符合支付能力原则，持有多套房和豪宅的群体需要缴纳更多的税，以此缩小由住房资产属性引致的社会收入差距，有助于促进社会公平和稳定（张传勇、张永岳、武霁，2014）。中国作为转型经济体具有房价收入比偏高和存在诸多房产类型等特殊性，有人提出需要考虑低收入家庭群体以及新开征房地产税的可接受度。但从税制设计的效率和公平角度看，当前不应在房地产税税制要素设计中嵌入太多不同群体的需求，而是在保持税制要素一致性的同时，通过社会政策保障相关群体的利益。

4. 建立商品房与保障房的反馈机制

作为地方税，房地产税在实现“房地产税－公共服务”机制的同时，还可以在当地建立商品房与保障房的反馈机制，即将个人缴纳的商品房房地产税收入的一部分用于当地的保障性住房建设。这样既保证了税收取之于民、用之于民的宗旨，又通过这样的转移支付安排救助了住房困难群体，促进地方的住房公平，增进社会的共同福利。

2012 年财政部发布《关于切实做好 2012 年保障性安居工程财政资金安排等相关工作的通知》（财综〔2012〕5 号），提出“在保障性安居工程现有资金来源的基础上，将增加的地方政府债券收入、个人住房房产税试点地区取得的房产税收入、部分国有资本收益和城市维护建设税收入用于保障房安居工程建设，确保不留资金缺口”。从上海市和重庆市两地的房产税试点办法看，规定房产税收入分别用于“公共租赁房的建设和维护”和“保障性住房建设等方面的支出”。2018 年上海市和重庆市房产税收入分别为 213.8 亿元和 67.3 亿元，占各自地方税收的 3.4% 和 4.2%。在全国普遍存在保障房建设和运营资金缺口的背景下，这些房产税收入对于支持地方保障房建设的功效不容忽视。

当然，如果过多的房地产税收入用于保障房建设，将更多地体现房地产税的调节税属性，相对削弱其受益税属性。房地产税作为财产税同时具有调节财富差距（调节属性）和提升地方治理的功能（受益属性），在经济社会的不同发展阶段以及财税体制改革的不同时期，政府可以在房地产税改革中平衡两种属性，这也体现了房地产税改革的治理意义具有一定程度的灵活性。

四、房地产税在地方公共财政转型中的意义

2020年10月29日，《中共中央关于制定国民经济和社会发展第十四个五年规划和二〇三五年远景目标的建议》（以下简称《建议》）中提出“健全省以下财政体制，增强基层公共服务保障能力。完善现代税收制度，健全地方税、直接税体系，优化税制结构，适当提高直接税比重，深化税收征管制度改革”。其中完善现代税收制度，健全地方税体系，提高直接税比重都与房地产税直接相关（张平，2020）。这也是房地产税的治理意义在财税体制改革中的重要体现。

1. 以房地产税为财产税改革重点，完善税制体系

根据课税对象，不同税种可归并为三大类：流转税、所得税、财产税，分别对应于对消费、收入和财富征税。从中国当前的税制结构看，流转税占到65%左右（主要为增值税和消费税）；所得税约为30%（企业所得税和个人所得税）；财产税仅占5%，且主要针对工商业地产，针对居民和家庭的财产税则基本缺失。按照直接税和间接税的划分方法，流转税为间接税，所得税和财产税为直接税。间接税的问题包括累退性导致对贫富差距的逆向调节（闻媛，2009；周克清、毛锐，2014）、易于引起通货膨胀（储德银、吕炜，2016）、加剧地区差距（常世旺、韩仁月，2015）等。因此，过度依赖流转税明显产生了诸多问题，包括企业税负过重、税收负担不公平现象突出、调节收入和财富分配的效应较弱等，直接税将是未来税制改革的重要方向（张平、侯一麟，2019；张平，2020）。

从完善税收制度的角度看，现有的税基结构已经形成了消费（流转税）、收入（所得税）和财富（财产税）三足鼎立的态势。中国人民银行2019年中国城镇居民家庭资产负债情况调查表明，家庭资产以实物资产为主，住房约占70%，资产分布分化明显。这些财富是财产税的潜在税基，但仍然脱离于中国当前的税制体系之外（张平，2020）。因此，针对税制与税基结构脱节的问题，需要增加直接税比重，建立与新的税基结构相适应的税收制度。在财富方面，多项报告均显示中国的家庭财富存量快速增长，且在世界范围内也已经举足轻重。根据瑞信的报告，2018年全球财富前十百分位的人群中，美国人占

到了 20%，而随着经济高速发展和资产迅速增值，中国人在全球前十百分位中的占比提升到了 18%。① 而房产价值占整个家庭财富的近 70%，房地产税将是未来一段时间中国财产税改革的重点，是提升直接税比重的重要一步。

2. 赋予地方政府主体税种，改善政府间财政关系

分税制体系在将收入集中的同时，却让地方政府承担了比财政包干制时期更多的支出责任，使地方财政运行全面依靠中央的转移支付。收入权利上移和支出责任下移导致越基层的政府，财力越紧缺。这带来了一系列问题。一是收入集中和支出分权导致地方政府的支出偏好扭曲。在过去的一二十年里，地方政府明显存在重视发展型支出轻视服务型支出的现象。2019 年一般公共预算中，省及省以下地方政府支出中，教育、卫生和社会保障的支出比重分别仅占 16. 2%、8. 1% 和 13. 8%。② 二是地方财力紧缺强化了地方政府额外寻求收入的冲动，这导致近年来地方政府过于依赖"土地财政"以及地方债问题日益加剧。三是财权与事权不匹配和支出责任划分不明确进一步导致上级政府将事权事责下移，加剧了地方政府的财力短缺。地方政府通过"跑部进钱"获取转移支付，资金使用的效率损失明显。缺少稳定的自有收入来源以及对土地出让金的过度依赖，已经成为中国地方财政的典型特征，由此导致地方债务风险和地方财政可持续性问题。

房地产税在体量上和性质上都是天然的地方税种。房地产税的税基是房地产，与其他税基相比，其重要特征是作为生活必需品、不可移动且是家庭财产的重要组成部分。受益税的重要属性是，纳税人与公共服务受益者能够匹配到一起，多数税基的流动性决定了很多税种做不到这一点。房地产税税基的不可移动使得政府可以很好地将房地产税纳税人和公共服务受益者进行匹配，这构成了房地产税作为受益税的重要基础。地方政府承担提供相关公共服务事责的同时，房地产税作为其重要收入来源可以成为财权事责相匹配的天然工具（张平、邓郁松，2018）。从政府间财政关系的角度看，需要赋予地方政府主体税种，使其获得充分自主的自有财源。房地产税作为地方税也将改善地方的

---

① 2018 年全球财富分配比例和百分位，引自凤凰网 http：//wemedia. ifeng. com/84729862/wemedia. shtml。

② 这里的"省以下地方政府"包括省及以下政府。数据来源于 2020 年《中国统计年鉴》表 7-3。中央政府一般预算支出中这三者的比重仅分别为 5. 2%、0. 7% 和 3. 5%。

收入结构，使得地方政府拥有自己的主体税种，提高政府收支效率和降低债务风险。因此，房地产税将为地方政府提供稳定的收入来源，一定程度上缓解当前地方政府财力短缺和过于依赖“土地财政”产生的系列问题。

3. 以房地产税为抓手，形成公共服务供给的价格机制

从公共财政的三大职能看，地方政府具有了解居民偏好的信息优势，提供合宜的公共产品和服务是其最重要的政府职能（Musgrave，1959；Oates，1968，1972）。中国经过40多年的快速经济发展，已经基本建立了以市场决定资源配置方式的社会主义市场经济，而在公共产品供给中，价格机制的作用仍然乏善可陈，在当前阶段更需要对公共产品进行价格改革。在当前的户籍制度、分税制度框架下，财政收入的贡献者和基本公共服务的受益者错位明显。首先，在经济开放和大规模人口流动背景下，很多产品的市场在全国各地甚至在全球各地，已经很难说财政收入来源于当地居民。其次，即便在当地就业的居民，由于户籍制度的限制，非户籍人口并不能同等享受基本公共服务。最后，以分税制为基础的税收划分也造成了地方政府在提供公共产品时的一些扭曲行为。不同地区的公共服务差异之所以较易引起社会的普遍不满，其原因正是公共产品价格机制的缺失，不同地区的居民并没有为相应的公共服务“付费”。

对居民而言，不同地区的消费偏好差异很大。经济社会发展水平较高地区的居民有着超出基本生活更高的需求，他们有能力支付更高质量的公共产品和服务，如高质量的基础教育、道路设施、社区环境等。将高质量公共服务的价格显性化（享受高质量公共服务的同时需要承担对应的税收成本），通过匹配房地产税征管地域和公共服务受益边界，可以较好地满足不同地区对公共产品的差异化需求。在城市内的不同地域之间，当具有更高的公共服务支出需求时，也需要较高的房地产税收入作为支撑，政府财权和事责也可以得到天然的匹配，居民对公共服务的诉求也会趋于理性。房地产税成为地方公共产品的价格机制将是一次地方治理与税制结构的深刻变革。如果房地产税成为公共产品供给的主要收入来源，房地产市场容量带来的税基不同会导致明显的地区差异，这一差异同样需要转移支付进行调节。另外，公共服务均等化与公共产品定价机制之间也存在天然的矛盾，从这个角度说，对基本公共服务，可以由政府相对低价（或无偿，例如义务教育）提供达到一定基准量的供给，超额部

分则可以引入价格机制。

以上描述的是房地产税作为地方主体税种，成为提供公共产品主要财源的理想状况。但在房地产税改革初期，受限于纳税能力和纳税意愿（张平、侯一麟，2016a，2016b，2019），房地产税不可能一步到位成为地方政府的主体税种。在起步阶段，考虑居民的纳税能力，潜在房地产税收入平均约为地方一般公共预算收入的22%，在设定较为慷慨减免的情况下，这一比重将下降为4%—7%（张平，2020）。房价收入比过高，居民的纳税能力有限；房地产税作为公共产品的价格机制，难以一次性达到目标。对于现在居住在高房价小区的居民，高房价部分体现了这些公共服务的价值，早期低价购房的居民实际在以低于其成本的方式获取公共服务，此时若将公共服务价格显性化（征收房地产税），这类家庭可能会无法承担高额税负。因此，房地产税作为公共产品的价值机制不会一蹴而就，需要一个渐进过渡的阶段。

4. 建立受益税机制，提升地方治理绩效

当前的税制结构和分税制体系造成的地方政府财力短缺，重发展型支出轻民生型支出等问题，最终均体现在地方治理绩效的维度。如果基层政府过度依靠转移支付，会导致居民的偏好显示扭曲、基层政府运作效率低下和责任缺失的现象（张平、邓郁松，2018）。在基层建立税收与公共服务之间的紧密联系是提升地方治理绩效的重要途径（Friedman and Friedman，1979，第16页；Hou、Zhang、Ren and Ma，2018，第127页）。

首先，房地产税是天然的受益税和地方税，其独特的税基特征可以极大地降低纳税人和受益人的匹配难度。房产价值、房地产税与公共服务之间关系的重要性，以及房地产税如何“取之于民，用之于民”的受益税特征，在文献中有充分的讨论。房地产税与当地公共服务紧密联系，对于房地产税较高的地区，纳税人（即当地居民）可以享受到更好的公共服务。以此形成一个对“房地产税－公共服务”自由选择的过程（公共选择）：高房地产税，优质公共服务；或是低房地产税，低质公共服务。这相当于使公共产品具有了价格机制，提高了公共产品供给的效率，进而提高居民纳税意愿，降低政府征管成本。

其次，房地产税作为地方税将为地方政府提供充足稳定的自有收入来源，改变当前地方政府财力和事权不匹配的现状，进而改变由此带来的各类行为扭

曲。房地产税的收入财力用于基本公共服务，良好的公共服务供给又会被资本化到房价之中，使本地区的房地产市场价值提高，使得房地产税的税基增加。这样可以形成一个良性循环：政府提供公共服务，公共服务供给使本地区房价升值，房价升值意味着税基的稳定提升，税基增加使房地产税收入提高（张平、邓郁松，2018）。这样的循环可以使得政府有充分的动力提供公共服务，一定程度上改变当下中国地方政府过于重视发展型支出而轻视服务型支出的问题，有效改善地方治理。当然，房地产税的税基为当地的房地产市场价值，完全由房地产税税额决定当地的公共服务水平也与公共服务均等化的政策不符。如前所述，为避免基本公共服务差异过分扩大，需要相应的配套政策，如转移支付等财力调节措施，以缓解地区间财力差异的扩大。

最后，房地产税的纳税人和受益人都是当地居民，房地产税用于基本公共服务，收支相连有助于促进居民监督的良好治理体系。根据分税制的安排，当前的间接税大多归于中央政府，然后再以转移支付等各种形式分配到不同层级的地方政府手中。由于链条过长，税收收入和公共服务支出之间不存在对应关系，居民要监督税款的使用根据无从谈起。房地产税作为受益税的不同之处在于，纳税额与自己能够获得的公共服务数量和质量直接相关，这会很大程度上提升社区居民对政府监督的积极性。房地产税由地方政府征管和使用，使这种监督成为可能，政府透明度不断增加的要求和居民逐步参与政府相关政策制定的背景也为此提供了正当性支撑。同时，纳税人意识缺乏也是当下中国公民社会的重要问题。房地产税作为地方税将极大地提高居民的纳税人意识和对政府的监督，促进政府的制度化管理和透明度提升（张平、邓郁松，2018）。

五、结论与讨论

1. 研究结论

本杰明·富兰克林曾有关于税收的名句“人生只有死亡和税收两者不可避免”。对居民和企业来说，大多数税种都是缴得越少越好。开征房地产税必然面临众多的阻力和疑议，需要政府在开征之前和实施过程中以不同方式不断向居民做出解释。

在房地产市场长效机制方面，房地产税有潜力成为地方政府稳定的主体收入来源，进而有助于地方政府摆脱对土地财政的依赖；通过房地产税与地方公共服务的激励相容，形成地方“房地产税－公共服务”调节机制；作为一种住房持有成本，有助于抑制居民的投机购房需求和削减住房的资产属性；通过将部分税收用于地方保障性住房的建设和运营，建立地方商品房与保障房的反馈机制；此外，还能体现房地产税的受益税和调节税属性。

在财税体制方面，房地产税改革的治理意义可以总结为：将存量财富纳入税制体系（调节财富差距）；增加财产税的重要性，完善税制体系；赋予地方政府主体税种；提供公共品供给的价格机制，最终提升地方治理绩效。我国经济已进入新常态，经济增长率下了一个台阶，由此带来的结果是财政收支矛盾逐步凸显。房地产税治理意义的实现并非一蹴而就，而是需要随着房地产税收入的重要性逐步提高而渐进实现。

房地产税开征后，即便开始时适当放宽减免额度、税率较低，仍然可能面临各种问题。由于居民已经建立房产持有成本会逐步增加的预期，所以在一开始就会对整个房地产业产生一定的影响。政府需要在房地产业的生产、消费、流通等几个方面做好相关预案，充分运用好手中的政策工具，保证房地产业平稳健康发展。

2. 一些讨论

自 2011 年 1 月上海和重庆率先试点对个人住房征收房产税，至今已经过去了整整 10 年。诚然，关于房地产税的可行性和适应性以及改革路径还有很多问题需要认真研究。房地产税税制要素设计中存在税基评估、法理基础、重复征税、减免额度以及可能因避税导致的假离婚等问题，甚至还存在各种可能的政策风险，如房价大幅下跌、居民普遍抗税等（张平、侯一麟，2019）。在中国当前背景下，受益税能否作为理论基础或前提，受益性是否会受到一定的制约，实践中如何做到这一点？如何避免直接到一家一户收取房地产税的“城管尴尬”？房地产税在中国是一个高度敏感的问题，在研究和实施中还需注意分析房地产税改革的政治风险与政治成本。

房地产税开征后，地方政府在税收征管中处理相关事务时，必须要小心谨慎，慎终于始。在房地产税实施中，为了避免居民提起税收就反感，提高居民对房地产税的接受程度，政府应该向居民宣传和阐述房地产税收支的来龙去脉，低收入者在其中到底受益还是受损。通过加大宣传解释的力度，让居民真正理解房地产税，并真正将房地产税用于当地基本公共服务，使居民通过

“用脚投票”的方式支持房地产税。这样的过程需要平静的理性分析，同时需要政府具备一定的治理能力，避免出现群体性事件等社会风险。由于群体观念的简单化效应（勒庞，1985），房地产税作用和解释链条的复杂性难以在群体中进行阐释。当有形成群体性事件的雏形时，需要政府快速回应，向居民解释疑问，平息矛盾。政府开征房地产税后增加了一部分收入，但同时由于房地产税显性化带来居民对政府的监督意识，所以也必然会增强政府对纳税人的责任。房地产税开征后，理论上的良性循环是：房地产税转化为公共服务，公共服务资本化到房价（税基）中，税基充足进而保证了地方政府的稳定财源，并进一步提供优质的公共服务。如何形成这种良性循环的地方治理将真正考验政府官员的管理智慧。

参考文献

常世旺、韩仁月，《经济增长视角下的税制结构优化》，《税务研究》，2015 年第 1 期。

储德银、吕炜，《我国税制结构对价格水平变动具有结构效应吗》，《经济学家》，2016 年第 1 期。

侯一麟、马海涛，《中国房地产税设计原理和实施策略分析》，《财政研究》，2016 第 2 期。

侯一麟、任强、张平，《房产税在中国：历史、试点与探索》，北京：科学出版社，2014 年。

侯一麟、张平、任强、马海涛，《房地产税税制要素设计》，《新金融评论》，2019 年第 2 期。

蒋省三、刘守英、李青，《中国土地政策改革》，上海三联出版社，2010 年。

勒庞，《乌合之众：大众心理研究》，1895 年（冯克利译，中央编译出版社，2014 年）。

马海涛、侯一麟、张平，《房地产税：设不设减免，怎么免?》《学习时报》，2017 年 5 月 19 日。

田传浩、李明坤、郦水清，《土地财政与地方公共物品供给——基于城市层面的经验》，《公共管理学报》，2014 年第 10 期。

闻媛，《我国税制结构对居民收入分配影响的分析与思考》，《经济理论与经济管理》，2009 年第 4 期。

邬展霞、王旭、须崇杰，《房产税能否替代“土地财政?”》《复旦金融评论》，2020：https：//fisf. fudan. edu. cn/show-79-4010. html。

张传勇、张永岳、武霁，《房价波动存在收入分配效应吗——一个家庭资产结构的视角》，《金融研究》，2014 年 12 期。

张平，《中国直接税改革的历史逻辑与未来方向——基于个人所得税与房地产税改革路径的分析》，《山东财经大学学报》，2020 年第 5 期。

张平、侯一麟，《解读中国现代财政体制改革研究中的三个重要问题》，《公共管理与政策评论》，2019 年第 2 期。

张平、邓郁松，《中国房地产税改革的定位与地方治理转型》，《经济社会体制比较》，2018 第 2 期。

张平、侯一麟，《房地产税的纳税能力、税负分布及再分配效应》，《经济研究》，2016 年第 12 期。

张平、侯一麟，《中国城镇居民的房地产税缴纳能力与地区差异》，《公共行政评论》，2016 年第 2 期。

张平、姚志勇、冯懿男，《高房价收入比下的房地产税渐进改革路径研究：基于税制要素设计的理论与实证分析》，《经济理论与经济管理》，2021 年，待发表。

张永岳、张传勇、谢晖，《我国房地产宏观调控政策效果评估初探——基于公共政策评估的视角》，《上海经济研究》，2010 年 12 期。

周克清、毛锐，《税制结构对收入分配的影响机制研究》，《税务研究》，2014 年第 7 期。

Almy, R. , 2013, A Global Compendium and Meta-Analysis of Property Tax Systems. Cambridge, MA: Lincoln Institute of Land Policy.

Hamilton, B. W. , 1975, "Zoning and Property Taxation in a System of Local Governments," *Urban Studies*, 12 (2), 205 -211.

Hamilton, B. W. , 1976, "Capitalization of Intra-Jurisdictional Differences in Local Tax Prices," *American Economic Review*, 66 (5), 743 -753.

Hilber C. L. , 2017, "The Economic Implications of House Price Capitalization: A Synthesis," *Real Estate Economics*, 45 (2), 301 -339.

Hou, Yilin, Ping Zhang, Qiang Ren, and Haitao Ma, 2018, *Development, Governance, and Real Property Tax in China*. Springer, New York.

Milton Friedman and Rose Friedman, 1979, *Free to Choose*. New York: Harcourt Brace Jovanovich.

Musgrave, R. A. , 1959, *The Theory of Public Finance: A Study in Public Economy*. New York: McGraw - Hill.

Oates, W. E. , 1968, "The Theory of Public Finance in a Federal System," The *Canadian Journal of Economics / Revue canadiennedÉconomique*, 1 (1), 37 -54.

Oates, W. E. , 1969, "The Effects of Property Taxes and Local Public Spending on Property Values: An Empirical Study of Tax Capitalization and the Tiebout Hypothesis," *Journal of Political Economy*, 77 (6), 957 -971.

Oates, W. E. , 1972, *Fiscal Federalism*. New York: Harcourt Brace Jovanovich.

Oates, W. E. , 1973, "Effects of Property Taxes and Local Public Spending on Property Values-Reply and yet Further Results," *Journal of Political Economy*, 81 (4), 1004 -1008.

Tiebout C. , 1956, "A Pure Theory of Local Expenditures," *Journal of Political Economy*, 64 (5), 416 -424.

金融评论

Financial Forum

Comparative

开发性金融

政府与市场之间的融资平台

刘卫平　刘大任

如何重新实现经济增长成为世界各国共同面临的难题，能够带来资本投资的金融手段就成为各国发展经济的重要手段。然而现实中往往会出现由于金融投资不均衡带来的世界不平衡发展，即“穷国金融悖论”。商业性金融作为一种纯市场化的手段，受限于控制风险的要求，往往仅给那些能够提供有价值抵押品的项目提供金融资助，而急需资金帮扶的发展中国家的不发达地区以及最不发达国家往往难以获得金融支持。古典经济学认为在完全竞争的环境中，市场是资源配置的有效手段，但事实证明市场的信息不对称会造成“市场失灵”，为了改善这一问题，政府往往会进行干预，但寻租等问题又严重阻碍了政府资源配置的效率，造成“政府失灵”的问题。开发性金融通过政府介入金融市场解决信息不对称的“市场失灵”，改善财政补贴等资金效率低下的“政府失灵”，同时融合了商业性金融与传统政策性金融的优点，是适应制度落后和市场失灵，为维护国家金融安全、增强经济竞争力而出现的一种金融形式。

---

* 刘卫平，经济学博士，社会学博士，国家开发银行研究员，武汉大学教授，麻省理工学院访问学者、研究员。研究方向为世界经济、经济与社会、国际金融、国家发展战略。刘大任，清华—布鲁金斯公共政策研究中心助理研究员。

国际经验表明，对发展中国家来说，开发性金融在弥补体制落后和市场失灵方面具有特殊作用。在发展中国家，政府面临十分突出的结构引导任务和鲜明的结构优化目标，特别需要通过开发性金融对其国民经济的基础产业和战略性产业持续给予为数可观的强大信贷支持。开发性金融作为政策性金融的一部分，产生于19世纪的欧洲。20世纪六七十年代开发性金融机构陆续在全球范围内成立，相比于商业性金融对风险、抵押物等的严格要求，这些开发性金融机构主要由政府出资，向贫困或者商业银行不能服务的行业提供贷款。20世纪90年代，开发性金融已然发展成为一种重要的金融投资模式。① 日本开发银行、德国复兴信贷银行和韩国开发银行是二战后3家具有代表性的开发性金融机构，其投资领域重点集中在电力、煤炭、钢铁等基础设施建设，致力于战后恢复经济。但是此时的开发性金融机构难以通过市场手段维系政府资金的有效运营，其运营机制一度受到公众社会的质疑。

中国作为世界上最大的发展中国家，一直致力于通过开发性金融服务为发展中国家及最不发达国家提供金融解决方案，中国国家开发银行（简称国开行）以开发性金融服务于国家产业结构调整和经济发展方式转变取得了重大的效果。1994年分税制改革后国开行正式成立，1998年开始从中国国情出发，充分发挥政府与市场在投融资过程中各自不同的竞争优势，以银政合作的形式，一方面通过市场手段解决融资问题，缓解传统政策性金融资金主要来源于政府财政补贴的压力；另一方面通过国家及政府组织增信的方式，降低投资风险，确保投资效率及投资收益。国开行前董事长陈元指出："开发性金融就是运用政府组织优势的资源和高能量，以市场化融资推动市场和制度的建设，在政府和市场之间，促进良性互动发展，使完善的市场机制成为拉动经济发展的内生动力。"②

那么，开发性金融作为政策性金融的一种延伸，是如何借助政府与市场优势实现融资的？开发性金融与传统的政策性金融及商业性金融又有哪些区别？国开行作为中国开发性金融的实践者，是如何在具体的融资过程中实现政策目标同时解决自身风险问题的？随着开发性金融机构不断"走出去"，这种降低风险的方式是否同样适用于海外项目？本文通过文献法与访谈法相结合的方

① 袁乐平、陈森和袁振华，《开发性金融：新的内涵、理论定位及改革方向》，《江西社会科学》，2012年第1期。

② 陈元，《政府与市场之间——开发性金融的中国探索》，北京：中信出版社，2012年。

式，获取大量一手资料，在归纳总结的基础上，比较开发性金融与商业性金融的区别，并以此为基础，以国开行“芜湖模式”和马来西亚“旗滨模式”两大代表性案例为例，剖析开发性金融的中国模式，同时引发对开发性金融“走出去”风险的讨论。

一、中国特色的开发性金融特征

开发性金融是政府与市场的桥梁，能够对技术和市场性风险较高的领域进行引导性投资；对前景不十分明朗、不确定性较大的新兴产业或国家战略性领域进行倡导性投资；对投资回收期较长、收益率较低的项目进行补充性融资；对成长中的幼稚产业提供优惠利率贷款；能够以间接融资活动或担保引导商业性金融的资金流向与规模，针对商业性金融以提供中短期贷款为主的情况，向有关项目提供中长期乃至超长期贷款等特性。① 可见，开发性金融作为政策性金融的一种延伸，既和政策性金融一样主要依托国家及政府组织增信，在经营目标、投资领域、投资期限、资金来源及信用支撑上区别于商业性金融，但又与传统的政策性金融并不完全相同（如表 1 所示）。

表 1　开发性金融的特征

	政策性金融	开发性金融	商业性金融
经营目标	无盈利目标	保本微利	利润最大化
信用支撑	政府信用	银政合作下的政府组织增信	抵押担保
投资领域	政府划定	政府指导下的市场选择	市场自主选择
投资期限	长期及中长期	长期及中长期	短期
资金来源	政府财政	资金来源多元化	银行储蓄资金

就经营目标而言，政策性金融在运营过程中并不追求自身业绩，对投资回报率的要求很低，几乎不考虑盈利问题，而商业性金融则以追求利润最大化为目标，获取盈利是其主要目标。相比之下，开发性金融实现“保本微利”即可，既不像传统政策性金融完全不考虑盈利，也不像商业性金融以盈利为目标，相比于利润，开发性金融更加注重资金的使用绩效。在信用支撑方面，不

① 陈元，《改革的十年　发展的十年——开发性金融实践与理论的思考》，《求是》，2004 年第 13 期。

同于商业性金融以抵押物为基础的信用担保体系，开发性金融与传统的政策性金融一样，主要依托的是政府提供的信用担保，但是与传统的政策性金融不同，开发性金融通过“银政合作”的形式，让政府组织增信。在政府组织增信过程中，政府化被动为主动，银行与政府的关系也从相互分离转变为二者合力。政府组织增信的核心是以“银政合作”的方式共同建立一个风险控制机制和信用体系，使被增信的一方能够有效防范风险和减少损失。就投资领域而言，商业性金融为了追求利润最大化，往往选择市场发展相对成熟的领域进行投资，政策性金融项目则在政府划定的投资目录中进行投资，而开发性金融主要是在政府政策指导下，面向市场自主开发，投资领域主要集中在市场发育程度低、前期投入大、收益前低后高、风险难控的基础设施建设等领域。就投资期限而言，商业性金融受到资金流动性的限制，贷款发放主要以短期贷款为主，避免引发流动性危机。而开发性金融延续了传统政策性金融的投资期限特征，具有筹集和放贷长期资金的特征。在资金来源方面，商业性金融主要来源于各商业银行的储蓄资金，政策性金融则主要来源于政府补贴资金，开发性金融则通过国家及政府组织增信的方式，通过银行与政府合作的形式，以政府信用为保证，不断运用和扩大政府信用在市场建设和制度建设中的功能与作用，保证资金来源的多元化。开发性金融是政府信用尚未被市场分化的融资性形态。①

1. 开发性金融以政策导向取代风险导向选择投资对象

开发性金融基于“保本微利”的经营目标和政府信用的依托，在投资领域的选择上，以政府导向取代商业性金融的风险导向。开发性金融强调市场业绩，并不是为了个体利益和机构部门利益，而是把财力集中用于新的瓶颈领域，实现经济社会发展目标。开发性金融的盈利有利于维护政府信用的市场形象，进一步巩固和增强国家信用，更好地服务于政府的政策意图。

正如上文所言，商业性金融的经营目标就是在收益和风险平衡的基础上追求利润最大化，尽可能降低投资风险成为其选择投资对象的重要依据。基于抵押担保的信用支撑体系，商业性金融在投资对象的选择上往往是以盈利前景较

---

① 陈元，《政府与市场之间——开发性金融的中国探索》，北京：中信出版社，2012 年；“中国特色开发性金融实践研究”课题组，《中国特色的开发性金融理论与实践》，《开发性金融研究》，2017 年第 4 期。

好、风险较小、信息较为透明的大企业或者成熟的市场领域为主。对于市场经济欠发达的农村和落后地区、信息不对称程度较严重、财务状况较差、盈利前景不明、风险较大的中小企业和高新技术产业，以及前期投资较大、投资回报周期较长的大型基础设施领域，商业性金融一般不愿涉足。

开发性金融作为政策性金融的一种延伸，“政策性”是其本质属性，与商业性金融基于盈利这一唯一动机配置微观金融资源不同，开发性金融的资源配置功能，主要是基于资源配置的宏观目标，从政策性投融资和社会资本形成的角度，给需要国家优先扶植、具有社会资本公共性质的项目，如大型基础产业等提供资金，解决商业性金融在投资领域中的“市场失灵”。但开发性金融又不同于传统的政策性金融不计投资收益，而是以“保本微利”为经营目标，更加关注资金的使用绩效，通过资金供给的形式引导民间经济活动，促进社会资本的形成，发挥其资源配置的功能，解决“看得见的手”在投资过程中的效率低下问题。

开发性金融作为政府和市场沟通的桥梁，是贯彻国家的宏观战略意图、获取国家战略意义、促进国家经济社会发展强有力的战略工具。开发性金融不直接进入已经高度成熟的商业化领域，而是从不成熟的市场做起。在没有市场的地方建设市场，在有市场的地方充分利用和完善市场，以融资为杠杆，引导社会资本投向国家重点支持领域，有效填补薄弱环节和落后领域的金融市场空白。

2. 开发性金融解决大额长期信贷风险问题

开发性金融的投资领域往往集中在需要大额、长期资金的基础设施建设领域，如何应对“集中大额长期”风险是开发性金融的首要问题。开发性金融通过构建“银政合作”的新型合作关系，借助政府组织增信的方式，有效地解决了大额长期信贷风险问题。

由于商业性金融在其经营过程中必须做到“安全性、流动性和营利性”的“三性”统一，出于资产负债结构期限匹配的考虑，一般不愿也无法对基础设施、基础产业等具有规模经济效应和正外部性的准公共产品领域提供大额、长期持续的信贷支持。而这类领域的建设和发展在经济发展初期对经济的平衡发展和快速增长具有决定性作用。若单纯依赖商业性金融，经济起飞和发展过程中一大批具有社会资本形成作用的投资项目和建设领域就会受到严重的融资约束。这也是发展中国家金融深化过程面临的问题之一。

此外，从商业性金融对经济平衡增长的作用路径看，商业性金融的主要业务包括工商放款、消费者放款、农业放款、房地产抵押放款、同业拆借以及其他放款等，这些投资领域属于短期利润相对较高的消费领域，均处于产业链的末端，对相关产业的影响范围和力度都十分有限。由于商业性金融不能有效利用产业之间的联动作用，资本的积累效应得不到充分发挥，乘数效应有限，影响强度较弱。此外，商业性金融的外溢效应有限。虽然商业性金融有责任、有义务协助政府实现某些社会目标，但这种责任和义务不能取代商业性金融的核心目标——利润最大化，其社会功能十分有限。

因此，开发性金融的中长期投资有效解决了商业性金融短期投资的不足。但是，开发性金融又是如何解决经济周期风险的呢？开发性金融通过“银政合作”方式建立的政府信用和市场融资机制为解决这一问题提供了制度保障。首先，依托国家及政府组织增信的形式，借助政府承诺、政府信用和政府协调弥补投融资过程中的体制性风险。其次，将政府协调、开发性金融、资本市场和国家宏观调控等多种手段综合运用，应对中长期大额贷款带来的经济周期风险。最后，将国家信用证券化，开发性金融债券以国家信用为保证，其安全性、风险性仅次于国债，被称为“银边债券”，优于商业银行零售储蓄覆盖风险的能力。①

开发性金融作为政策性金融方式的延伸，它以服务国家战略为宗旨，以中长期融资为手段，依托国家信用，通过发行金融债券筹集大额资金，以市场化方式支持国家经济社会发展的重点领域和薄弱环节，发挥中国经济建设中长期融资先行者和主力军的作用。

3. 开发性金融的信用支撑体系有助于缓解财政支出压力

政府组织增信是开发性金融信用支撑的核心，这种银行与政府特殊的合作关系有效地弥补了抵押担保体系的不足，充分发挥政府的组织优势和政治优势。政府的信用背书帮助开发性金融实现融资来源的多元化，有效缓解了传统政策性金融单纯依托财政补贴造成的政府财政支出压力的问题。

---

① 陈元，《发挥开发性金融作用　促进中国经济社会可持续发展》，《管理世界》，2004 年第 7 期。

发展中国家经济建设初期，需要投入大量的基础设施建设，而基础产业是强位弱质产业，受到风险影响，很难获得商业性融资，需要得到政府直接财政补贴与政策性金融的支持。对大多数国家而言，在经济复兴或经济发展初期，由于基础条件薄弱，金融体系不发达，经济发展所需的基础产业和重要产业的投资难以通过金融市场融资，所以主要依赖于政府的财政投入，政府通过政策性金融对其国民经济的基础产业和战略性产业持续给予巨额的直接信贷扶持。但大规模、持续的财政投入则有可能增加政府的负担，使政府陷入财政危机。在此背景下，建立开发性金融机构，通过发行政策性债券筹集经济发展所需的巨额资金，有利于缓解财政支出的压力，减轻财政支出负担。

开发性金融通过政府组织增信的信用支撑体系，有利于带动民间投资，极大地缓解地方财政的支出压力。财政投资的主体是中央政府，由于其身份和职责的限制，容易产生诸多不便，而且在与其他经济主体合作时也容易产生不协调的现象。同时，政府的管理方式也不适宜在市场中运用。开发性金融机构是规范的金融主体，同其他市场主体之间是一种平等的关系，因而项目选择较为灵活，管理较为规范，可采用市场化方式运作，包括与民间投资者进行合作、参股。开发性金融吸引民间资金主要是通过市场行为，让民间资金感到有利可图，只要运作成功，就能对民间资金起到很好的吸引和示范作用，从而真正起到拉动经济平衡增长的作用。开发性金融机构吸引民间投资主要通过直接融资和间接融资两种方式。所谓间接融资就是通过信息生产间接吸引民间投资，即开发性金融机构首先做倡导性投资，民间商业性金融机构随之投资，而后开发性金融机构再转移投资方向，并开始另一轮循环。同时，开发性金融机构利用其政策性金融在信息生产上的优势，筛选优良企业，提高企业在融资市场上的声誉，这就形成一种政策性金融对商业性金融投资取向的倡导和诱导机制。由于政策性金融机构的融资伴随着信息的生产和传递，降低了企业外部融资的代理成本，提高了企业的市场价值，能够诱导民间融资。

概言之，开发性金融是介于政策性金融和商业性金融之间的一种融资模式，其核心是通过政策性银行与政府合作的形式，依托政府组织增信，构建政府信用体系，形成“政府选择项目入口、开发性金融孵化、实现市场出口”的融资机制。开发性金融机构一方面积极贯彻落实政府发展战略，由地方政府按照国家产业政策和地区战略规划的需要，确定投资项目，即政府选择项目入口。另一方面借助政府组织增信的方式，解决自身运营过程中的风险问题，在政府协调下以融资推动项目建设和融资体制建设，即开发性金融孵化。最后，实现市场出口就是针对不同的借款形式、用途和使用情况，设计不同的偿还机制，包括正常信贷还款、母公司回购、资本市场发行股票等多重市场化手段，实现“保本微利”的经营目标。①

接下来，本文将以安徽“芜湖模式”和马来西亚“旗滨模式”两个案例为依托，阐述开发性金融的具体运行机制，明确开发性金融机构在融资过程中是如何破解风险难题的。

二、“芜湖模式”：运用政府组织增信破解城镇化融资风险难题

随着中国经济的快速发展，中国正面临着城镇化带来的一系列问题，与西方相比，中国城镇化涉及的人口规模大，复杂程度前所未有，但都绕不开“钱从哪里来”这个核心问题。在传统城镇化中，地方土地财政等非正式制度安排、“要地不要人”的发展模式引发了诸如地方债务风险、社会矛盾等诸多问题。在新型城镇化过程中，需要建设强健、高效的中长期融资体制和融资市场。然而城建项目普遍具有超前性、社会性、公益性等公共产品属性，而且资金投入量大、建设周期长、沉淀成本高、需求弹性小，这与商业性金融追求短期盈利的目标存在明显错位，而这种错位造成了中国城建融资领域的空白。

国际上有两种较为成熟的城市基础设施建设融资模式；其一是美国的市政债券模式，由地方政府发行城市市政债券，信用担保公司提供担保，吸引广大个人投资者参与到城市基础设施建设中；其二是以中央或地方税收收入投资为主的日本模式，中央财政为每个地区指定发展蓝图，以直接介入或财政补贴的形式建设城市基础设施。然而，市政债券模式的顺利推行需要构建有效的制度保障融资和偿还中的代际平衡问题，而中央财政模式则需要强大的财政收入作为保障。② 但是，对中国的大多数地方政府而言，制度建设尚有不足，大规模发行市政债券极易造成地方政府债务失衡。另外，大多数地方政府也没有强大的财政收入作为支撑，长期大额的政府补贴会进一步加重地方财政赤字。国开行与安徽芜湖市政府合作开创的开发性金融“芜湖模式”以“银政合作”、政府组织增信的方式，有效解决了城镇化建设中的资金来源问题。

---

① 陈元，《开发性金融与中国城市化发展》，《经济研究》，2010 年第 7 期。

② 同上。

芜湖是有着两千多年悠久历史和深厚商贸传统的皖南名城，20 世纪 90 年代末芜湖正处于新一轮经济社会发展的起飞期，城市基础设施建设亟待推进，但由于城建类项目自身经济效益不明显，政府财力也不足，资金紧张成为制约芜湖基础设施建设的瓶颈，“芜湖模式”是开发性金融助推中国城市化发展的一个缩影。国开行与芜湖市政府合作的开发性金融“芜湖模式”，最大的特点就是构建起一种新型的银政合作关系，运用组织增信的方式，通过将地方城投公司打造成融资平台，借助“打捆贷款”的形式，将国开行的融资优势和地方政府的组织协调优势结合起来，破解了长期以来困扰地方政府的城建融资难题。

1. 地方政府组织增信，化解大额长期贷款风险问题

“芜湖模式”构建的新型银政关系破解了地方政府在城镇化过程中资金来源困难的问题。正如前文所言，商业性金融对风险性较为敏感，往往都需要有价值的抵押物才能提供资金。但是对城市建设而言，需要大量的基础设施建设，这些项目不仅周期长，效益低，很难符合商业性金融短期收益的要求。“芜湖模式”中的新型银政合作关系开创了政策性银行与地方政府的合作关系，通过地方政府为项目背书的形式解决项目信用问题，充分发挥政策性银行的融资优势和地方政府的组织协调优势。

20 世纪 80 年代后，在国家投融资体制改革的推动下，各地方政府纷纷成立城市建设投资公司，为“芜湖模式”的政府组织增信提供了平台。1998 年 8 月 10 日，国开行与安徽省政府在北京签署投融资服务合作协议，共同建设信用支撑体系，承诺还款来源和方式。国开行与芜湖市政府成立基础设施建设融资委员会，共同讨论总体发展规划、实施方案及评估总偿债能力。芜湖市政府成立芜湖市城市建设投资公司，作为芜湖城市建设过程中的贷款主体，地方政府通过融资平台向国开行贷款，将地方政府征信与融资行为融为一体，信用结构参照世界银行模式，由地方财政提供担保或兜底承诺。就在这一年国开行与芜湖建投签订了 10.8 亿元 10 年期贷款协议。这笔资金主要用于芜湖市 6 个基础设施建设项目，有公路建设、城市供水系统改善以及废物处理填埋场建设等，贷款担保和还款来源采用芜湖市财政预算内和预算外安排建立偿还资金，芜湖市财政全面兜底偿还的模式。

“芜湖模式”的核心就是强化地方政府在融资过程中的作用，通过组织政

府增信的形式，建立风险控制机制和信用体系，从而缓解了开发性金融为城市建设提供大额长期贷款的经济风险。

2. “打捆贷款”拓宽融资渠道，缓解财政支出压力

正如前文所言，城市基础设施建设由于其沉没成本高、见效慢，很难从市场中融资，往往都是依托地方财政补贴，这就给地方财政支出造成很大压力。

“芜湖模式”的独特之处就在于资金来源不再依靠传统的财政资金支持，而是将商业性金融不愿投资的城建项目“打捆”，由市政府指定的融资平台作为统借统还的借款法人，由财政建立“偿债准备金”作为还款来源，这种模式被外界称为“打捆贷款”。这些城建项目一经“打捆”，其中的优质项目就可以“救济”劣质项目，以丰补歉，以盈补亏，最终整体上变成优质项目。另外，由地方政府财政提供担保及兜底承诺，为融资项目提供政府背书。

地方政府在组织增信的同时，积极出台一系列倾斜政策，吸引外来资金投资，“打捆”项目因为有了政府信用的背书，有效消除了民间投资的风险顾虑。另外，由政府财政组建的“偿债准备金”也为作为统一借款法人的城投融资平台提供偿还能力证明。

3. “土地＋金融”的担保模式强化贷款信用的支撑体系

2002年“芜湖模式”推出“土地＋金融”模式，即政府授权借款人以土地出让收益质押作为主要还款保证，并经芜湖市人大批准，在借款人不能及时偿还贷款本息的情况下由市财政补贴偿还。国开行与芜湖市政府共同讨论决定，成立芜湖市土地储备中心，统一管理和经营芜湖市的土地储备、开发和市场化拍卖。① 政府授权城投公司这一借款人以土地出让收益质押作为主要还款保障，并经芜湖市人大批准，在借款人不能及时偿还贷款本息的情况下，由市政府补贴偿还。

这一创新在原有政策性银行加地方政府的基础上，充分发挥土地的巨大价值，完善贷款信用结构，缓解城镇化进程中的融资难问题。这种模式将基础设施贷款还款来源与土地增值收益有机结合，将基础设施融资机制与“经营城市”理念有机结合，通过规范土地转让制度、建立融资平台等一系列制度设

① 国家开发银行研究院，《开发性金融的“芜湖模式”》，《上海城市发展》，2011年第1期。

计，以土地收益权做质押，以土地增值收益覆盖城市基础设施建设成本，培育市场化运作主体，不仅使政府的基础设施资金产生良性循环，而且降低了财政风险，带动了相关产业发展。

可见，在开发性金融的“芜湖模式”中，国开行通过地方政府组织增信和“土地+金融”的质押模式，降低自身提供中长期贷款的经济风险。另外，借助“打捆贷款”的项目形式，将优质项目与劣质项目组合，配以政府信用背书，在市场上获取多元化的资金来源，实现资金流的良性循环。“芜湖模式”构建了良性循环的城市基础设施投融资机制，培育了市场化的投融资平台载体，打通了城市基建融资通道，引领了商业银行等社会资金的积极介入，为持续、快速、高效推进芜湖市城市基础设施建设奠定了雄厚基础。

三、“旗滨模式”：开发性金融解决国际产能合作的融资问题

随着“一带一路”倡议的不断推进，中国政府鼓励优势企业以多种方式“走出去”，优化制造产地分布。国开行借助开发性金融帮助旗滨集团在马来西亚投资建厂的“旗滨模式”，是开发性金融支持国内民营企业优势产能“走出去”，服务国家“一带一路”倡议的典型案例，为国际产能合作的融资问题提供了借鉴价值。

旗滨集团是中国一家主要生产优质浮法玻璃、节能玻璃、太阳能玻璃、超薄玻璃等高端玻璃产品的大型企业集团，生产基地分布在湖南、福建、广东和浙江。2014 年为了响应国家“一带一路”倡议及优势产能“走出去”，漳州旗滨玻璃有限公司成立全资子公司旗滨集团（马来西亚）有限公司（以下简称“旗滨马来公司”），投资 11.8 亿元人民币在马来西亚森美兰州芙蓉市新建首个海外玻璃生产基地。但是，由于马来西亚当地的政商环境与中国存在较大差异，中国企业在投资建厂过程中往往会遇到信用结构、境外税负、境外行政效率低下、外汇“控流出”等问题。在“旗滨模式”中，国开行借助开发性金融手段，帮助民营企业解决海外投资建厂过程中遇到的相关难题。

1. 开发性金融运用政府与市场双重手段解决融资信用风险问题

中国企业的境外投资项目，一般通过设立当地项目公司进行运营。由于当地金融机构对国外企业不熟悉，项目公司很难得到项目所在地金融机构的信贷支持。而国内银行出于风险评估的考虑，一般不接受企业境外投资形成的土

地、房产、股权、设备等资产作为贷款抵押物。由于境外投资项目风险相对较高，加上民营企业自身实力不强，很难获得银行信贷支持。旗滨集团是自然人控股的民营企业，且其境外投资项目是纯市场化的，如何搭建合理的信用结构存在较大的挑战，如果仅以项目资产做抵押，远远达不到信用结构的要求。此外，本项目融资金额大，回收期长，普通商业银行无法提供满足该种融资需求的金融产品。

要解决这一问题，关键在于市场建设与信用结构搭建。在市场建设方面，国开行聘请行业专家出具了专家意见，同时走访当地马来西亚投资发展局（MIDA）、平板玻璃行业协会及上下游进出口商等，多维度了解当地市场，并协同国开行该产业的评审部门对马来西亚平板玻璃市场开展尽调；此外，还调研了国内旗滨集团的运营和财务状况，走访了漳州东山的旗滨集团总部，对集团上下游市场进行调查。在信用结构方面，国开行专家和旗滨集团充分排查了目前可抵押担保的资源，包括集团母公司提供担保、矿权抵押、土地厂房和机器设备抵押、实际控制人个人连带责任担保和项目资产抵押等，最终双方通过谈判，设计了合理的抵质押方案，满足了信用结构要求，同时也降低了国开行的信用结构风险。

2. 开发性金融发挥国家政策的支撑作用，解决境外税负问题

马来西亚对境外金融机构实行预提税制度，预提税税率为10%—15%。非居民公司来自马来西亚的利息和特许权使用费需缴纳预提税。虽然中马两国于1985年签署的《中华人民共和国政府和马来西亚政府关于对所得税避免双重征税和防止偷漏税的协定》（以下简称“协定”）约定，缔约国一方政府（包括政府全资所有的机构）从缔约国另一方取得的利息，在该缔约国另一方应免予征税。但按照马来西亚目前的税收规定，开发性银行未纳入免税名单，贷款利息需缴纳10%的利息预提税，增大了借款人的融资成本和负担。

为了解决这一问题，国开行主动作为，在总行财会局、国合局的大力支持下，协调国家税务总局和福建省税务局，帮助与马来西亚政府协商，将国开行纳入中国与马来西亚避免双重征税名单，用于免除马来西亚征收国开行利息预提税。2016年11月，在李克强总理和马来西亚首相的共同见证下，国家税务总局与马来西亚财政部分别代表两国政府签署《中华人民共和国政府和马来西亚政府关于税收协定的换函》并纳入中马双方联合声明，确立了中马双方

包括国开行在内的“7 + 7”国有机构的免税地位。本次协定直接节约了国开行旗滨集团本项目贷款在马贷款10%的预提税。

3. “银团贷款”形式为民营企业“走出去”提供中长期贷款

在国开行与旗滨集团合作的过程中，由于马来西亚政府机构行政效率较低，迟迟未能向借款人颁发购买土地的土地证，无法满足中长期合同签订条件。这就使旗滨集团无法签订中长期合同，然而项目建设又迫切需求大额资金的支持。

国开行通过银团贷款、出口信贷、项目融资等多种方式，争取中非发展基金、非洲中小企业发展专项贷款、大型成套设备出口融资保险专项安排等各类专项资金，加大对国际产能合作的融资支持力度。同时积极创新信贷产品满足企业国际产能合作的融资需求，推进抵（质）押融资产品创新，探索运用股权、境外资产等作为抵质押物进行融资，通过履约保函、融资保函等对外担保方式为项目融资提供信用保障。

面对中国外汇资金的管控压力，2016 年起中国严格控制外汇资金流出。然而对于旗滨集团这类需要在海外投资建厂的民营企业而言，此时项目正处于建设关键阶段，而企业的自有资金以及国开行贷款面临出境困难，项目建设资金支付捉襟见肘，直接影响了项目正常建设。为充分考虑借款人用款需求，在“旗滨模式”中，国开行提供的贷款币种为双币种，即境外人民币或等值美元，便于企业使用资金。

马来西亚“旗滨模式”是国开行借助开发性金融手段，响应国家“一带一路”倡议的重要创新，通过银团贷款、出口信贷、项目融资等多种方式解决中国民营企业“走出去”过程中的融资难问题。可见，利用国家或政府组织增信的方式，是中国特色开发性金融规避风险的重要手段，那么这种方式是否适用于开发性金融的所有海外项目？存在怎样的风险？接下来的部分将总结中国特色开发性金融的特征，在此基础上探讨开发性金融“走出去”过程中可能遇到的潜在风险。

四、中国式开发性金融的海外政治风险

上述都证实了开发性金融运营的一个基本逻辑，即开发性金融机构通过国家或地方政府组织增信的方式来保证其“保本微利”的经营目标。但需要指

出的是，这种运营逻辑之所以能够成立，一个核心前提是负责组织增信的国家或政府是一个发展型政府，这就意味着政治体系能够在其中获得充分的空间来发挥主动权。回到上文提及的“芜湖模式”，国开行通过与芜湖市政府合作，以地方政府组织增信的方式为城市建设中所需的中长期贷款兜底。一旦发生违约，便通过地方财政建立的“偿债准备金”进行偿还。地方发展与官员升迁常年遵循地方锦标赛制度，如果发生政策性贷款违约现象，将极大地影响地方官员的政绩，进而影响官员升迁。而且，大多数地方政府财政支出都存在软预算约束问题，即使在地方财政支出难以对项目兜底的情况下，也会以中央政府补贴或转移支付的方式筹集资金，保证项目顺利运行。因此，作为地方政府而言，非常愿意通过地方财政支出为开发性金融的城市基础设施建设等项目兜底。

可见，一个愿意“兜底”的政府，是保证开发性金融实现良性循环的前提条件。但是，中国式开发性金融在承接海外项目时，直接复制在国内的运营机制有可能因为国家治理逻辑的差异，遭遇债务违约的风险。中国在斯里兰卡汉班托塔港口（以下简称汉港）的开发性金融实践就遭遇此类问题，进而引发“债务陷阱”的国际舆论质疑。

那么，为什么中国进出口银行（以下简称进出口银行）认为这个项目是一个开发性金融可以支持的项目？实际上在汉港项目开始之初，斯里兰卡政府先找到了日本和印度两国进行融资，但是两国基于短期投资的风险性问题，均拒绝投资。于是，斯里兰卡政府转向寻求中国投资，进出口银行在综合评估项目后，认为符合开发性金融的投资要求。

首先，汉港项目是由斯里兰卡政府推行的中长期国家战略项目，符合开发性金融战略性中长期投资的要求。自 1983 年起，斯里兰卡已经经历了长达 20 余年的内战，国内经济发展严重受挫。为了振兴经济，拉贾帕克萨政府 2005 年上任后，便提出了斯里兰卡中长期发展规划《斯里兰卡：亚洲新兴奇迹——马欣达愿景》，致力于将斯里兰卡发展成亚洲知识、航空、投资、商业和能源中心。其中汉港项目是“马欣达愿景”中“两翼一带”战略的重点项目，“两翼”是指科伦坡和汉班托塔，“一带”是科伦坡与汉班托塔之间的经济带，该战略致力于将汉班托塔地区打造成斯里兰卡的工业基地，并与科伦坡联动，汉港项目也应运而生。

其次，进出口银行经过综合评估认为这个项目有巨大发展潜力。汉港的地理位置距离印度洋最繁忙的国际航运线仅有10海里，大量船只定期穿梭于此航线，汉港能够作为重要的船舶中转枢纽和加油基地。事实上，2003年和2006年加拿大SNC－兰万灵集团和丹麦工程咨询公司安博（Ramboll）分别评估了汉港项目，也都认为港口发展前景较为乐观。

最后，斯里兰卡政府愿意以国家主权信用为担保举债。所谓主权贷款就是指一国以自己的主权信用为担保向外借款，这一点与开发性金融在中国国内的运营逻辑是一致的，进出口银行也正是借助国家主权信用为此次开发性融资进行组织增信。

因此，进出口银行决定以开发性金融的形式为汉港项目提供融资。但是出于谨慎投资的考虑，2008年一期投资仅以商业贷款的形式为汉港项目提供85%的费用，合计3.06亿美元。这是由于斯里兰卡正处于内战激烈期，国内局势并不明确，且“马欣达愿景”刚刚提出，发展前景尚不确定，能否顺利推行有待验证。① 但是汉港作为物流交通枢纽的发展潜力确实存在，而且汉班托塔又是拉贾帕克萨总统的家乡，作为新上任的总统，他非常希望通过在汉班托塔的基础设施建设投资来提振经济，这在一定程度上为汉港的发展提供了保障。

2009年斯里兰卡内战结束，拉贾帕克萨政府推出“马欣达愿景2.0版”，升级版的发展计划更加切实具体，此时汉港发展前景更加明确。于是，进出口银行在项目二期建设投资时，将投资额提升至9亿美元。

然而，由于政体性质的不同，在中国国内能够实现良性循环的开发性金融，在海外有可能遇到政权更迭造成的潜在政治风险。2015年斯里兰卡总统大选后，前任总统拉贾帕克萨未能连任，新上任的总统西里塞纳指责前任总统通过大举借债的方式刺激经济，造成巨大的财政压力，新任政府认为汉港项目需要重新审视，因而该项目停工。加之斯里兰卡港务局经营管理不善，缺乏工商业务，无法吸引过往船只停靠港口，汉港经营常年处于亏损状态。但是西里塞纳政府并不否认，汉港等基础设施建设对斯里兰卡经济发展会有促进作用。故2016年斯里兰卡政府决定以市场化改革方式重新推动汉港经营发展，将汉港的经营权以招标形式打包出租，以期扭转亏损状况，并且在招标过程中再次优先询问了日本和印度两国公司的意向，但又遭到了拒绝，进而才转向寻找中

① Koh King Kee，《斯里兰卡汉班托塔港问题的真相》，《北京周报》，2018年9月29日，http：//www.beijingreview.com.cn/shishi/201809/t20180929_800143048.html。

国的企业。最终通过招标形式，中国招商局集团下的招商局港口控股有限公司（以下简称招商局港口）中标，与斯里兰卡政府共同组成合资公司运营汉港。协议约定，招商局港口收购汉班托塔国际港务集团（HIPG）85%的股权和汉班托塔国际服务公司（HIPS）49.3%的股权，总体股比约占70%，招商局港口拥有以上两家公司的运营管理权以及约11.5平方公里港区土地的租赁、开发权，特许经营期限为99年。招商局港口共向斯里兰卡投资11.2亿美元，其中9.74亿美元用于收购HIPG 85%的股权，余下的1.46亿美元将存入招商局港口名下的斯里兰卡银行账户，用于拓展汉港及海运相关业务。自特许经营协议生效日期起10年内，斯里兰卡港务局有权根据各方都认可的条件回购HIPG 20%的股权。生效70年后，斯里兰卡港务局可按照双方任命的估价师确定的合理价格收购招商局港口持有的HIPG所有股权。协议满80年之际，斯里兰卡港务局可以1美元的价格收购招商局港口持有的HIPG股份，使招商局港口在HIPS保留40%的股份。协议满99年终止时，招商局港口将把所持HIPG和HIPS的所有股权，以象征性1美元的价格转交给斯里兰卡政府和斯里兰卡港务局。

然而，由于中国公司的中标，中国式开发性金融被部分媒体质疑为“债务陷阱”。那么，实际的过程究竟是怎样的？

首先，汉港项目并非中国设下的债务陷阱，这个项目是基于斯里兰卡前任总统的政治意愿发起的，而非中国提议建设的。斯里兰卡政府之所以会向中国借债，是因为它未能从日本和印度两国获得融资，而且金融危机后，相比于其他国家深陷经济危机的漩涡，中国稳定的经济增长成为最有可能进行海外投资的国家。① 进出口银行之所以愿意为斯里兰卡汉港项目提供贷款，并非基于所谓的战略统治目标，或者部分舆论所说的将其作为中国的军事基地，而是出于对汉港所在印度洋航运物流市场地位的发展可行性的认可。而且，出租后的港口经营权是由招商局港口和斯里兰卡政府组成的合资公司共同经营，斯里兰卡政府占30%的股份，也并不是用于军事用途。②

---

① Meera Srinivasan, It's China That Happens to Have The Cash Now, Says Sri Lanka Minister, The Hindu Website, Oct 19 2020, https://www.thehindu.com/news/international/its-china-that-happens-to-have-the-cash-now-says-sri-lanka-minister/article32895560.ece.

② Koh King Kee,《斯里兰卡汉班托塔港问题的真相》,《北京周报》, 2018年9月29日, http://www.beijingreview.com.cn/shishi/201809/t20180929_800143048.html；毛鉴明,《中国企业投资汉班托塔港口的实践及经验探析》,《印度洋经济体研究》, 2020年第3期。

其次，斯里兰卡政府是为了推行市场化改革而自愿决定转让港口经营权，招商局港口承接港口经营权也并非债转股。汉港项目以来，由于当地经济管理不善，常年亏损。新上任的西里塞纳政府希望通过出租港口经营权的市场化形式，改善港口常年亏损的现状，与中标公司组建合资公司，共同运营汉港。招商局港口中标后，共支付11.2亿美元用于购买合资公司70%的股权。这部分资金一部分用于填补港口经营亏损，另一部分用于偿还其他债务，并非将汉港的贷款转换成租约的股权，进出口银行提供的开发性金融贷款已转移给斯里兰卡财政部，仍需要全额偿还。①

最后，造成斯里兰卡政府陷入主权债务危机的并非来自中国的债务压力，事实上是来自西方主导的资本市场的过度借贷。② 斯里兰卡自爆发内战以来，经济发展严重受阻，军备武器采购等非生产性投入急剧上升，导致财政赤字问题严重，常年依赖借债模式维持发展。过去斯里兰卡主要的债权国是日本、欧美，以及IMF等国际多边金融机构，直到斯里兰卡内战结束前后中国才真正成为斯里兰卡的主要债权国，但相比于其他债权国，中国债务占比非常小。截至2016年，中国贷款仅占斯里兰卡政府债务的9%，而且三分之二以上都是享受优惠利率的中长期贷款，不足以造成所谓的债务危机。真正造成斯里兰卡债务危机的是其在主权债务评级被下调后，无法再获得其他国家的优惠贷款，不得已从英国和美国等银行借入了高利率的短期商业贷款。③

大量事实证明，斯里兰卡汉港项目并非中国的“债务陷阱”。斯里兰卡现任总统戈塔巴雅在韩国、德国、罗马教廷和瑞士新任命大使递交国书时，特意指出由中国提供资金建造的汉港项目是一个具有重大发展潜力的项目，并非“债务陷阱”。④ 澳大利亚洛伊国家政策研究所（Lowy Institute）的哈梅瑞

① Shahar Hameiri, Debunking The Myth of China's "Debt-Trap Diplomacy", The Interpreter Website, Sep 9 2020, https://www.lowyinstitute.org/the-interpreter/debunking-myth-china-s-debt-trap-diplomacy。毛鉴明，《中国企业投资汉班托塔港口的实践及经验探析》，《印度洋经济体研究》，2020年第3期。

② Shahar Hameiri, Debunking The Myth of China's "Debt-Trap Diplomacy", The Interpreter Website, Sep 9 2020, https://www.lowyinstitute.org/the-interpreter/debunking-myth-china-s-debt-trap-diplomacy.

③ 宋颖慧，王瑟，赵亮，《“中国债务陷阱论”剖析——以斯里兰卡政府债务问题为视角》，《现代国际关系》，2019年第6期。

④ "President Defends China Investment in H'tota Port", The island website, Oct. 1 2020, https://island.lk/president-defends-china-investment-in-htota-port/.

（Shahar Hameiri）教授在其研究中也证实，并不存在中国的“债务陷阱”，斯里兰卡主权债务危机并非由中国投资造成。①

但是，汉港开发性融资项目遇到的问题以及引发的国际舆论也为中国的开发性金融“走出去”提供了前车之鉴。开发性金融“走出去”过程中，如何在完全不同的政治体系下避免政治风险，仍是一个有待解决的问题，是当前中国开发性金融发展急需攻克的课题。

参考文献

国家开发银行，《国家开发银行年鉴，2002—2012》。

陈元，《政府与市场之间》，北京：中信出版社，2012 年。

王胜，《新开放经济宏观经济学理论研究》，武汉：武汉大学出版社，2006 年。

刘卫平，《中国经济改革和再平衡的实现路径》，中央党校《学习时报》，2012 年 11 月 19 日。

国家开发银行及武汉大学经济与管理学院课题组，《中国经济再平衡增长中的开发金融研究》，2012 年 11 月。

国家开发银行及中国国际经济交流中心课题组，《国家开发银行开发金融战略和融资研究》，2012 年 12 月。

国家开发银行与中国社会科学院金融研究所联合课题组，《可持续协调发展研究》，2016 年 11 月。

许志峰，《开发金融护航中国企业“走出去”》，《人民日报》，2010 年 3 月 15。

财政部、教育部、银监会，《关于大力开展生源地信用助学贷款的通知》（财教〔2008〕196 号）。

财政部国家税务总局，《关于认真落实抗震救灾及灾后重建税收政策问题的通知》（财税〔2008〕62 号）。

陈晓宇、冉成中和陈良坤，《今年中国城镇私人教育收益率的变化［A］.

闵维方．为教育提供充足的资源》（2001 年北京大学教育经济学国际研讨会）［C］. 北京：人民教育出版社，2003 年，第 192—209 页。

陈元，《发挥开发金融作用，促进中国经济社会可持续发展》，《管理世界》，2004 年第 7 期。

陈元，《中国开发金融的理论与实践——兼论国家开发银行的改革和发展》，《金融科学》，2000 年第 3 期。

刘卫平、刘大任，《中长期投融资战略背景下的政策性金融体系构建》，《中国银行

① Shahar Hameiri, Debunking The Myth of China's "Debt-Trap Diplomacy", The Interpreter Website, Sep 9 2020, https://www.lowyinstitute.org/the-interpreter/debunking-myth-china-s-debt-trap-diplomacy。

业》，2016 年第 11 期。

Allen Berger and Gregory Udel; Relationship Lending and Lines of Credit in Small Business Finance, *Journal of Business*, 1995, 68: 351 -81.

Allen Berger and Gregory Udel. The Economics of Small Business Finance: The Roles of Private Equity and Debt Markets in the Financial Growth Cycle, *Journal of Banking and Finance*, 1998, 22: 613 -73.

Adams Dale W. , Filling the Deposit Gap in Microfinance. Paper for the Best Practices in Savings Mobilization Conference, Washington, DC, 2002, (1 1): 5 -6.

Adams, D. , Taking a Fresh Look at Informal Finance, in D. Adams and D. Fitchett, *Informal Finance in Low-Income Countries*, Boulder: Westview Press, 1992.

Akerlof G. , The Market for 'Lemons': Quality, Uncertainty and the Market Mechanism. *Quarterly Journal of Economics*, 1973.

Amoud Boot, Anjan V. Thakor, Gregory F. Udell. Competition, Risk Neutrality and Loan Commitments. Finance 0411051, Economics Working Paper Archive at WUSTL, 2004.

Anders Isaksson, Economics and Knowledge, 2002, In *Economic* Vol. 4.(Feb): 33 -54.

Angelini, P. , R. Di Salvo, and G. Ferri, Availability and Cost of Credit for SmallBusiness: Customer Relationships and Credit Cooperation. *Journal of Banking and Finance*, 1998, Vol. 22: 925 -954.

Anthony Saunders. *Credit Risk Measurement: New Approaches to Value at Risk and Other Paradigms.* John Wiley & Sons, 1999.

Asian Development Bank, Asian Development Bank Annual Report 2000 -2006.

比较之窗

Comparative Studies

Comparative

日本农业结构改革的基本方向及难点

韩朝华

一、引言

日本农业正面临严峻的发展困境。其主要问题是，日本农业在发展规模化经营上严重滞后，导致生产效率低、成本高，缺乏国际竞争力。但另一方面，迫于国际压力，日本又大幅度对外开放了国内农产品市场，导致食物自给率持续下降，目前已跌至40%以下。① 与此同时，由于农业经营规模过小，绝大多数农户无法靠专业务农维持生计，导致大量青壮年离农，农业萎缩，田地荒芜，乡村凋敝，日本农业和农村面临后继乏人、难以维系的严峻局面。

进入21世纪后，农政改革成了日本政治的重要议题，一系列改革措施相继出台。这些改革的核心目标是提高日本农业的生产效率和国际竞争力，使日本农业转变为“成长产业”。但这套改革究竟成效如何，目前还难有定论。

国内对日本的农政改革关注不多，除了一些零星介绍，缺乏全面的分析评

---

* 作者系中国社会科学院经济研究所研究员。本文是中国社会科学院创新工程项目《隐性城乡分隔对农村发展的影响》的分报告，项目主持人是朱玲学部委员。蒋中一、金成武、胡怀国、何伟参与研究讨论。

① 日本农林水产省2020年8月1日公布的2018年按供给热量计算的综合食物自给率概算值为37%。日本农林水产省网页：https：//www. maff. go. jp/j/tokei/sihyo/index. html。

论。但是，中国农业的现状与日本农业面临的问题高度相似，因而关注日本农业的发展困局，了解日本农政改革的思路及其成效，对思考中国农业的发展方向有重要参考意义。本文依据日本政府的政策文件、日本官方数据以及日本农业结构改革的文献，系统梳理日本农政改革的主要做法，分析这些举措的产生背景和基本逻辑，希望有助于国内研究者对中国农政取向的思考。

二、日本的稻作农业政策

稻米生产在战后一直受到日本政府的高度重视和保护，日本的农政问题与日本的稻作农业政策难解难分，因而了解日本稻作农业政策的沿革成为把握日本农政改革经纬的必需。

二战结束后，日本面临严重的粮食短缺，为保证供应，日本政府沿用了战时粮食管理体制，对粮食生产和流通实行全面管制。从 20 世纪 60 年代后期起，日本进入稻米过剩时代，政府的粮食库存不断增加，财政负担加重。为此，日本政府自 1969 年起允许日本稻农自销部分产品。1971 年，日本在全国启动了针对稻作农业的"生产调整"（俗称"减反"①），即让全国稻农按政府的限产计划压缩水稻种植面积；稻农由此产生的收入损失，由政府按限产面积支付补贴；对不按政府计划限产的稻农，政府要施加处罚。

最初的生产调整只要求农户按政府计划削减水稻种植面积，但 1973 年的石油危机引发国际粮价暴涨，使日本感到了保障食物自给的重要性。于是，日本政府调整思路，将生产调整的重心从控制水稻种植面积的"减反"转向了鼓励稻农改种其他作物（如小麦、大豆、饲料作物等）的"转作"。

1995 年，在参与《关贸总协定》乌拉圭回合谈判的过程中，日本废除了战后实行的《粮食管理法》，颁布了《主要粮食供求价格稳定法》，并接受了大米最低进口量条款，日本的大米市场开始有限对外开放。2004 年日本修订《粮食法》，实现了国内大米的自由流通。② 同时，受国际农政潮流转换的影响，日本政府在稻作保护上也开始从对市场扭曲较大的价格保护转向扭曲较少的对生产者直接补贴。在这种情况下，日本政府无法直接控制米价，只能靠行

① 这里这个"反"字在日语中发"tan"音，是日本的一种土地面积单位，约等于 992 平方米。

② 万里，「米の価格形成の要因分析」，『農林業問題研究』第 52 巻第 4 号，2016 年 12 月，第 218 頁。

政性限产来维持米价，同时还要为实施限产的稻农提供补贴以稳定农户的收入。①

进入21世纪后，日本政府试图调整稻作保护政策，下放生产调整的决策权，减少政府在农业保护上的介入程度，② 并推进农业规模化经营。2007年，这方面的政策调整被付诸实施，不料却招致米价大跌，引发了农民和农协的不满。这直接导致自民党在2009年大选中败北，日本民主党上台执政。③

日本民主党上台后，于2010年推出了"农民按户收入补偿制度"。这套政策撤销了过去对农户完不成生产调整目标的惩罚措施，大幅调高了生产调整补贴额；并且，废除只向大农户提供补贴的政策，使所有销售农户都能享受政府补贴。④ 2012年底大选，自民党获胜重新执政，在农政改革上再启其重在结构转换的政策思路。但自民党吸取了丢失政权的教训，没再实行向大型经营体倾斜的补贴政策。

2018年，日本政府改变了沿用几十年的稻作生产调整方法，即政府不再统一决定和执行全国的水稻种植计划，而是在继续向农户提供减反转作补贴的同时，由地方上的"农业再生协议会"自行决定当地的水稻种植政策。农业再生协议会由地方的自治行政机构、农业团体、骨干农户组织等构成。农林水产省的职责是向各地农业再生协议会的决策活动提供帮助，如提供详尽的全国稻米供求信息，并协助大米产区与大米销区建立稳定的供求关系等。⑤

总之，自20世纪70年代以来，日本的稻作保护政策虽时有变化，其核心始终没能摆脱政府限产以维持高米价、财政发钱以补贴小农收入的基本思路。这套做法阻断了市场优胜劣汰机制在日本稻作部门中的结构优化作用，使日本土地利用型农业的生产效率和竞争力难以与时俱进。据日本农林水产省

---

① 農林水産省：『平成19年度食料・農業・農村の動向—平成20年度食料・農業・農村施策』（農業白書），2008年，第26—27頁。（日本农林水产省网页：ホーム→白書情報→食料・農業・農村白書，https://www.maff.go.jp/j/wpaper/index.html，下同。）

② 田家邦明（2016）：「30年産米からの生産調整の見直しとコメ市場について」，『農業研究』，第29号，第183頁；日本農林水産省（2006）：『平成18年度食料・農業・農村の動向一平成19年度食料・農業・農村施策』（農業白書），第107頁。

③ 河村和徳：「2009年総選挙における稲作農家の政治意識と投票行動—自民党農政の担い手たちに対する感情に注目して—」、『選挙研究』第26巻2号、2010年、第76頁。

④ 農林水産省：『平成22年度食料・農業・農村の動向』（農業白書），2011年，第161—163頁。

⑤ 農林水産省：『平成30年度食料・農業・農村の動向』（農業白書），2019年，第181頁。

(2011) 发布的《2010 年度农业白皮书》披露，在 1960 年至 2010 年间，日本主要农业部门农户平均经营规模的增长幅度为蛋鸡 1666.2 倍、肉鸡 50.2 倍、养猪 598.8 倍、肉用牛 32.4 倍、乳用牛 40.0 倍、蔬菜 7.5 倍、果树 3.2 倍、水稻 1.9 倍；同时，水稻还是日本农业中主业农户比重最低、农民高龄化最严重的部门。① 也就是说，受保护最多的水田稻作已成为日本农业中低效率和低竞争力问题最突出的部门。

三、土地制度中的问题

二战结束后，日本通过农地改革，形成了地权高度分散的小自耕农生产体系。1952 年颁布的《农地法》对每个农户拥有的农地面积定有上限，即在都府县不得超过 3 公顷，在北海道不得超过 12 公顷；而且，个人或法人获取农地时须符合一系列条件；另外，《农地法》还对农地所有者解除农地租赁合同设定了苛刻的条件和程序，使农地出租方很难解除已缔结的租地合同；最后，用“标准地租”条款对地租额和支付方式实施管制。

这样的土地制度抑制了农地所有者出租农地的意愿，明显不利于农地的流转和集中。对此，日本从 20 世纪 70 年代起着手调整土地制度。如通过 1969 年的《农业振兴地域整备法》、1980 年的《农用地利用增进法》，以及 1993 年的《农业经营基础强化促进法》，建立了一套鼓励农地使用权流转和集中的“使用权设定”制度。而且，1993 年出台的《农业经营基础强化促进法》还明确规定，凡为实现“高效稳定经营”定有明确计划的农户，由地方自治机构确认其为“认定农业者”，并在农地集中、融资、税收等方面向其提供多种政策优惠。② 同时，日本多次修改《农地法》，逐步放松对农地流转和集中的限制。目前，日本《农地法》已撤销了对农户拥有农地面积的限制，对农地所有者解除农地租赁合同的限制也被大幅度放松，管制地租的标准地租条款在 2009 年的《农地法》修改中被完全废除。

这些农地制度调整回避了农地所有权的流动，这是对日本小农固守土地所有权倾向的明显妥协。政策设计者希望以农地使用权流动为政策重点，相对容易地实现农地向种田大户的集中。但就目前的情况看，这样的土地制度调整并

① 農林水産省:『平成 22 年度食料・農業・農村の動向』(農業白書), 2011 年, 第 210—212 頁。
② 暉峻衆三 (2008):『日本の農業 150 年—1850—2000 年』、有斐閣ブックス、第 277 頁。

没带来农地流动和集中的顺利推进，更没能帮助日本农业摆脱衰败的趋势。因为这套制度没法克服两个方面的问题。

首先，仅通过农地租赁扩大经营规模，并不能确保农业规模化经营的效率目标。因为，租用他人农地的农业经营者虽能扩大总经营面积，却无法将耕种的农地连片，这反而带来了新的生产成本。如谷本一志（2015）指出的：“租地经营的规模越大，越会面临地块分散、作业距离远、作业效率低、田间管理难、单产低等问题，因而面临着总经营规模扩大的好处被抵消的风险。”①也就是说，靠租地扩大经营规模能实现的效率提升是有局限的。并且，在租地经营的情况下，农地租用者的时间视野受租地合同的限制，缺乏在所用农地上进行长期投资的动力；而农地出租者则因志不在农，也缺乏对农地做长期投资的积极性。这样，在需要为改良农地而开展农地整治时，不同农户间达成共识的难度很高。②

其次，更大的问题是，在日本，农地非农转用的出售价格远远高于农地农用的出售价格，这导致大量的农地所有者即使在生计上已完全脱农，仍因期待农地的非农转用而不愿放弃农地所有权，也不愿意长期稳定地出租其农地，有的农户甚至不惜为此而使农地撂荒和弃耕。③ 这成为日本阻碍农业结构转换的最主要因素。根据大桥弘、斋藤经史（2009）的模拟测算，如果农地非农转用的出售价格降至农地农用的出售价格，日本的水稻种植面积将增加35%，而农业生产的劳动生产率将提高28%。④ 为了遏制农户的农地非农转用倾向，日本颁布了不少法律规定和管制措施，但因这些制度的贯彻执行直接受制于地方农民自治体，这方面的制度规定几乎完全失灵。⑤ 另外，日本政府也针对农

① 谷本一志：「耕作放棄地の発生メカニズムと解消方策に関する経済学的考察」，『オイコノミカ』，第52卷第1号，2015年，第37頁。

② 关于村民在决定农地整治工程项目上达成共识的难度，田代洋一（2018）有很具体的案例介绍。见田代洋一：「圃場整備と農地中間管理事業—新潟県における事例—」，『土地と農業』，第48卷，2018年，第66—67頁、第73—75頁。

③ 神門善久：「農地流動化、農地転用に関する統計的把握」，『農業経営研究』，第34卷第1号（通卷88号），1996年，第62—63頁。

④ 大橋弘、齋藤経史：「農地の転用機会が稲作の経営規模および生産性に与える影響：日本ではなぜ零細農家が滞留し続けるのか」，『経済学論集』、第75卷第2号，2009年、第2—24頁。

⑤ 山下一仁：「農政改革の制度設計—直接支払いと農地・株式会社参入—」，独立行政法人経済産業研究所 RIETI Policy Discussion Paper Series 04－P－007，2004年，第34頁。

地闲置和撂荒出台了不少矫正政策，但都由于农业收入前景黯淡以及农业生产后继乏人而难以落实。①

针对农地流转集中长期进展缓慢的状况，有的研究者提出，农地流转和集中涉及明显的交易成本，且收益前景不确定，这会影响农户购买或租用农地的行为，因而在推进农业结构转换上，仅出台鼓励农业结构转换的政策是不够的，还要有能降低农地交易成本和减轻收入不确定性的措施。② 还有的研究者认为，农地流转中的高交易成本决定了农地市场注定是一种“弱”市场，要有很多交易主体聚集在一起进行交换才能提高交易成功率，为此需要有一种能集中农地供求双方信息的机构在农地的提供者和需求者之间发挥中介作用。③

日本政府2013年底推出的“农地中间管理事业”就体现了这一认识。其基本构想是，组建“农地中间管理机构”（俗称“土地银行”），由其将农地所有者要出租的农地集中起来，然后由这个机构寻找合适的农地承租者。政策设计者希望这一中介机构能汇集农地供求信息，降低农地流转的交易成本，促进农地集中和农业规模化经营。然而，从实际运行情况看，目前农地中间管理机构面临的主要难题是农地承租方严重不足，这使得农地中间管理机构在接收了农地后找不到合适的承租人，大量精力陷入了对农地的管理和维护。④ 在这种情况下，各种推进农地有效利用的政策规划只得靠基层官僚的形式主义文牍应付了事。⑤

据高桥大辅（2015）介绍，日本农经学界的研究认为，通过农业规模化经营提高农业生产效率需要两个条件：一是以农业机械化为代表的技术进步，二是有利于农地从低效率生产者向高效率生产者流动的土地制度。前者是农业生产效率提高的必要条件，但不是充分条件，如果不具备有利于土地流转集中

① 緒方賢一：「2009 年農地法改正における遊休農地対策規定とその適用の現段階」，『高知論叢（社会科学）』第 106 号，2013 年，第 75—103 頁。

② 草苅仁、中川聡司：「不完全競争市場における米作農家の借地行動—取引費用と不確実性の影響分析—」，『農業経済研究』，第 83 巻第 1 号，2011 年、第 28—42 頁。

③ 有本寛、中嶋晋作：「農地集積と農地市場」，『農業経済研究』，第 85 巻，第 2 号，2013 年，第 73 頁；高橋大輔：「農地流動化と取引費用」，『農業経済研究』，第 82 巻第 3 号，2010 年，第 172—185 頁。

④ 倪鏡：「中山間地域における市町村農業公社が直面する課題」，『地域政策研究』，第 9 巻第 1 号，2006 年，第 52 頁。

⑤ 山浦陽一：「農地中間管理事業の課題と現場の模索—大分県を事例に—」，『土地と農業』，第 49 巻，2019 年，第 170—176 頁。

的制度条件，就算实现了农业机械化，仍难以顺利推进农业规模化经营。① 这正是日本农业的现状。

这种局面肯定与日本的社会文化传统有关。日本是一个土地私有权观念极重的国家，出于公共福祉的考虑而对私人的土地运用实施管制，在日本社会难以得到广泛理解。当这样的管制针对的是个体小农时，阻力就会更大。近年来，已有一些研究者提出了这方面的改革设想，② 局部的法律修订也已着手，③ 但成效如何，尚需时日才能看清。

四、培育组织化农业经营体的努力

进入21世纪后，日本农业领域后继乏人和农地弃耕撂荒的现象日益突出，培育新型农业承担者成为日本农政面临的紧迫问题。这方面的政策努力引发了两种现象：一是工商企业通过租用农地参与农业经营，二是村民联合组建合作社性质的村落营农组织。这两类“组织化”农业经营体受到了日本社会各界的广泛关注，有些人认为，以家庭为基本单位的农业生产方式已难以适应农业发展的需要，④ 发展组织化的农业经营体有利于扩大农业经营规模并提高农业生产效率。⑤ 但这一期望与组织化经营体的实际状况相去甚远。

（1）关于企业营农

战后日本颁布的《农地法》不允许工商企业获取农地从事农业经营。其

① 高橋大輔:「日本農業における農業調整問題—技術進歩・価格政策・農地政策—」,『農業経済研究』, 第87卷, 第1号, 2015年, 第9—22頁。

② 秋吉祐子:「日本の農地制度の課題—国際的視点において—」,『MACRO REVIEW』, Vol. 23, No. 2, 2011年, 第41—48頁。

③ 長友昭:「近の立法・政策における土地の所有者問題—農地・森林の所有者不明土地に関する共有関係と相続未登記の法的問題を中心に—」,『政治・経済・法律研究』, Vol. 20, No. 2, 2018年, 第119—141頁; 公益社団法人日本不動産学会、公益社団法人都市住宅学会、資産評価政策学会:「所有者不明土地問題の発生原因とその解決のための法政策（第一次提言）—所有者不明土地の解消に向けた抜本的な法整備を—」,『日本不動産学会誌』, 第32卷第3号, 2018年, 第101—108頁。

④ 坪井伸広:「農業の企業形態をめぐる論点—「家族経営主義」の終焉—」,『農業経営研究』, 第31卷第1号（通卷75号）, 1993年, 第27—35頁。

⑤ 清水徹朗:《日本农业政策与农协改革相关动向及日本农业的未来展望》,《世界农业》, 2016年第8期（总第448期）, 第100页。

理由是，这类企业以追求利润为宗旨，一旦难以获利，就会迅速撤出，这易导致农地荒废，扰乱农业生产秩序。但随着日本农业生产后继乏人的趋势日益明显，允许一般工商企业营农的意见逐步占据上风。① 从2000年起，日本《农地法》分几步放宽了对企业营农的限制。2009年修改后的《农地法》对企业租地营农的态度由限制转为鼓励。② 日本政府希望此举能有助于化解不断蔓延的农地弃耕撂荒问题，并在日本农业中导入规模较大的经营体。

但实际情况并不全如政府预期。从表1可以看出，自2011年以来，虽已推进了十几年，目前公司制农业企业在全部农业经营体中的比重不到1%，其经营耕地的占比在7%上下，农业劳动力占比不到4%。

表1　企业营农在日本农业中的地位

年份	农业经营体数占比（%）	经营耕地面积占比（%）	农业劳动力占比（%）
2011	0.42	3.25	1.81
2012	0.44	3.25	1.82
2013	0.48	3.53	1.93
2014	0.52	3.69	1.99
2016	0.80	5.77	3.15
2017	0.83	6.66	3.35
2018	0.90	7.29	3.38
2019	0.98	6.94	3.59

注：本表数据按日本农林水产省公布的相关统计资料算出。

资料来源：日本农林水产省网页：ホーム→統計情報→分野別分類/農家数、担い手、農地など→農業構造動態調査。

另外，日本农林水产省经营局在2018年12月末对靠租地营农的一般法人③ 做了一次调查，结果显示，日本全国共有3286个租地营农的法人机构，它们

① 澁谷往男：「地域中小建設業の農業参入にあたっての企業意識と課題」，『農業経営研究』，第45卷第2号，2007年，第23—25頁。

② 緒方賢一：「2009年農地法改正における遊休農地対策規定とその適用の現段階」，『高知論叢（社会科学）』第106号，2013年，第75頁。

③ 日本法律对非农业企业拥有农地所有权有明确的条件要求，而对这类企业租用农地则基本无限制。这里的"一般法人"就是指后一种情况下的营农法人机构，它包括"农事组合法人"和各类公司制企业。

共租用农地10020公顷，平均每个机构经营耕地3.05公顷，其中有88%的法人机构经营面积不足5公顷。①可见，一般法人营农机构的绝大多数仍属于小规模经营体。

从营农企业的行业来源看，最集中的是食品相关行业、农畜产品相关行业，以及建筑行业。前两类企业在农业经营上多采取“公司+农户”的模式。如白坂典枝和生源寺真一（2017）研究了2006年1月至2016年8月涉足农业经营的53家上市公司。这些公司在生产作业和田间管理上多数依靠当地的既有农业生产者，自派员工直接从事现场作业和农田管理的企业是少数。②

营农建筑类企业大多是地方性中小企业，它们涉足农业经营主要是因为当地建筑市场萧条，为保员工就业而转入农业。③ 因而，这类企业在农业经营上无长期打算，规模也有限，一旦其主业需求转旺，便会退出。如后藤拓也（2015）调查了大分县的企业营农情况后发现，当地在2010年前有不少建筑公司在经营农业，但在2011年后，经营农业的建筑公司大幅减少，其原因是从2012年起安倍内阁启动了大量公用事业工程，再加上2012年九州北部暴雨，冲毁了不少防汛设施，引发当地建筑修复业务大增，不少建筑企业因此退出了农业经营。④

另外，日本农政当局希望企业营农的发展有助于消化弃耕撂荒农地。但实际上，涉农企业都偏好条件较好的农地，那些撂荒数年、需投入资金进行改造才能耕种的地块并非营农企业所乐见。如上述后藤拓也（2015）的大分县调查显示，2007—2013年，营农企业共占有了904公顷农地，其中弃耕地仅占19%。而且，随着既有弃耕地中相对好用的地块越来越少，营农企业用地中的弃耕地比例也随之下降。⑤ 古田恒平、服部俊宏（2015）介绍，日本一家大型

---

① 農林水産省経営局（2018）:「一般法人の農業参入の動向」，农林水产省网页：ホーム→経営→企業等の農業参入について，https://www.maff.go.jp/j/keiei/koukai/sannyu/kigyou_sannyu.html。

② 白坂典枝、生源寺真一:「上場企業による農業参入の分析—人材育成と関連コストの問題を課題に—」，『農業経営研究』，第55卷第3号（通卷174号），2017年，第89—94頁。

③ 濱村寿史、平石学:「建設業による農業参入とその定着に関する考察」，『フロンティア農業経済研究』，第15卷第1号，2010年，第96—98頁。

④ 後藤拓也:「企業による農業参入の展開とその地域的影響—大分県を事例に—」，『経済地理学年報』，第61卷，2015年，第59頁。

⑤ 後藤拓也:「企業による農業参入の展開とその地域的影響—大分県を事例に—」，『経済地理学年報』，第61卷，2015年，第62—64頁。

连锁超市集团，自2009年起在日本各地创立了15家直营农场，专门生产蔬菜瓜果，以自有品牌在其超市销售。这家企业在租用农地时只接受经过地块整治、具备良好排水设施、适宜耕种的农地。①

涉谷往男（2011）列举了当时几份有关营农企业盈亏状况的调查报告，其中涉谷往男自己的调查结果是，被调查营农企业中，盈利企业占9%，亏损企业占68%；而日本农业商务中心的调查结果是，亏损企业占69%，盈利企业占13%；日本全国农业会所的调查结果是，盈利企业占11%，亏损企业占63%。据此涉谷往男认为，这是相当高的企业亏损面，由此亦可想见，进入农业经营的企业中当有不少企业已经撤出。据他调查，涉农工商企业撤出农业经营的主要原因是“本业不振”、“农业经营不振”或者“农业技术和人手不足”。他认为，非农企业从事农业经营，要想实现盈利，一般需要7.6年的时间。② 对于人手和资金都很有限的中小企业来讲，这样的跨领域创业并非轻易可行。

总之，在日本，企业营农虽被寄托了促进日本农业转型的期望，但实际效果并不令人振奋。

（2）关于村落营农

村落营农是一个或几个自然村落的农民为生产互助而展开的集体经营活动。在日本农村，这样的村民集体行动是有历史渊源的。③ 在历史上，日本的村落就是具有自治功能的社会单元，明治时代的日本政府曾将村落作为其农政运营体系的基层环节。④ 在战后日本的经济高速增长中，因农村人口大量离农，不少农业地区出现了人口过疏化，因而从20世纪60年代起，日本有些地区就出现了靠农户组织化来维持村落农业生产和社区运营的做法。⑤ 进入70

---

① 古田恒平、服部俊宏：「企業の農業参入時における農地権利移動の実態：埼玉県羽生市を事例として」，『農村計画学会誌』，第34卷論文特集号，2015年，第319頁。

② 涉谷往男：「企業の農業参入における撤退要因と農地管理についての考察」，『農業経営研究』，第49卷第1号（通卷148号），2011年，第81—86頁。

③ 矢挽尚貴：「統計データによる耕作放棄地と集落営農の関係分析」，『農村工学研究所技報』，第217号，2015年，第75頁。

④ 安藤光義：「構造政策とむらの関係：歴史的な展開と変容」，『土地と農業』（49），2019年，第4頁。

⑤ 小田切徳美：「農業公社営農の背景と展望—中山間地域を中心にして－」，『農林業問題研究』，第109号，1992年12月，第186頁。

年代后，日本政府实施过一系列推进地域农业组织化的政策项目。90 年代初，农业劳动者日趋高龄化，发掘农业生产后继者的问题引起社会关注，这又为村落营农的发展增添了动力。

不过，日本政府鼓励村落营农组织的主要着眼点是扶持组织中的核心农户。如 1982 年启动的“地域农业集团化”构想就提出，要“以核心农户为中心……以调整农地运用为基础……促进核心农户的规模扩大和高效能生产组织的形成”。1989 年推出的“村落营农特别推进事业”也提出，要培育“以国际化时代能承受的成本进行生产的营农作业单位”和“使农业作业集中于少数操作手的农场式生产组织”。① 日本政府 2004 年实施的稻米政策改革规定，村落营农组织若能满足一定条件，就能享受多项政策优惠，而其中最关键的一个条件是村落营农组织须具备专业骨干农民，他们能通过在组织内的常年劳动获得与其他产业相当的职业收入。② 这说明，日本政府在农民组织化上关注的重点是培育核心农户，发展能自立的经营个体，并引导农地向他们集中。

但是，现实中的村落营农组织并未按政府的设想展开。因为村落营农组织本身就是专业骨干农民不足的产物，日本各地农村所以热心推进村落营农，主要是想通过村内不同农户在劳动力上的余缺互补来维持当地的农业生产，避免农地荒芜和村庄衰败。因此，支持发展村落营农的人大都注重村落营农组织对当地农户的兼收并蓄，而非农业生产领域的优胜劣汰和结构优化。这与日本农政当局的初衷大相径庭。尤具讽刺意味的是，2006 年日本政府出台的《跨品种稳定经营对策》规定，只有在达到一定经营规模以上的经营体［个体农户不少于 4 公顷（北海道为 10 公顷），村落营农组织不少于 20 公顷］才能享受政府的转作补贴。然而，向大经营体倾斜的这一规定却引发大量经营规模远未达到 4 公顷的小微农户为获取政府补贴而联合组建村落营农组织。如据安藤光义（2008）引用高桥慎的资料，2006 年 4 月，宫城县只有 2 个村落营农组织，但到 2007 年 7 月，全县的村落营农组织跃升为 434 个；其中，全村加入型组织有 304 个，土地规模达到 40 公顷以上的组织有 216 个，100 公顷以上的组织

① 伊藤忠雄:「集落営農展開の諸条件」,『東北農業研究』, 1991 年第 10 卷 1—2 号（通卷 20—21 号）, 第 1—2 頁。

② 桂明宏:「集落営農と経営政策」,『農業経営研究』, 第 43 卷第 4 号, 2006 年, 第 26 頁。

有40个。[①] 如此形成的村落营农组织大多不具有法人资格，最多只做到了主要农机的共有共用，实际生产依然是各农户自行其是，形成徒有其表的“分部管理式”（枝番管理型）村落营农组织。[②]

能够做到统一经营、统一核算的村落营农组织在生产运营上的共同点是以租用方式获得村民土地的使用权，然后按统一计划安排农业生产，由少数几位作业手承担耕耘、播种、收获等主体性作业，其他因年龄、体力、兼业等原因无法承担主体作业的农民则以出工的方式承担自家农地的施肥、除草、用水等田间管理作业。在日本现有的农业生产技术条件下，绝大多数村落只需少数几位作业手就足以完成全村土地上的主要农事作业，这是目前村落营农能缓解日本农村骨干生产者不足问题的原因。另外，在日本政府推行水稻限产转作政策的背景下，由村落营农组织统一协调组织成员的作物品种和种植地块，也有利于全村农户落实政府的生产调整计划以享受政府补贴。

但是，由于村落营农强调通过村民间的生产互助来帮扶小微兼业农户，不能真正降低日本农业中偏高的人地比率，其改善日本农业劳动生产率的作用很有限，也难以显著提高村落营农组织成员获得的农业收入。这样的村落营农组织无法吸引青壮年在农业中稳定就业，因而无从扭转日本农业后继乏人的基本态势。随着现有组织成员的日趋高龄化，这种村民抱团取暖式的生产自救组织也变得难以为继。例如，中村胜则等（2017）和安藤光义（2019）都发现，在村落营农组织中，近年来一个广受瞩目的现象是雇人承担田间作业的情况在增多。[③] 田代洋一（2019）也指出，山口县的村落营农组织中，日常的田间管理作业过去大多由组织成员承担，组织对他们支付的作业报酬也较高，但随着村民老龄化的加剧，由组织成员承担田间管理的情况变少了，作业报酬也随之下降；

---

① 安藤光義：「水田農業構造再編と集落営農—地域的多様性に注目して—」，『農業経済研究』，第80卷第2号，2008年，第70—71頁。

② 菊地俊夫、田林明：「佐賀平野における水田農業の存続・発展戦略」，『地学雑誌』，第128卷（2），2019年，第216頁；横山英信：「政権再交代後における日本農政の再編とその基本的性格—近年の農政展開を踏まえて—」，『アルテス　リベラレス』（岩手大学人文社会科学部紀要），第96号，2015年，第106頁。

③ 中村勝則、藤井吉隆、上田賢悦、角田毅：「集落営農法人における事業展開と収益分配の特徴－従業員を雇用する東北地域の農事組合法人を対象に—」，『農業経営研究』，第55卷第2号（通卷173号），2017年，第15頁；安藤光義：「構造政策とむらの関係：歴史的な展開と変容」，『土地と農業』（49），2019年，第10頁。

"村落营农正在脱离村落（农地所有者）"。[①] 因此，就化解农业生产后继乏人的问题而言，村落营农最多只是暂时缓解了日本农村眼前的生产人手不足，不能从根本上化解骨干农业生产者长期匮乏的困境。细山隆夫（2011）对日本新潟县上越地区村落营农组织的考察发现，多数组织的运营充其量是在维持现状，有些村落，依托高龄农户建起了组织，但最终仍不能摆脱农业生产停滞的结局。[②] 而日本农林水产省 2018 年公布的全国村落营农组织情况显示，自 2014 年以来，解散的村落营农组织数有上升的苗头（2014 年是 259 个，2018 年是 441 个）。[③]

表 2 反映了日本全国村落营农组织的近期概况。从中可以看到，村落营农的组织数在 2007 年有过两位数的增长（第 2 列），这主要是因为当时日本政府的农业补贴政策向大型经营体倾斜引发了小微兼业农户的组织化热潮。自那之后，村落营农组织数的年增长率逐年下降，近两年内呈负增长态势（第 2 列）。而村落营农的组织数在全国农业经营体总数中的比重虽持续上升，到 2019 年也只占 1.3%（第 3 列）。从村落营农组织的经营耕地面积看，在 2005 年为 25.4 万公顷，占全国经营耕地面积的 5.4%，2019 年增至 38.1 万公顷，比重升至 8.7%（第 4 列、第 5 列）；但同期村落营农组织成员每户平均经营耕地面积只从 0.62 公顷升至 0.76 公顷，远不及销售农户的平均经营耕地面积（第 6 列、第 7 列）。这说明，村落营农只是小微兼业农户联合应对农业生产骨干短缺的集体行动，与农业规模化经营不沾边。这并不意外，早在 1993 年就有日本研究者意识到，村落营农组织维护了高龄兼业小农对土地的控制权，其实具有抑制农地流转的保守性。[④] 细山隆夫（2011）也发现，村落营农组织的发展不利于农地向大型个体农户的集中。[⑤]

---

① 田代洋一：「集落営農法人と連合体の展開ー山口県ー」，『土地と農業』，第 49 巻，2019 年，第 122 頁。

② 細山隆夫：「大区画場整備地域における大規模借地経営の存立状況と農地団地化ー北陸・新潟県上越市三和区を対象にー」，『農業経営研究』，第 49 巻第 3 号（通巻 150 号），2011 年，第 16 頁。

③ 農林水産省（2018）：『農地中間管理事業の5 年後見直しについて』，平成 30 年 11 月；https：//www.maff.go.jp/j/keiei/koukai/kikou/kikou_ichran.html。

④ 永田恵十郎：「地域農業の現局面と集落営農の新動向」，『土地と農業』，第 23 巻，1993 年，第 103—105 頁。

⑤ 細山隆夫：「大区画場整備地域における大規模借地経営の存立状況と農地団地化ー北陸・新潟県上越市三和区を対象にー」，『農業経営研究』，第 49 巻第 3 号（通巻 150 号），2011 年，第 12—22 頁。

表2　企业营农在日本农业中的地位

年份	村落营农组织数			村落营农组织经营耕地状况			
	组织数（个）	组织数年增长率（%）	全国农业经营体占比（%）	经营耕地总面积（公顷）	全国经营耕地面积占比（%）	成员农家户均经营耕地面积（公顷）	销售农户*平均经营耕地面积（公顷）
	(1)	(2)	(3)	(4)	(5)	(6)	(7)
2005	10063		0.5	253672	5.4	0.62	1.76
2006	10481	4.2	0.5	251824	5.4	0.58	1.79
2007	12095	15.4	0.6	318939	6.9	0.65	1.83
2008	13062	8.0	0.7	360440	7.8	0.69	1.87
2009	13436	2.9	0.8	367641	8.0	0.68	1.91
2010	13577	1.0	0.8	369149	8.0	0.69	1.96
2011	14643	7.9	0.9	372490	8.2	0.68	2.02
2012	14742	0.7	0.9	371789	8.2	0.68	2.07
2013	14634	-0.7	1.0	371820	8.2	0.69	2.12
2014	14717	0.6	1.0	371354	8.2	0.70	2.16
2015	14853	0.9	1.1	375505	8.4	0.71	2.20
2016	15134	1.9	1.1	386981	8.7	0.73	2.35
2017	15136	0.0	1.2	388338	8.7	0.75	2.41
2018	15111	-0.2	1.2	383991	8.7	0.75	2.46
2019	14949	-1.1	1.3	381252	8.7	0.76	2.50

注：销售农户是日本农业中最主要的一类经营体，即经营农地30日亩以上且农产品年销售额在50万日元以上的个体农户。

资料来源：日本农林水产省网页，“統計情報”中的“農業構造動態調査”和“集落営農実態調査”并据此计算。

在现代农业中，个体农户的有效运营确实需要依赖组织，这是因为个体农户在面对生产资料供应商和农产品收购商时处于弱势地位。但这种情况只存在于农业生产环节以外的产前、产后交易环节。在农业生产环节，尤其是在土地利用型农业的生产中，最佳的生产方式是个体农户的家庭经营。现代农业中的规模化经营，其实是个体农户家庭经营的规模化，它是通过资本替代劳动力的农业技术进步实现的，而不是靠集中大量人手的团队生产实现的。日本农业的结构转换需要让多数现有农民退出农业，使农地向少数优秀农户集中，以实现个体农户的经营规模化，而鼓励发展企业营农和村落营农的思路与日本农业发展的这一历史性要求可谓南辕北辙。日本政府推进农业规模化经营的政策将这两类组织化经营体奉为扶持对象，表明政策制定者对农业规模化经营的实质缺乏准确把握。

五、农业“六次产业化”

“六次产业化”是日本农政特有的用语。按日本农林水产省编发的《平成22年度农业白皮书》的解释，六次产业化是指农业、林业、渔业等领域的从业者综合一体地推进农林渔业（一次产业）、制造业（二次产业）、流通业（三次产业）等经营活动……以创造新附加值的举措。① 为鼓励这样的经营，2010年11月日本通过了《关于农林渔业者活用地域资源创办新事业及促进地域农林水产品利用的法律》（以下简称《六次产业化法》）。

农业六次产业化构想是针对日本农业面临的发展困境——农业萎缩、农村衰败和农业生产后继乏人——提出来的。很多研究者注意到，农业生产所能提供的收入过少，无法吸引青壮年安于专业务农；但他们又认为，农产品加工和销售的收益显著高于农业生产，如果农业从业者能在农业生产的基础上整合农产品加工和销售等下游业务，实现多元化经营，就能提高农户经营的附加值率，实现经营自立。② 一些研究者想象，推行农业六次产业化除了可发展农产品加工业和销售业之外，还可发展农村观光业、IT（信息技术）产业、化妆品和药品产业、自然能源产业等。③ 甚至还有人断言，围绕农业六次产业化展开的农业经营体是“创新性农场”，它们代表了日本农业今后的发展方向。④

但是，农业六次产业化构想面临几个无法回避的问题。

① 農林水産省：『平成22年度食料・農業・農村の動向』（農業白書），2011年，第380頁。農林水産省編：『平成22年度農業白書』，2010年，第380頁。这里的“六次”之说来自“1（次产业）×2（次产业）×3（次产业）=6”的象征，非严谨的专业表述。

② 後藤英之：「6次産業化研究の現状と今後の課題」，『商学討究』，第68卷第4号，2018年，第56—57頁。

③ 小林哲：「2次データを用いた6次産業化の成果規定因に関する探索的考察」，『マーケティングジャーナル』，Vol. 39 No. 1，2019年，第44頁。

④ 小田滋晃、坂本清彦、川﨑訓昭、長谷祐：「先進的農業経営体における事業展開の論理と方向—六次産業化と農協の役割に着目して—」，『生物資源経済研究』，第21卷，2016年，第17頁。

首先，六次产业化构想其实是想让农户通过向农业下游产业延伸经营以扩大收入来源，并靠非农业经营收入来补贴和维持其农业经营。但事实上，现在日本农业面临的真正问题不是日本农民的家庭总收入太少，而是日本农民得自农业生产的收入太少，这使得日本农业难以吸引青壮年从业者在其中稳定就业，由此导致日本农业后继乏人和农业萎缩。这是日本农业平均经营规模过小、劳动生产率太低造成的。而六次产业化构想不是直面这一根本问题，而是想让农户靠非农产业中的多元化经营来补贴其小微农业经营。这样的农户增收构想与20世纪60年代以来日本小农靠非农兼业增加家庭总收入的做法并无本质差异，但在增加农户总收入的效果上，六次产业化显然不如非农兼业更直接可靠。

其次，现代商品经济发展的特征性标志是专业化分工的持续扩展和细化，它不仅表现为农业与制造业和流通业的产业分立，还表现在农业领域内部也在发生更进一步的专业化分工，如种植业里育种（苗）与大田种植间的专业化分工，养殖业里畜禽幼仔繁育和畜禽育肥环节的专业化分工，以及耕耘、播种、收获、仓储等生产环节的服务专业化等。面对这样的农业内专业化趋势，六次产业化构想却要求日本的个体农户不仅要成为农业领域的生产专家，还要成为农业下游产业的经营专家，这合理吗？个体农户在非农产业领域本就处于弱势，现在却要求他们独立向那些领域延伸经营，与那些领域中的既有厂商竞争，是否现实呢？

其实，在日本，将农产品的加工和流通与农业生产整合起来的农工商联合体早已有之，但那都是农产品加工业或流通业的工商企业为确保稳定优质的原料供应而从产业下游向上游实施后向一体化的产物，如各种公司 + 农户或订单农业之类的做法。在这种联合经营体制中，起主导作用的是下游的工商企业，而非上游的农户。日本有人称此为“源于下游的六次产业化”或“下游主导的六次产业化”。① 农户在其中的基本角色是原料提供者，他们获得的收入只能是与其市场角色相称的农业附加值，基本上难以分享下游环节的工商业附加值。

再次，日本现有讨论农业六次产业化的研究文献介绍了不少在六次产业化上取得成功的农户实例，这表明日本现有农民中确有一些人具备在非农产业领域开拓经营的才能。但这样的企业家人才在日本现有农民中只是少数，不可能

---

① 室屋有宏：「6次産業化の論理と基本課題—農山漁村から市場経済を組み替える取組み—」，『農林金融』，第4号，2011年，第230—231頁。

广泛存在。而且，在其原有小微农业无根本改变的情况下，成功实现多元化经营的农户必然会面临是否还要继续其小微农业经营的抉择。因为，一个能够在农业下游产业的经营中取得成功的农户，有什么必要继续维持其收入有限的小微农业经营呢？他完全可以放弃原有的农业经营，全力投入非农业项目的经营，以实现其总劳动收益的最大化。同时，日本是一个成熟的市场经济国家，它的各种农业下游产业都是高竞争性的经济领域，置身于其中的工商企业面对激烈的市场竞争，都在为控制成本而用便宜的进口农产品替代昂贵的日本农产品。在此背景下，进入这些产业的六次产业化农户，若坚持以其小微农业的产品为原料，能确保市场竞争力吗？①

关于农户多元化经营的构想在日本并非新论，在日本战败之初的20世纪40年代后期及经济高速增长的70年代中期，都曾有日本的农经专家出于不同考虑提倡过类似的农业发展构想。② 但这类做法从未在日本农户中大面积推广，这只能说明此类构想其实缺乏广泛可行性。在战后的日本经济发展中，绝大多数小农在应对专业务农不赚钱、难养家的问题上普遍选择了非农兼业而不是多元化经营，绝非偶然。

表3反映了2004年以来日本六次产业化农户的基本情况。从中可以看出，从事六次产业化的农户数虽有增加，但总体上看，在日本现有农户中的比重并不高，在日本销售农户中，六次产业化农户所占比重在2014年曾达到24.8%，随后趋于下降，目前为20%左右（第1列）；而90%以上的六次产业化农户从事的是农产品直接销售（第2列），从事其他业务的农户数都很少（第3列、第4列）。表3中第5—8列显示了日本个体农户的家庭收入来源构成。其中，来自农业六次产业化的收入占比始终远低于1%（第8列）。这些情况都表明，农业六次产业化虽有政策的积极鼓励，但实际成效甚微，近年来还出现了萎缩的苗头，完全看不出在不改变小微农业占主导地位的情况下，靠六次产业化能改变日本农户农业收入低下的可能性。

---

① 室屋有宏：「6次産業化の論理と基本課題—農山漁村から市場経済を組み替える取組み—」，『農林金融』，第4号，2011年，第228—241頁。

② 近藤博彦：「立体農業経営論」，『鯉淵研報』，第28号，2012年，第19—20頁；白坂典枝：「6次産業化法人における後継者の確保と継続就業」，『農業経営研究』，第56卷第4号（通卷179号），2019年，第23—24頁；吉岡徹、市川治、發地喜久治、秋山邦裕、黒瀧秀久、菅原優：「農業生産法人の経営戦略としての6次産業化と農協の役割に関する研究」，『酪農学園大学紀要』（人文・社会科学編），第41卷（1），2016年，第1頁。

表 3　农业六次产业化在日本农户经营中的地位

年份	销售农户中六次产业化农户占比（%）	六次产业化农户中从事不同业务的农户占比（%）			日本农户家庭收入主要来源构成（%）			
		农产品直销	农产品加工	其他业务	农业所得	农外所得	年金等收入	六次产业化所得
	（1）	（2）	（3）	（4）	（5）	（6）	（7）	（8）
2004					24. 83	44. 09	30. 99	0. 10
2005					24. 56	43. 57	31. 78	0. 10
2006					24. 59	41. 49	33. 82	0. 10
2007					24. 71	40. 03	35. 17	0. 08
2008					23. 23	39. 90	36. 76	0. 11
2009					22. 82	36. 90	40. 14	0. 13
2010					26. 24	34. 55	39. 06	0. 15
2011	22. 72	96. 1	7. 1	2. 6	25. 81	34. 62	39. 39	0. 17
2012	23. 83	96. 6	7. 0	2. 5	28. 29	32. 61	38. 91	0. 19
2013	24. 54	96. 2	7. 5	2. 7	27. 95	32. 39	39. 45	0. 21
2014	24. 84	96. 5	7. 6	2. 9	26. 00	31. 89	41. 85	0. 26
2015					30. 79	29. 68	39. 23	0. 30
2016	20. 85	91. 0	10. 8	5. 5	35. 51	26. 92	37. 45	0. 12
2017	20. 10	92. 5	10. 8	6. 0	36. 25	26. 96	36. 58	0. 21
2018	20. 05	92. 5	11. 6	5. 9	34. 08	30. 07	35. 71	0. 14
2019	20. 25	91. 8	11. 9	5. 2				

注：（1）因同一农户可能同时经营一种以上的二三次产业，故六次产业化农户中从事不同业务经营的农户占比合计值大于100%。（2）这里的“所得”指农户经营毛收入扣除全部经营成本后的税前收入。（3）“农外所得”指农户从事非农业相关经营活动和非农兼业获得的税前纯收入。（4）“六次产业化所得”指农户从事与农业生产有关的产品销售和加工、民宿、餐饮、休闲观光等二三次产业经营所获得的税前纯收入。

资料来源：日本农林水产省网页“統計情報”中的“経営形態別経営統計（個別経営）”、“農業構造動態調査”相关各年，以及“2015 年農林業センサス報告書”。

六、小结

以上分析了目前日本农政改革举措中的几个重点方面，不难看出，日本农政改革的基本取向是扩大市场调节，减少政府干预。这无疑是必要的，但就化解日本农业发展困境、推进农业规模化经营这个目标而言，这套改革做法仍然存在明显的问题。

第一，日本农业面临的根本问题是要从农业获取收入的人口太多，即人地比率过高。这导致单靠农业收入远不足以支撑务农者的生计，大量农户不得不以主要精力从事非农兼业，农业成了多数农户的家庭辅业。这是日本农业效率低下、缺乏竞争力的根本原因。因而只有显著降低人地比率，更广泛地推进资本替代劳动力的农业技术进步，才能化解日本农业面临的发展困境。但迄今日本的农政改革不仅未能聚焦于这一需求，其实还有意无意地回避了这一点。如日本政府在稻作农业领域中长期实施的“生产调整”政策、鼓励村落营农组织发展的政策，以及农业六次产业化构想，其实都是以保护小微农户为出发点的，这直接阻碍了农户之间的优胜劣汰，使大量低效率的小微农户得以长期滞存。

第二，日本农业领域长期存在很多不适应农业规模化经营发展需要的制度性问题。如管制农地非农转用的法律规定形同空文，对农地的低效率运用和弃耕撂荒缺乏有效约束，等等。这使得日本这个农地资源高度稀缺的国家难以通过农地的动态配置来优化农地配置，严重阻碍了日本农业的结构转型。

政策上不得要领的后果是日本政府提高食物自给率、实现农业自立的政策宣言一再落空。如从1999年开始，日本政府每五年要制定一次《食品、农业、农村基本计划》。至今这项计划已发表过四次，每次“基本计划”都对提高日本食物自给率设定了目标，但这些计划目标全都落空了（见表4）。更别提1961—1999年“基本法农政”在实现日本农业自立上的乏善可陈。①

① 暉峻衆三［編］：『日本の農業150年——1850—2000年』、有斐閣ブックス，2008年，第205頁。

表 4　日本政府在食物自给率上的计划目标及实现情况

计划时点	食物自给率的政府目标	实际食物自给率
2000 年	2010 年食物自给率达到 45%	2010 年，39%
2005 年	2015 年食物自给率达到 45%	2015 年，39%
2010 年	2020 年食物自给率达到 50%	2020 年 8 月，37%
2015 年	2025 年食物自给率达到 45%	—

注：这里的“食物自给率”指按供给热量（卡路里）计算的综合食物自给率。

资料来源：农林水产省网页：農林水産省大臣官房：『令和元年度食料・農業・農村の動向』，令和 2 年 6 月 16 日，第 4—5 頁；農林水産基本データ集［令和 2 年 7 月 1 日現在］。

面对如此现实，只能说，日本政府只是口头上重视日本的农业结构转型，其实对日本农业现状持漠然态度。在日本的国家政治议程中，保障食物供给安全这样的长期性问题远不及眼前姑息既得利益的政治妥协更具重要性和紧迫性。

图书在版编目（CIP）数据

比较 . 第 112 辑 / 吴敬琏主编 . -- 北京 ：中信出版社，2021.2

ISBN 978-7-5217-2802-6

I. ①比… II. ①吴… III. ①比较经济学 IV. ① F064.2

中国版本图书馆 CIP 数据核字 (2021) 第 022378 号

比较 · 第 112 辑

主 编：吴敬琏

策 划 者：《比较》编辑室

出 版 者：中信出版集团股份有限公司

经 销 者：中信出版集团股份有限公司 + 财新传媒有限公司

承 印 者：北京华联印刷有限公司

开 本：787mm × 1092mm 1/16 印 张：13.75 字 数：200 千字

版 次：2021 年 2 月第 1 版 印 次：2021 年 2 月第 1 次印刷

书 号：ISBN 978-7-5217-2802-6

定 价：48.00 元